人文社科
高校学术研究论著丛刊

云南省全科型小学教师培养模式研究

李孝川 著

中国书籍出版社
China Book Press

图书在版编目 (CIP) 数据

云南省全科型小学教师培养模式研究 / 李孝川著 . -- 北京 : 中国书籍出版社 , 2020.9
ISBN 978-7-5068-8023-7

Ⅰ . ①云… Ⅱ . ①李… Ⅲ . ①小学教师 – 师资培养 – 研究 – 云南 Ⅳ . ① G625.1

中国版本图书馆 CIP 数据核字（2020）第 189123 号

云南省全科型小学教师培养模式研究

李孝川　著

丛书策划	谭　鹏　武　斌
责任编辑	毕　磊
责任印制	孙马飞　马　芝
封面设计	东方美迪
出版发行	中国书籍出版社
地　　址	北京市丰台区三路居路 97 号（邮编：100073）
电　　话	（010）52257143（总编室）　（010）52257140（发行部）
电子邮箱	eo@chinabp.com.cn
经　　销	全国新华书店
印　　厂	三河市德贤弘印务有限公司
开　　本	710 毫米 × 1000 毫米　1/16
字　　数	246 千字
印　　张	13.75
版　　次	2021 年 10 月第 1 版
印　　次	2021 年 10 月第 1 次印刷
书　　号	ISBN 978-7-5068-8023-7
定　　价	68.00 元

版权所有　翻印必究

目 录

第一章　绪　论···1
　　第一节　研究背景··1
　　第二节　研究目的··3
　　第三节　研究意义···12
　　第四节　相关概念的界定··20
　　第五节　理论基础··33
　　第六节　已有研究回顾···44

第二章　云南省 L 县全科型小学教师发展现状及问题···············68
　　第一节　云南省 L 县概况··68
　　第二节　云南省 L 县全科型小学教师发展现状及问题············69

第三章　云南省全科型小学教师培养模式存在问题的原因············97
　　第一节　国家及政府因素··97
　　第二节　高校因素（培养单位因素）··106
　　第三节　教师自身因素···113

第四章　云南省全科型小学教师培养模式构建的策略···············120
　　第一节　国家及政府方面···120
　　第二节　高师院校方面（培养单位方面）·······································130
　　第三节　教师方面··135

附　录
　　附录一···142
　　附录二···147
　　附录三···152
　　附录四···159
　　附录五···165
　　附录六···169

附录七…………………………………………… 174
附录八…………………………………………… 177
附录九…………………………………………… 187
参考文献 …………………………………………… 191
结　语 ……………………………………………… 212

第一章 绪 论

目前,在一些发达国家,例如美国、法国等在基础教育阶段早已经开始施行"包班制"的授课形式,包班制教学模式即一名教师教授整个班级的课程,包括语文、数学、外语、科学等一系列基础教育课程。这种小班化的授课模式不仅严格地控制了班级的上课人数,而且大大提高了授课效率,有利于教师顺利地进行个别教学。包班制的教学模式对教师自身提出了更高的要求,教师不仅要具备某门学科的专业知识,还要具备多种学科的综合知识和较高的职业素养。随着我国经济地位的不断提高,我国已经逐渐向发达国家的教学模式靠拢,小班化的授课模式已经登上了我国发达城市基础教育的舞台。

与此同时,云南省很多农村地区的基础教育也是采用一位教师担任多门学科的教学任务的形式,但这主要是由于云南农村地区师资缺乏,音、体、美等学科的授课老师极度缺乏而导致的,最终结果是降低了授课质量。因此,我国迫切需要能够担任多门学科教学任务的具有较高综合素质的教师队伍,以此来缓解和彻底解决云南省农村地区基础教育的一系列不良问题。

第一节 研究背景

云南省地处我国西南边陲,与越南、缅甸、老挝等国家相邻,境内深谷与高山交错,有澜沧江、金沙江等六大主干河流,由于特殊、复杂的地形和地理环境,光照、热量、气温等差异较大。在新中国成立以后,云南省的森林被大面积砍伐,最终导致森林赤字严重、水土流失加剧。由于该省的人口增长较快,农业人口数量增加,耕种土地却在不断减少,资源的掠夺和不合理利用加剧了水土流失,生态环境进一步恶化。由于云南省的部分农村地区的过度放牧导致自然草地的面积锐减,草地的自然生长速度远远不及退化的速度。总体来说,恶劣的生态环境加大了公路、铁路、水电站的施工难度,最终使得云南省农村地区始终处于交通闭塞的状况,严重阻碍了当地经济的发展,当然也包括教育事业的发展。

据调查,云南省农村地区的小学全科教师普遍存在以下几方面问题。第一,面临着较大的生存压力,出现了较为严重的职业倦怠现象,对工作环境的满意度偏低,存在着不良的心理状况,缺乏人文关怀。由于教师的观念、想法、教学方法受到了现实环境的限制,自身的价值得不到应有的体现,付出的劳动与得到的回报并不成正比。教师是发展中的人,教师的发展关乎人的发展,该群体的生存离不开精神的寄托,更离不开物质基础。缺乏人文关怀,导致的职业倦怠、教学效率低下、心理健康欠佳的问题会限制教师的专业发展,使得农村地区的基础教育始终处于弱势,发展缓慢甚至有加剧问题严重性的危险。第二,农村地区的小学全科教师的流失现象较为严重。尤其在物质条件较差的农村地区,一所小学只有一到两名教师身兼数职的现象并不罕见。经过相关调查表明,有一部分教师认为只要有合适的机会,就会离开学校,去谋求高品质、高层次的生活。付出多而回报少、生活条件差、学校领导的忽视等因素成为了该群体流失的主要原因。农村地区教师的严重流失,使得农村学校面临着巨大压力,不仅会影响到学校正常的教学工作,耽误学生的课程学习,还会继续拉大农村地区与乡镇、城市的教育发展的差距,导致青年教师"留不住,下不去",导致极大的教育不公平问题的产生,最终影响农村地区经济的发展。

2012年,教育部颁布了《关于大力推进农村义务教育教师队伍建设的意见》,其中指出要鼓励和支持地方结合实际情况,通过师范生接受免费的师范教育,为农村地区的学校定向培养并且补充"下得去、留得住、干得好"的具有较高综合素质的教师,并且采取一系列特殊的招生形式,努力扩大学校中的双语教师以及音、体、美等实践类课程和小学全科教师的培养规模。2014年,教育部颁布了《关于实施教师卓越培养计划的意见》中,重点强调了卓越小学教师的培养,提出了要针对小学教育的实际情况,重点探索全科型小学教师的培养模式,培养一批能够胜任小学阶段多学科教学任务的卓越的小学教师。2015年《乡村教师支持计划(2015—2020)》指出,到2020年努力培养一批高素质、勇于奉献、愿意扎根在乡村的教师队伍,并鼓励地方政府和师范院校根据当地农村的基础教育的实际情况,采取多种方式定向培养"一专多能"的乡村教师。

由于云南省农村地区小学全科教师的现实需要以及国家政策的颁布,使得研究农村地区的全科型小学教师的发展现状,并以此为基础探索出适合农村地区基础教育发展现状的优秀的全科型小学教师,彻底改变偏远农村地区教育滞后的现状显得尤为重要。

第一章 绪 论

第二节 研究目的

一、缓解云南地区全科型小学教师的现实需求

(一)教师极度短缺

我国西部农村山区的小学教师从偏远、贫困地区学校向城镇学校流动流失的现象,已成为农村教育事业发展中的重大现实问题[①]。据云南省教育科学研究院的调查,2012年9月至2016年2月,云南省基础教育阶段学校共有9941名教师辞职考入行政机关或其他事业单位,其中绝大部分是乡村教师[②]。2012年教育部颁布《关于大力推进农村义务教育教师队伍建设的意见》,提出为农村学校定向培养并补充"下得去、留得住、干得好"的高素质教师;采取定向委托培养等特殊招生方式,扩大学校中的双语教师和音乐、体育、美术等紧缺薄弱学科及小学全科教师的培养规模。虽然有政策的支持,但在农村地区小学全科教师流动流失现象较为严重,尤其是贫困山区。一些刚入职的新教师,满怀期待进入教师行业,当看到农村生活的艰苦和恶劣的地理环境时,原本的一腔热情化为虚无,还没开始工作就产生消极的情绪,留下的也想早点离开这个地方的想法。在云南有一些物质条件极差的山区,学校坐落于深山中,学生去学校的路上要花费一到两小时甚至更长的时间,小小的身躯穿梭在深山中显得尤其渺小,学校与外界联系较少,导致信息闭塞,交通不便,教师每次出行都十分麻烦,这样的学校在山区较为常见。因而山区学校很难招收到新教师,就算是招到一些新教师,他们也总是想尽办法离开,到乡镇或城市学校任职。

西方国家一直在倡导小学教师的全科性、综合性以及跨学科的能力,从而促进学生的整体发展和全面进步,从西方国家"包班制"的经验来看,小学教师教育应该并且必须全科化[③]。但由于音、体、美等学科教师的严重不足,这些学校教师往往是身兼数职,不管是什么学科,只要是没有其

---

① 庞丽娟,韩小雨.我国农村义务教育教师队伍建设:问题及其破解[J].教育研究,2006(9):47-53.
② 王艳玲,李慧勤.乡村教师流动及流失意愿的实证分析——基于云南省的调查[J].华东师范大学学报(教育科学版),2017(3):136-137.
③ 张田莉.农村小学"全科型"教师培养诉求及对策[J].吉林教育·现代教育学刊,2016:36-37.

他教师教,就会由现有教师补充上去。这些教师往往没有学过相关的专业知识,更没有经过专业的培训和教育,但还是要硬着头皮顶上去,使得多数教师"被全科"。作为农村小学教育教师的一种不得已选择,"被全科"的教师在无形中增加了教学负担,同时也是对学生的不负责任。本来是需要全科型教师完成的教学任务,却都施加在单一学科教师的身上,容易使单一学科教师产生职业倦怠情绪,不利于其自身的专业发展,甚至会出现单一学科教师流失的现象。在"被全科"的过程中,一些教师由于难以缓解、宣泄自己的压力和消极情绪,使得一部分教师认为只要有合适的机会,他们愿意离开现在的学校,去乡镇或城市学校,以实现自己的职业理想,提升专业能力。农村教师往往需要比城市教师付出得更多,而他们却没有得到相应的回报,依然在较差的环境中生活和工作;加上农村教师的福利待遇和职称晋升等都无法和城市教师相提并论,却还要遭到学校和领导的忽视,这些因素都是促使该群体产生流动流失的原因。农村地区教师的严重流失,使学校面临着巨大压力,影响了学校正常的教学工作,耽误了学生课程的学习,此外还会继续拉大农村地区与乡镇、城市教育发展的差距,导致青年教师"下不去,留不住,干不好",从而使城乡间教育不公平问题更加突出,最终影响农村地区经济的发展和我国基础教育事业的健康发展[1]。培养全科型小学教师在一定程度上能够缓解农村小学师资严重短缺的局面,因而具有一定的实用性。

(二)教师专业能力偏低

教师的专业能力是教师综合素质最突出的外在表现,也是评价教师专业性的核心要素。由于云南农村的生活环境和发展水平的限制,多数学校常年没有聘任过新教师,学校教师老龄化严重,这种现象在很多学校都存在,教师年龄普遍在40岁左右,甚至有些极度贫困的地区教师年龄已接近50岁。这些老教师的教学能力一般,对于教育学生有一套自己的方法体系。但他们的教育观念陈旧且落后,对学生的教育和管理还处于"不打不成才"的认识水平,学生在这种体罚的教育方法下成长,接受知识,不仅挫伤学生对于学习的积极性,使他们失去学习的兴趣,而且对小学生的身心健康发展产生不利影响。老教师在教学方面存在一些问题,如凭借自己陈旧的教学方法和经验给学生上课,总是处于自己的圈子中,对于外部信息采取忽视的态度,对现代多媒体教学设备一无所知,不能结

---

[1] 刘婷婷.云南省L县农村地区全科型小学教师现状的研究[D].昆明:云南师范大学,2018.

合时代发展的要求以及新课程改革的需要适时改变自己的教学方法，为课堂教学增添新色彩，以培养学生学习的积极性。有些年轻教师虽然接受过专业的培训和教育，学习过相关的专业知识，但在进行教学时还是无法满足学生对于知识的需求，不能真正掌控课堂，这说明教师的专业能力并不是一日养成的，需要经过长时间的积累和实践慢慢形成。相比于乡镇和城市的教师而言，农村小学教师专业能力的提升是一个很大的问题，教学任务重，教学压力大，他们很难抽出一定的时间参加各种提升教师专业能力的培训；即使有时间，也会由于自我发展意识淡薄而不去参加，这是因为绝大多数农村教师认为，各种培训活动、进修机会、教研会是城市教师参加的，这些活动与他们没有关系，像课程改革之类的离他们太遥远，而且在农村学校也无法实施。农村学校教师不仅要忙于教学，还要对学生进行全方位关心与照顾，这是因为农村学生绝大多数是留守儿童，常年和祖辈生活在一起，由于祖辈的知识能力有限，很难对儿童进行教育，因而在农村学校教师除了要进行正常的教育教学活动外，还要承担起促进儿童身心健康发展的任务。专业能力的提升不只是一个教师的事情，而是学校所有教师的共同任务，因而需要全校教师共同参与，这样才能调动教师参与的积极性，从而为其专业能力的提升奠定良好的思想基础。但农村学校很难做到全体教师的共同参与，因此即便有些教师非常愿意提升专业能力，也很难找到合适的方法或参加类似的活动，从而导致农村教师的专业能力始终得不到提升。"被全科"教师的各方面能力都较为薄弱。但由于师资的严重短缺，他们迫不得已要教授自己并不擅长的学科，在这一过程中有些教师能够做到通过网上学习、参加课程等方式来提升各方面的专业能力，以做到对学生负责；但有些教师却是采取应付的态度，在课堂上针对学生提出的深度问题总是留给学生自己解决，并没有帮助他们解答，长此以往学生对教师的能力感到质疑，在课堂上对教师的讲课内容不感兴趣，甚至出现上课睡觉或是逃课的现象，这不仅影响学生的学习效果，对班级氛围也会产生不利影响，从而不利于学校教学质量的提高。在这种情况下，"知识博、基础实、素质高、能力强、适应广"的全科型小学教师为解决农村教师专业能力问题提供了新方法。培养全科型小学教师是农村学校的重要任务，这不仅能提升农村小学教师的专业能力，还可以推进小学教育事业的良好发展，提升农村教师队伍建设的水平，从而促进云南基础教育的稳步发展。

二、迎合云南省农村城镇化发展的需求

随着我国近些年来农村城镇化进程的不断推进,农村人口向城市流动的速度和规模也在加快。云南省作为我国西南地区的边陲省份,因其独特的自然环境和地理环境,加上是我国少数民族聚居最多的省份,吸引了无数前来观光旅游的国内外游客,旅游业的发展极大促进了云南省经济的发展。在发展全省经济的同时,云南省跟随党中央城镇化建设的步伐,在近几年的城镇化建设进程中也取得了不错的成就。由于对生活环境和生活品质的需求,越来越多的农村人走出交通闭塞、生活艰苦的农村,来到交通便利、拥有高生活质量的乡镇或城市。农村人口拼命地向城市流动,从社会学的角度看,这种流动的本质是对于"利益"的追求,即人们为满足或提高自己所获得的收益或回报而寻求更高层次的利益追求,从这一点来看,城镇化的发展在一定程度上为农村人口向城市流动提供了可能,以及准备了前提条件。当农村人口在某一时间内对于自己的"利益"有更高的需求时,只要时间和条件允许便会产生流动现象,即大多数的农村人口源于对更高"利益"的追求向城市流动。在对更高"利益"的追求中,大多数人是由于利益关系所驱使的,其中最直接的利益关系就是对于金钱等物质资源的追求。当然,在向城市流动的过程中绝大多数是父辈或祖辈在奋斗,一些父母会选择将自己的孩子带在身边,而大多数的父母选择将孩子们仍然安置在农村老家,这些在农村的孩子通常会和祖辈生活在一起。由于祖辈所受教育程度较低,与孙一辈的沟通交流存在障碍,再加上农村处于山区,各种资源条件都不够完善,很难与外界取得联系,祖辈很难对孙一辈进行良好的教育,因此孙一辈的教育问题成为城镇化建设中亟须解决的问题。这些孙一辈的孩子留在农村贫困山区,没有父母的陪伴,成为留守儿童,长期与祖辈生活在一起,他们更需要教师的陪伴和教育,帮助他们初步建立正确的人生观、世界观和价值观。现阶段的农村小学教师,尤其是贫困山区的教师,他们通常一人教授多门科目,除语文、数学、英语外,还要承担音乐、体育、美术等课程的教学任务,多数教师不得不"被全科"。当面对长期与父母分离的留守儿童们,这些"被全科"的教师不仅要承担多门课程的教学任务,而且还要关注他们的身心发展状况,以保证孩子们的健康成长。在这种情况下,农村急切需要"全科型"教师来解决留守儿童的教育问题。

在城镇化建设的过程中,农村义务教育适龄人口向城市流动,导致农村小学招收的适龄学生减少,出现了大量规模小、生源少、条件差、质量低的"麻雀"学校,而这类学校的存在与教育领域倡导的均衡发展、提高效益等理念格格不入。因此,对农村中小学过于分散的布局进行调整就显得十分必要。2001年,为优化农村地区教育资源的合理配置,全面提高中小学教育投资效益和教育质量,同时促进农村地区基础教育事业的健康可持续发展,针对农村小学布点分散、教师素质参差不齐、教育经费紧缺等问题,《国务院关于基础教育改革与发展的决定》指出应"因地制宜调整农村义务教育学校布局。按照小学就近入学、初中相对集中、优化教育资源配置的原则,合理规划和调整学校布局","要在方便学生就近入学的前提下适当合并,在交通不便的地区仍需保留必要的教学点,防止因布局调整造成学生辍学"。自此,席卷全国的农村中小学"撤点并校"运动拉开帷幕。撤点并校在一定程度上确实整合了农村教育资源,降低了教育成本。但随之产生了校车安全、上学难、高辍学率等问题,使得人们不得不重新审视农村中小学撤点并校的必要性与合理性。云南省自2009年开始实施中小学区域布局调整,截至2011年底,对全省中小学校点进行了大规模的收缩,撤并了9308个小学校点、112所中学[①]。在撤点并校的过程中,很多教师流向教育之外的行业或岗位,剩余的师资无法满足农村小学对师资的极大需求。大部分学生集聚在一所学校,一些家远的学生只能在学校住宿,随之而来的就是日常生活的管理,这就需要专门的教师对其进行管理,因而急需全科型小学教师承担更多的教学任务。撤点并校使得很多农村小学生流动到了县城小学,进入县城小学的学生家庭条件都较好,能够支付得起孩子的学费、生活费;而一些家庭条件较差的学生还是在农村小学,只不过现在的学校是多个村子学校和教学点合并在一起的,但在班级规模和教师数量上还是无法和县城学校相比较。由于农村小学教师数量有限,使得有些教师必须要教授多个学科的内容,这就让全科型小学教师的培养势在必行。教师不仅要对小学的所有课程知识有全面深刻的了解和认识,还要在教学中坚持以人为本的思想,运用多种教学方式,组织多样教学活动,争取让每一个学生都能达到新课标在知识与技能、过程与方法、情感态度与价值观等三个维度的全方位发展的要求[②]。

[①] 云南网. http://www.yunnan.cn/.
[②] 王莉. 本科层次全科型小学教师培养:必要性及应对策略[J]. 教育理论与实践,2016,36(8):31-33.

三、促进小学生的身心健康发展

小学作为个体一生中所受教育的基础阶段,在人的成长和发展过程中发挥着重要的影响作用。我国全科型教师的培养是为解决广大农村地区教师短缺的现实而提出来的,这是因为我国人口的绝大多数依然是农民,他们仍居住在农村。而云南省农村的地理环境相比于其他省市的农村更恶劣,这是由于云南所处地形地势的特点所决定的。云南地区处于我国地形的第一阶梯,境内多山和沟壑,大多数的民族都在山区生活,交通不便、发展落后等现实问题,使得他们很少能够同外界取得联系,因而在有关教育的问题上依旧保持着传统的思想或观念,这些思想显然已经不适合当今社会的发展和教育改革的要求。云南农村地区的艰苦环境使得多数教师望而却步,他们无法适应当地的生活环境和人文特色,往往会选择流动到乡镇或城市的小学,这就使得教师短缺现象更为严重。即使还有一部分教师,但大多数都是年龄较大的老教师,他们很难在教学的同时关注到学生的身心发展,因为这些教师要承担多门学科的课程教学,工作任务繁多且压力大,很难在兼顾教学的同时做关注学生的身心发展,这不利于当地学生的身心健康发展。由于城镇化的发展,越来越多的农村人口向城市流动,使得农村的适龄学生和教师都在减少。即便这样,农村学校依旧有存在的必要性,即为那些留守儿童提供更全方位的教育,不仅是学生的学习,还包括学生的身心发展。这些留守儿童长期与父母分离,严重缺少家庭的温暖,而在小学这一时期正处于身心发展的塑造期,各方面的发展都会对以后世界观、人生观和价值观的形成产生重要影响。此外,由于农村生活条件的限制,在饮食方面很难做到营养均衡,搭配得当,有些孩子一年也吃不到一次肉,甚至一年四季都在吃土豆一种食物,各种营养难以跟上他们身体发育的需求,使得学生身体娇小瘦弱。小学阶段是学生的心理由简单到复杂、由低级向高级不断发展的过程。但由于他们的心理发展还不成熟,自我控制能力较差,对一些事情的判断力还不够,因而在这一时期小学生极易受到不良思想的影响。一旦学生们被这些消极思想或不良社会环境所影响,这对他们的身心发展将产生不利影响。教师的帮助和示范性对于学生的发展有重大影响,当教师能够为学生树立正面榜样作用时,学生在这种积极正面的榜样作用下,自己的行为也会是正面积极的,因而很少受到消极思想的影响,从而有利于学生身心的健康发展。但是,如果教师还是以传统的教育思想来管理学生,对于一些表现较差的学生采用体罚的方式,不仅不能帮助学生改正错误,反而会挫伤学生的学习积极性,使学生产生厌恶学习的情绪。

更多的留守儿童渴望得到家庭的温暖和父母的关心,但父辈们却往往为生计而奔走他乡,无法给予正在成长中的孩子们过多的关心与爱护。当得不到父母和家庭的关心时,这些留守儿童便将获得关爱的想法寄托于学校教师的身上,由于这一时期学生们具有向师性的特点,使得他们更依赖于教师,将老师放在和父母一样重要的位置上,甚至比父母还重要。可见,小学阶段的教师在学生心目中的重要地位。小学阶段学生的情感和思维都处于快速发展的时期,对新鲜事物总是有一种想去探个究竟的好奇心和求知欲,而以往农村的单科教师只是精通自己专业的知识,甚至有些教师对于自己专业的知识还不了解,对其他学科的知识更是涉及得少。每当遇到那些求知欲较强的学生,教师对他们提出的问题总是难以给出答案,往往无法满足学生们的学习热情和探索精神,不利于其学习积极性的提高。面对这种情况,单科教师很难为学生提供所需的专业知识,这就需要全科型教师来解决当前学校教师所面对的窘迫局面。全科型教师在学校接受过专业知识和专业技能的教育,具有"知识博、基础实、素质高、能力强、适应广"的特征,能够适应小学所有学科教育教学,而且能够从事小学教育教学的研究与管理,因此是解决当前教师学科专业性不高的最佳人选。此外,全科型教师不仅能够承担教书育人的职责,而且可以扮演好家长的角色,以帮助留守儿童感受家庭的温暖。当他们感受到来自教师的关爱,心理自然而然变得开朗积极,从而有助于心理的健康发展。体育锻炼是促进学生身体发育的重要因素,通过锻炼使得身体机能处于活跃状态,从而促进身体各方面的发育。但农村音体美教师的严重短缺,使得学生们的课外活动和体育锻炼的时间都用在语数英课程上,学生长期待在教室学习,无法接受到科学的体育锻炼,身体各方面发育较为缓慢。全科型教师可以帮助学生们学习科学的锻炼方式,通过体育锻炼促进学生身体的发育和成长。小学教师应该富有爱心、耐心、责任心、细心和同理心,做到关爱、信任和尊重学生,呵护他们的求知欲和好奇心,培养他们的广泛兴趣,使其拥有快乐的学校生活;小学教师还需要具备能教善演、多才多艺的艺术素质,这既是小学生心理发展的需要,也是当前素质教育的需要[①]。小学教师的这些要求正是我国在探索全科型小学教师培养模式中所提出的具体培养目标,即培养专业情意、专业能力较高的小学教师。由于小学教育具有综合性和启蒙性,这就决定了小学教师必

---

① 王莉.本科层次全科型小学教师培养:必要性及应对策略[J].教育理论与实践,2016,36(8):31-33.

须具备多学科教学的知识和能力。但由于农村小学教师的整体素质和专业能力较低,对于教学工作只是简单机械的备课、上课,停留在教育教学的表面,并没有真正走进孩子的内心世界,了解他们的现实需要和诉求,这无形中大大降低了农村小学的教学效率,反而使得教师与学生之间的隔阂越来越深,甚至会导致留守儿童产生自卑、厌学的心理等,使得农村小学教育长久得不到发展,滞后的教育思想根深蒂固[①]。根据皮亚杰的认知发展理论,6～12岁的小学生处于具体运算阶段,逻辑思维逐渐发展,获得对守恒概念等的认识,这一阶段的儿童具有较强的可塑性,强调获得知识的完整性和综合性,因而更需要具备综合学科知识和专业素质较高的全科教师来帮助他们进行启蒙教育。当前农村地区小学的发展现状促使研究农村学校全科型小学教师的培养变得势在必行,通过了解云南地区全科型小学教师的发展现状并发现其在发展过程中所出现的问题,探索适合农村基础教育发展状况的优秀全科型小学教师,减轻小学单一学科教师的教学压力,促进留守儿童的身心健康发展,改变贫困地区教育发展滞后的现状,努力实现教育公平,从而提升农村地区小学教育的整体质量和水平,最终促进云南省基础教育事业的发展。

四、促进小学教育专业的发展

在我国,现今本科小学教育专业的主要任务是培养本科学历的小学教师,这些培养出来的小学教师是解决农村基础教育师资短缺的重要且有利的"武器"。小学教育专业的开设始于1998年,截止到2007年,全国至少有69所高等师范院校开设了小学教育本科专业,当然不止师范院校开设小学教育这个专业,一些综合性的大学也在尝试招收、培养小学教育专业的教育硕士[②]。可见,从20世纪末到现在,我国一直在探索小学教育专业的人才培养问题,以使这些教师能够深入到农村小学教育的一线,投身到促进我国农村基础教育发展的潮流中,为农村学生提供优质的教育。虽然本科层次培养出来的小学教师在一定程度上可以改变农村小学教师短缺的局面,但却远远不能满足农村地区尤其是贫困山区对于小学教师的极大需求和教育改革发展的更高要求。这是因为高校在招生时就已经把小学教师"内定"了,不管你是否有具备当小学教师的条件,这些

---

① 刘婷婷.云南省L县农村地区全科型小学教师现状的研究[J].昆明:云南师范大学,2018.
② 谢慧盈等."全科型"优秀小学本科教师培养思考[J].海南师范大学学报:社会科学版,2012,25(5):107-111.

条件主要表现为对教师行业的"爱"和责任,以及各方面能力和素质的高低,只要你的高考分数能够达到该所院校小学教育专业的录取标准,就可以被录取,入校后不需要再次进行面试的筛选,这种招生制度还是以高考分数来判断是否能够成为一名小学教师。

而有些人是迫于父母的压力才选择了这个专业,本身对小学教师就没有兴趣,这样也很难对农村和小学生付出爱与责任,投身于教师行业。因此,这样的师范生很难在四年的培养中改变他们对于教师行业的态度和情感,他们在课程的学习方面也很难做到真正用心,而没有经过专业训练的师范生也就难以适应农村小学的环境,很难投身于小学教育的事业中。再者,师范院校或综合性大学在培养小学教育专业的师范生时,往往会出现忽视基本功训练和教育实习实践的现象,导致师范生的专业培养意识淡薄。在对其进行培养工作时,大部分高校所开设的课程注重理论知识的学习,最重要的是没有对师范生的教师基本功进行一套考核和评价,这样就容易使得他们在教学基本功方面掉以轻心,以至于在以后走上教师岗位时,才发现自己的基本功难以满足小学生的学习需求;而在小学阶段,由于学生具有向师性这一特点,教师的教学行为或教学基本功对学生有很大的影响,如果教师没有较完美的基本功技能也就无法为学生们树立榜样,这样反而会不利于学生对学习的更高要求的追求。

小学教育作为义务教育的奠基阶段具有基础性、综合性、全面性的特点,因而小学教育在一个人的一生中具有无法替代的作用,能够为以后的个人发展奠定良好的基础,从而促进人的全面发展。因此,小学教育最重要的任务就是为个人的未来发展打下良好的基础。由于小学生较强的可塑性,而以往传统的分科教学往往只涉及单一知识的教学与学习,注重学生的成绩,忽视了小学生的身心全面发展;教师所具有的知识难以满足学生的需求,时常会给教师带来困惑,使得学生对教师失去敬畏感和佩服感,长此以往,会影响班级的学习氛围和班级整体成绩的进步。由于农村教师在日常教学中往往更容易看到学生学习成绩的变化,反而小学生的情商和身心发育时常会被忽视,这容易造成学生间顾此失彼、偏向某一方面发展,因而小学教育便容易出现重知识轻品德、重技术轻情操的现象①。

以往小学教育在培养师范生时,没有考虑到学生对于知识的主动性和自觉性,单纯地采用讲授的方法向他们灌输知识,其实质是填鸭式的表现。但随着基础教育改革的进行,更加强调学生的主动性,重视学生在学

---

① 李彬彬.我国全科型小学教师培养依据的研究综述[J].教育观察,2017(384):4-7.

习过程中自己的知识构建,倡导启发式教学,注重学习共同体的建立,从而逐渐达到学生全面发展的目标。

小学教育的任务是为学生营造适合学生认知特点的学习环境,而全科型小学教师在知识结构多元化、教学过程与方法、关注学生个体等方面都具有分科教师所不具备的优势,对于学生经验的获得和知识建构有着极大的支持作用,从而有助于推动小学教育活动走向学习化形态[①]。小学教育专业培养出来的全科教师能够做到运用综合性的眼光和观点,对每一位学生在学校的学习和日常表现做出全面性的评价。在教师对学生进行观察的过程中,教师可以了解到学生真实的内心世界,尤其是那些内向的留守儿童,通过教师的细心观察和引导,留守儿童们感受到来自学校和教师的关心与温暖,愿意敞开心扉和教师们交流和沟通。同时,学生间、学生与教师间的关系更为和谐和融洽,从而促进班集体中每一位成员的全面发展。小学教育专业作为培养全科型教师的主要渠道在近些年来也发生了一系列的变化:在课程内容方面,更加重视通识课程和教育实践课程,以拓宽他们的知识面和提升教师专业技能;在对于农村态度方面,更加强调培养学生对于广大农村以及农村学生的专业情感,为他们以后走上农村教师行业奠定深厚的情感基础等。可见,在探索培养全科型教师的过程中,不仅为农村培养出一批热爱农村、关爱学生的优秀全科型小学教师,同时也为小学教育专业的发展提出很多更符合基础教育实际情况的意见和建议,从而使得小学教育专业能够培养出更符合当前农村小学教育实际需求的小学教师。

第三节 研究意义

全科型小学教师在一定程度上"突破了(但不是完全否定)'特殊认识活动论'的传统框架,从更高的层次——生命的层次,用动态生成的观念,重新全面地认识课堂教学,旨在让课堂焕发出生命的活力"[②]。因此,全科型教师在关注小学生的兴趣和爱好时,更注重将日常的课堂学习与农村的生活实践联系在一起,让学生获得全面的发展,有助于农村基础教育不断得到提升,从而促进云南省小学教育的发展。

---

① 王佳艺.全科型小学教师培养的必要性及其途径[J].湖南第一师范学院学报,2012,12(1):33-36.
② 叶澜.我对课堂教学本质的思考[J].基础教育课程,2009(12):86-90.

第一章 绪 论

一、理论意义

(一)丰富了初等教育学的理论研究

我国学者在关于初等教育学的研究方面虽然取得了一些成绩,但是该学科却始终没有成为一门独立的学科,而是作为普通教育学下属的二级学科。2011年6月,首都师范大学的初等教育学院成功申请了初等教育学二级学科的硕士学位点,这才标志着初等教育学的学科建设取得了重要性的突破[1]。随着近些年国家对基础教育的关注度不断提高,初等教育学的研究也越来越受到重视。但还是没有达到学科建设专业化的程度。初等教育学学科的发展离不开初等教育专业的进步,这里所说的初等教育专业就是前面提到的小学教育专业,这是因为不同地区的师范院校或综合性大学的习惯性称呼不同而已,其本质都是一样的。只有不断在初等教育专业方面进行研究和探索,寻找新思路、新观点、新想法,不断在该专业进行创新、实践,在专业得到发展的同时才能促进初等教育学学科建设的大进展。但是任何一门学科的建设都不是一蹴而就的,这是一个漫长且艰巨的过程。美国卡内基教学促进基金会前主席E·L波伊尔指出初等教育与学前教育、中等教育、高等教育的最基本要素就是"联系",人与人是互相联系的、各门课程与知识是互相联系的、课堂内容与文娱生活是互相联系的、学习与学生生活是互相联系的[2]。全科型教师注重不同学科知识之间的相互联系,通过建立不同学科间的相互联系,为小学生提供学习不同科目的方法或途径,从而使得学生在学习各种学科时不再那么复杂,从中发现并尝试找到学科间的相互联系,从而激发学生的学习兴趣和积极性。全科型小学教师的培养正是突出了初等教育的联系性,强调教师内在素质间的相互联系,强调各个学科知识间的联系性,进而为培养全面发展的综合性人才而服务[3]。初等教育专业或小学教育专业都是为培养适合农村基础教育实际需求的小学教师,在其专业的建设和发展过程中经历了一系列的变革,这些变革也进一步促进了初等教育学学科建设的改革与发展。随着全科型教师已成为当今世界教育发展的时代要求,

---

[1] 黄玉楠.全科型教师培养研究[D].开封:河南大学,2014.
[2] 何万国.小学教育专业(本科)课程体系构建研究[J].重庆文理学院学报(自然科学版),2007(05):76-82.
[3] 王佳艺.全科型小学教师培养的必要性及其途径[J].湖南第一师范学院学报,2012,12(1):33-36.

在探索全科型教师培养模式的过程中,也会不断丰富初等教育学的理论研究,从而为初等教育学学科建设提供新视角和新思路,有助于完善我国初等教育学的理论成果,并为后来者的理论研究提供经验借鉴和理性思考。

(二)丰富了教师教育的理论研究

为提高我国农村教育质量,国务院办公厅于2015年印发的《乡村教师支持计划(2015—2020年)》提出了拓展乡村教师补充渠道,提高乡村教师生活待遇,职称(职务)评聘向乡村学校倾斜等八项举措,明确要求各地制订实施办法,把准支持重点,因地制宜提出符合乡村教育实际的支持政策和有效措施。2016年1月,云南省政府出台《云南省乡村教师支持计划2015—2020》,结合云南省实际情况,遵照国务院要求,从总体要求、主要措施和保障实施三个方面呈现,以"下得去、留得住、教得好"为中心,提出了乡村教师思想政治素质和师德建设、乡村教师补充渠道、生活待遇、编制标准、职称评定、交流制度等八项主要举措[①]。从这些政策性的文件中,可以看出国家和地方政府都在为如何培养"下得去、留得住、教得好"的农村教师尝试各种途径和方法,希望通过教师来推动我国农村教育的改革与发展。教师教育作为其中的一个重要方面,在促进农村小学教育的发展中有着不可替代的作用。教师教育是从师范教育的概念中不断演变过来的,师范教育是师范生在师范院校或综合性大学的师范专业进行的教师职前教育和培养。随着我国教育改革的推进和教育体系的完善,师范教育的概念正在被教师教育所取代。教师教育是对教师培养和培训的统称,是在终身教育思想的指导下,根据教师专业发展的不同阶段,对教师进行职前培养、入职培训和在职研修等连续的、可发展的、一体化的教育过程。相比于师范教育,教师教育更强调教师的职业精神,重点培养出更加敬业、专业的教师。目前,我国处于从"师范教育"向"教师教育"转变的过程,教师培训体系、方法、模型、标准等都将进行一系列的变化,教师培养模式逐渐从一元化向多元化发展,各类不同的师范院校或综合性大学都形成了各具特色的教师教育模式[②]。通过探索和创新全科型教师的培养模式,培养一批热爱农村小学教育、知识广、能力全的高素质结构小学全科教师,促进农村小学教师的专业化发展,为全科教师的培

---

① 张晓文,张旭.从颁布到落地:32份《乡村教师支持计划》文本分析[J].现代教育管理,2017(2):69-78.
② 黄玉楠.全科型教师培养研究[D].开封:河南大学,2014.

养提供理论支持,不断深化我国的教师教育改革①。在借鉴原有教师教育培养模式的基础上,结合云南省农村小学教育的特点和需求,探索全科型小学教师培养新模式,推动我国教师教育的理论研究与实践探索。

二、实践意义

(一)推动小学教师队伍专业化发展

教师是学校教育中对学生产生系统而深刻影响的人,是提高教育质量的主导因素,是促进教育稳步前进的重要组成部分,教师的综合素质、道德水平、学识能力在很大程度上影响着学生的思想道德和学习能力。专业化作为社会学的一个概念,它指的是一个职业群体经过自身的发展,在一定的时期内,逐渐达到了该专业所要求的标准,拥有自己的专业地位,成为一门专门的职业②。教师作为一种专门的职业有其自身的专业特点,其中最重要的一点就是教师职业有自己的专业标准,这种专业标准不仅体现在日常班级管理中,更体现在教师自身的专业能力上,主要表现为教育教学的能力。教师的地位、作用与专业特点,最终都是通过其专业素质、职业角色和具体形象反映出来的,有较高专业素质、善于扮演自己职业角色和具有良好职业形象的教师必然是达到了比较高的专业化程度的教师③。师范生经过学校的系统教育和培养走上教师行业,这一过程的转变是神圣而伟大的,当真正走上讲台的那一刻,相信每一位师范生的内心都是激动和紧张的,因为站在讲台的那一刻就是体现自己作为一名教师的专业能力的时候了。由于小学生的身心发展还不成熟,思维能力远远没有成人那么细密,且注意力集中时间较短,因此,教师在教育教学过程中,不仅要知道自己应当交给学生哪些知识,还要用学生们喜欢的方式教给他们,这就需要教师们不断学习各种教学方式或教学组织形式,通过多样的课堂教学活动,让学生们感受到课堂学习的魅力,针对不同的学生采取不同的教学策略,做到因材施教,只有这样学生们才会愿意去学习,直到自觉主动地学习,这一过程正是教师专业性的体现。从教师职业的专门性来看,这是社会大众对教师职业的一种高度认可和接受,也是教师自

---

① 郭军英.基于需求导向的农村小学全科教师培养问题研究[D].烟台:鲁东大学,2018.
② 黄玉楠.全科型教师培养研究[D].开封:河南大学,2014.
③ 颜应应.新课程背景下全科型小学教师培养的思考[J].教育参考,2016(2):107-111.

身对于这门职业的一个重新认识过程,它时刻提醒着教师要不断学习,更新自己的知识,通过各种途径提升自己的教学能力。我国探索全科型小学教师培养模式的初衷:一是解决农村地区尤其是贫困山区师资短缺的现状,二是提高农村地区小学教育的质量,从而促进我国基础教育的发展。在培养全科型小学教师的过程中,通过尝试多种方法提升师范生的专业能力,从另一个程度来说也就有助于提升小学教师队伍的专业化水平,培养高素质的全科型小学教师队伍。

教师队伍的专业化发展是世界各国教育改革的重要目标,一个国家教师队伍的专业化水平是判断该国是否达到教育现代化的标志。因此,世界各国都在通过各种途径提升教师的专业素质以达到专业化的水平。教师的专业素质是教师们进行教育教学的基本条件,如果一个教师的专业素质偏低,不仅影响其自身的专业发展,还会影响学生的学习质量和学习效果。因此,提升教学质量的关键是培养教师的专业素质。全科型小学教师专业素质的形成是不断学习教育教学知识,通过参加教育实习实践等活动,在反思自己缺点的同时学习他人的优点,并将其内化的过程。教师队伍专业化细化到每位教师也就是教师自身的专业成长,全科型小学教师的培养和实施从教师角色、教师专业素养、教师自身职业成长等方面对教师提出了新的要求[①]。教师角色从知识的讲授者变为学生学习的引导者和帮助者,将多门学科知识通过相互联系的方法交给学生,有助于引导学生用联系的观点看待不同的学科,从而提升学习效果。教师从一门学科的讲授变为多门不同学科启发式教学,在这一过程中教师的自身素养也得到提升,只有这样才能满足学生对于不同种类知识的需求,不断建构新知识,以促进自己专业能力的发展。全科型教师需要时刻关注现代化的教学理念,不断学习并将其与教学活动联系在一起,在优化自身知识结构的同时,促进各方面综合能力的发展。因此,全科型小学教师的培养不仅有利于在校师范生自身的专业成长,当他们真正走向全科型小学教师的岗位时,也有利于推动教师的专业化进程。

(二)促进我国基础教育事业的发展

目前国际基础教育的发展出现两种趋势:一是教育的价值取向从以传递知识为主转向以促进人的全面健康发展为主;二是教学形式从以大

---

① 王佳艺.全科型小学教师培养的必要性及其途径[J].湖南第一师范学院学报,2012,12(1):33-36.

第一章 绪 论

班教学为主转向以小班化或包班教学为主[①]。国际基础教育的不断发展，使得包班教学变得越来越普遍。包班教学又称为包班制，是人们对小学教育的本质深入认识后而形成的一种新兴教育教学模式，体现了儿童中心的教育思想，通常由两三名教师承担整个班级所有课程的教学任务和学生的日常管理工作，这不仅打破了学科间的隔阂，而且有助于学生更好地学习和理解不同学科间的知识[②]，我们把这种教师称为全科型教师。在这种教学模式下，教师有更多的时间和学生相处在一起，能够了解不同学生的学习情况，还能关注到学生的不同个性和不同层次的需要，进而可以做到因材施教，以促进每一位学生的全面发展。探索全科型小学教师的培养方式，是解决我国小学教师短缺的有力措施，从当前基础教育的发展来看，全科型小学教师是我国小学教育改革的重要趋势。但在我国云南省一些经济发展落后、交通堵塞、信息隔绝的贫困农村出现了很多小学教师"被全科"的现象，由于这些地方生态环境的限制和物质发展水平较低，很难招聘到应届师范生，就算是一些新教师来到这里，生活和工作一段时间后，他们也会想尽办法调到各方面条件较好的学校，这里不是他们期待的能够奉献自己的地方。在贫困农村学校，现有教师的年龄大概在40~50岁之间，甚至一些老教师的年龄已经超过50岁。但由于学校教师极度短缺，老教师不得以被迫去教授除自己所教的科目外的其他各种学科，包括语文、数学、音乐、美术等，只要是哪一科目缺少任课教师，学校就会安排这些老教师们承担该门科目甚至是多门科目的教学。由于这些老教师们的学历限制和专业素质不过硬，一些教学思想也难以跟上当今基础教育改革的步伐，加上贫困地区学校硬件设施不够齐全，获取最新教育信息的渠道有限，使得教师们难以结合当前小学教育发展的最新思潮，将新的教育理念和教育方法与课堂教学相结合，为课程增添新活力。如果教师们依然采用传统的教学方式，学生们不仅获取的知识有限，而且也难以提升教学质量，如果教学质量得不到提升，将会不利于我国基础教育的整体发展，反而会产生越来越大的教育差距，使得更多的人流动到城市或条件较好的学校，进而会加剧我国教育不均衡发展的趋势。

《国家中长期教育改革和发展规划纲要（2010—2020）》提出要树立全面发展的理念，同样我国的教育目的"培养德智体美劳全面发展的社会主义事业的可靠建设者和合格接班人"也在强调全面发展这一点，而要培养全面发展的人首先要培养出一支"下得去、留得住、教得好"的高

---

① 王艳辉. 河南省培养农村小学全科教师的必要性及路径探析[J]. 西北成人教育学院学报, 2017（3）: 51-55.
② 李彬彬. 我国全科型小学教师培养依据的研究综述[J]. 教育观察, 2017（384）: 4-7.

素质全科型小学教师。我国农村中小学教师占整个教师队伍的比例较大且教师呈老龄化趋势发展,虽然国家和政府近几年来都在增加农村教育的投入力度,通过各种途径吸引优秀师范生到农村去任教。但还是没能缓解农村小学教师短缺的现象。农村小学教师发展存在以下问题:年龄结构不合理,在原本人数不多的教师队伍中,年长者居多,青年教师占少数;教师职业素养整体偏低,教师学科专业知识水平参差不齐;学科结构分配不合理,中小学教授语文、数学、外语等主课的教师占多数,甚至有的地区没有外语教师,音乐、美术、体育等课程往往缺乏师资,都是由其他学科教师承担[1]。解决这些问题的关键就是培养全科型教师。全科型小学教师在我国一些省份的农村地区已采取定向培养的方式,即"从县招生,回本县就业"的培养策略,通过运用家乡观念和地域优势来增加新教师对当地学校的认同感和亲切感,有效增强农村教师的地方适应性;提供优惠政策免除学生在校期间的相关费用,用权利与义务对等的原则从制度上保证乡村教师"下得去、留得住、干得好",能够增强乡村教师队伍的稳定性[2]。与传统的分科教学相比,全科型教学更关注学生个体的发展,帮助学生形成完整的人格和提高自身综合素质;在学生和教师相互学习的过程中,全科型教师的综合素养不断提高,跨学科教学意识增强,能将学习到的教育理论知识应用到课堂实际教学中,充分调动学生参与课堂活动、综合实践和参加学校、集体活动的积极性和主动性,将全科型教师的作用发挥到最大。通过培养全科型教师扎根农村小学教育事业,逐步改善农村小学教育质量不高的现状,为实现我国农村基础教育事业的稳步发展贡献力量,从而提高农村小学教育的质量,为农村学生提供优质的教育服务,最终达到我国基础教育事业蓬勃发展的目的。

(三)推动新课程改革的实施

《基础教育课程改革纲要(试行)》中明确指出:要改变课程结构过于强调学科本位、科目过多和缺乏整合的现状,整体设置九年一贯的课程门类和课时比例,并设置综合课程,以适应不同地区和学生发展的需求,体现课程结构的均衡性、综合性和选择性;在小学阶段,要增加开设综合性的课程,在小学教师日常的授课形式上也逐渐改用综合性的教授方式,减少基础教育阶段的课程数量[3]。当前基础教育课程改革提出的要求,只有

---

[1] 卢琦.关于全科型小学教师培养及农村小学教师现状的思考[J].湖南第一师范学院学报,2009(6):14-15.
[2] 李彬彬.我国全科型小学教师培养依据的研究综述[J].教育观察,2017(384):4-7.
[3] 2001年教育部印发的《基础教育课程改革纲要(试行)》教基[2001]17号.

第一章 绪 论

全科型小学教师才能更好地适应,全科型小学教师的培养也有望成为将来小学教育顺利实施课程改革的重要依托,从而对课程改革的推动具有突出的意义[①]。小学课程以综合课程为主,而全科型小学教师就是将多门学科的知识进行综合,把关于生活与世界的完整知识传授给学生,从而促进学生的全面发展[②]。新课程改革需要打破传统的学科课程结构,并要求在小学阶段以综合课程为主,这对教师的专业能力提出新挑战和更高要求,需要小学教师要具备各方面的综合能力,对不同学科知识要有较强的整合能力,同时要树立当下最新的教育教学理念,全科型教师的培养目标就是要培养具有高素质、且能胜任多学科课程的小学教师。因此,培养全科型教师在一定程度上能够加快新课程改革实施的步伐。教育改革的核心是课程改革,新课程改革的重点是更新课程理念,注重学生的全面发展,关注学生的个别差异,针对不同的学生选择不同的教学方法,做到因材施教。新课程改革注重不同学科之间的相互联系,与传统分科教学相比,学科间的界限被淡化,更加强调学生在不同学科上的发展和进步,从而促进学生的个性发展。在农村或偏远、贫困地区,由于师资短缺,尤其是音、体、美等教师的严重缺乏,加上交通不便,无法及时获取外界教育信息等原因,使得学校的音、体、美等课程一度搁置;有些学校虽然开设音、体、美等课程,但却由班主任或语、数、英教师代替上课,由于这些教师没有系统学习过音、体、美等学科的知识,在这些方面很多教师都是"门外汉",这不仅没有让学生感受到音、体、美等课程的乐趣,更没有让学生达到劳逸结合的目的,反而会加大学生的学习负担和教师的教学压力。全科型小学教师具备多学科知识,且各方面综合素质较一般单科教师要高。因而可以适应农村小学的各学科教学,充分关注到每一位学生,尊重学生的主体地位,针对不同地区、不同民族的学生因地制宜地设置课程,体现新课程结构的选择性,并结合当今教育发展的主流采用适宜的教学方式,创设多样的教育活动,促进班内学生的全面发展,从而推动新课程改革的实施。

在《基础教育课程改革纲要(试行)》颁布后,各省市小学通过各种方法对小学阶段的综合课程进行不断探索和完善,同时不断提高贫困地区教师自身的专业能力和综合素质,而全科型教师正是教授小学综合课程的最佳人选。2012年教育部颁布《关于大力推进农村义务教育教师队伍

[①] 单新涛,李志朋,龚映丽.从课程改革看全科型小学教师培养意义与挑战[J].北京教育学院学报,2014,28(5):10-14.
[②] 韩苗苗.如何使农村小学全科教师做到"下得去、留得住、教得好"[J].辽宁教育,2017(1):28-30.

建设的意见》指出：鼓励和支持地方结合实际情况，通过师范生接受免费的师范教育，为农村地区的学校定向培养"下得去、留得住、干得好"的具有较高综合素质的教师，并且采取一系列特殊的招生形式，努力扩大学校中的双语教师以及音、体、美等实践类课程和小学全科教师的培养规模[①]。全科型小学教师能够熟练掌握语文、数学、英语等学科的专业知识，且对于音乐、体育、美术等学科也有充分的了解，能够适应农村小学的音体美课程，对于其他学科的知识也都有一定的涉猎，对不同学科间的知识能够进行迁移和整理；全科型教师能够根据不同学科进行不同种类的教学，这体现了全科型教师善于运用多种教学技能进行不同学科的课堂教学；全科型教师在师范院校进行培养时，通过见习和教育实习已经具备了一定的教学实践能力，因而在进入农村小学后，这种教学实践能力能够让他们尽快适应小班化课堂。新课程改革要求在小学设置综合课程，而全科型小学教师因其掌握多学科的教学技能可以针对不同学科采取不同的教学方式，这符合新课程改革的要求。新课程改革对于教学提出"明确教育的功能"的要求，让学生不仅能够关注知识以及能力的发展，更重要的是还要关注学生本身，全科型小学教师可以运用多种教学技能对学生进行非灌输性的课程，不单单是考核小学生在学校的学习成绩，还要关注到学生的自身发展[②]。全科型教师的培养不仅顺应了基础教育课程改革的要求，而且缓解了农村贫困地区学校教师极度短缺的问题，同时也推动了课程改革的步伐，是促进我国基础教育均衡发展的重要因素之一。

第四节　相关概念的界定

一、云南农村偏远贫困地区

云南省地处我国的西南边陲，国土面积约39万平方千米，占全国国土面积的4.11%，全省总人口约4601万，占全国人口的3.35%[③]。全省东西最远相距864.9千米，南北最大相距990千米，与云南省相邻的省份有4个，西北部紧邻西藏自治区，北部与四川省相接，东部和贵州省、广西壮

[①] 中华人民共和国教育部.关于大力推进农村义务教育教师队伍建设的意见[EB/OL].2012-11-08.
[②] 张然.全科型小学教师的培养研究[D].河南：洛阳师范学院，2015.
[③] 云南统计年鉴2011.

第一章 绪 论

族自治区相邻;此外,云南省还有3个邻国,西部和缅甸接壤,南部毗邻老挝、越南。云南省与三个国家的国境线长达4060千米,漫长的国境线中散落分布着云南的25个边境县。云南省属于高原山地地形,地势起伏较大,各地海拔高度相差悬殊,西北高东南低,平均海拔2000米左右,西北部与西藏自治区相邻地区的平均海拔达到3000~4000米,有怒山、高黎贡山等大型山系和怒江、澜沧江等大河,高山峡谷相连,地势险峻;东南部边境地区平均海拔800~1000米。省内地形丰富多样且呈现复杂交错分布的特点,山地面积约33.11万平方千米,占全省国土总面积的84%;高原、丘陵面积约3.9万平方千米,占全省国土总面积的10%;仅有不到6%的平原和湖泊适宜人类生活和居住[①]。北回归线横穿云南省南部地区,云南是典型的亚热带高原季风气候,年温差小但日温差较大,全年分为干湿两季,气温随地形地势的变化呈现出垂直变化。西北部地区属于寒带气候,长年处于冬季,春秋两季较短;东部和中部地区属于温带气候,四季如春,但遇雨成冬;南部和西南地区属于低热河谷区,少部分位于热带地区,长年处于夏季,遇雨成秋;云南省内同时具有寒、温、热(包括亚热带)三带气候,因而有"一山分四季,十里不同天"的说法[②]。云南省素有"有色金属王国"之称,矿产资源种类繁多且分布较为集中,由于云南处于高原山地地区,加上特殊的地形地势和地质灾害的频发,使得云南丰富的矿产资源难以开采,地势的分布可以从贫困现象得以呈现。

我国总体贫困现象呈现出"点(贫困村)、片(特殊贫困区)、线(沿边境贫困带)"共存的区域特征,贫困人口大幅减少,但呈现出东部贫困人口向中西部地区、民族地区集中的趋势[③]。作为我国少数民族最多的省份,云南现有5000人以上的少数民族25个,其中有15个特有民族、16个跨境民族、8个人口较少民族、9个直过民族[④]。云南省内共分为16个州市、129个县(市区),其中有8个民族自治州、29个民族自治县、25个边境县。2011年国务院印发《中国农村扶贫开发纲要(2011—2020)》,把全国分为11个集中连片特殊贫困地区,加上西藏、4省藏区和新疆南疆三地州,共14个集中连片特殊贫困地区;云南有四大集中连片特困地区(乌蒙山云南片区(15个县)、滇黔桂石漠化云南片区(11个县)、滇西边境片区(56个县)以及迪庆藏区(3个县)),所涵盖的扶贫开发工作重点县和

---

① 自然概貌.云南省人民政府. http://www.yn.gov.cn/
② 气候.云南省人民政府. http://www.yn.gov.cn/
③ 张志远,龚识俨.云南边疆民族地区精准扶贫与解决区域性贫困问题研究[J].云南社会主义学院学报,2017(2):60-69.
④ 宋媛.云南省扶贫开发报告[J].西部报告,2018:114-131.

片区县共计85个,约占全省129个县(市区)的四分之三,数量居全国第一[①]。2017年最新数据显示:云南省涵盖4个连片特困地区,包括91个县,59个革命老区县以及25个边境县,贫困发生率普遍在15%以上,其中3个州市贫困发生率高于20%,其中怒江傈僳族自治州贫困发生率高达33%[②]。从地理环境上看,云南贫困人口主要聚居在自然条件恶劣、经济落后的深山区、石山区、高寒山区、干热河谷区和少数民族地区、边境一线[③]。这些地区地理位置偏僻、自然条件恶劣、灾害频发、交通不便、人口受教育水平低等多种因素的综合影响,导致这些地区贫困状况发生代际遗传,要想杜绝贫困代际遗传就得需要接受教育,通过增加受教育机会和提高受教育水平来改变这种现象。如金沙江、澜沧江、怒江三江沿线地区处于青藏高寒区,地形破碎、地势峻陡、耕地稀缺、灾害频发,贫困发生率高;乌蒙山区和石漠化区水土流失严重、土地贫瘠、植被退化严重;滇西边境山区与缅甸、老挝、越南三国接壤,人均受教育年限约5.2年,人口素质性贫困问题十分严重;藏区气候极端、山高路陡、地广人稀、基础设施建设薄弱[④]。本研究中的云南农村偏远贫困地区是与城市和乡镇相对而言的,处于4个集中连片特困区,且存在从事农业生产的农民聚居地。这些地区的小学出现生源减少,学校规模萎缩,教师极度短缺且年龄结构不合理,老年教师居多,年轻教师甚少,教师的专业结构老化、综合素养较低,难以适应当今小学教育发展的步伐。

二、全科教学

(一)全科

《说文解字》中有"全,完也。从人从工,疾缘切。科,程也。从禾从斗。斗者,量也,若禾切"[⑤]。在《辞海:词语分册》中,"全"有四种解释,分别是:完备,齐全;整个;完全,都;保全,病愈[⑥]。《辞海》中关于"科"有

[①] 张志远,龚识俨.云南边疆民族地区精准扶贫与解决区域性贫困问题研究[J].云南社会主义学院学报,2017(2):60-69.
[②] 黄云波.云南省脱贫攻坚的形势与政策[Z].内刊资料:2017-05-14.
[③] 云南省统计局.云南农村贫困人口基本状况、原因与对策分析[EB/OL].中华人民共和国国家统计局.
[④] 李凯恩.精准扶贫视域下的云南省反贫困治理绩效研究[D].北京:中国社会科学院研究生院,2017.
[⑤] 臧克平,王平校订.说文解字[Z].新订.北京:中华书局,2002:341,467.
[⑥] 辞海编辑委员会.辞海:词语分册[Z].上.修订稿.上海:上海人民出版社,1977:295-296.

第一章 绪 论

两层意思,一层是指学术的分类,指一定科学领域或一门科学的分支;另一层是指"教学科目"的简称,亦即"科目"①。从词源上来看,全科并不是指要掌握所有的学科知识或某一门单一科目知识,而是指学科知识体系相对系统、完整②。

(二)教学

对于教学的理解,不同的学者根据自身学科知识背景的差异有不同的看法。《说文解字》中,"教,上所施下所效也;学,原为敩,觉悟也,觉悟互训"③。在我国,对教学的理解随着教学的不断发展和深入而出现几种不同的观点。第一种观点将教学看作是一种认识活动,如教学是专门组织的认识活动,其目的在于教师向学生传授知识和技能,从而促进身心健康发展并影响学生良好思想品德的养成④。

第二种观点将教学看成是一种实践活动,认为教学是借助学科教学来促进学生变革和发展的教育实践活动⑤。第三种观点将教学看成是教师促进学生学习与发展的指导活动,即教的人指导学的人进行学习的一种活动,学生掌握一定的知识与技能,获得一定的发展,形成一定的思想品质⑥。李秉德认为教学是指教的人指导学的人进行学习的活动,进一步说,它指的是教和学相结合或相统一的活动。第四种观点将教学看成是发生在教师和学生间的一种特殊交往活动⑦。教学有广义和狭义之分,广义的教学是指教师能够指导学生学习的一切教育教学活动,狭义的教学是指在特定的课堂教学环境中,教师和学生根据特定的教学内容通过相互间的交流和互动,以达到预期的教学目标,从而促进学生全面发展的一种教育实践活动⑧。本研究中的教学同时采用这两种定义,即广义和狭义都涉及。

(三)全科教学

关于全科教学的定义,不同的学者提出了不同的看法。周晓英认为

---

① 辞海编辑委员会. 辞海[Z]. 上海:上海辞书出版社,1999:3033.
② 田华. 小学全科教师的内涵、价值及培养路径[J]. 教育评论,2015(4):83.
③ 臧克平,王平校订. 说文解字[Z]. 新订. 北京:中华书局,2002:205-206,571.
④ 刘问岫等编. 中小学教学原理[M]. 北京:知识出版社,1984.
⑤ 钟启泉. 教学实践辨[J]. 上海教育科研,1996(2):1-7.
⑥ 肖其勇. 农村小学全科教师培养特质与发展模式[J]. 中国教育学刊,2014(3):88-92.
⑦ 叶澜主编. 新编教育学教程[M]. 上海:华东师范大学出版社,1991.
⑧ 咸富莲. 农村小学全科教学有效性研究[D]. 西安:陕西师范大学,2017.

全科教学指小学各门课程是基础性和综合性的,而小学教师需要具备较高学历、完备的知识框架和迁移能力,能够较好地胜任小学各门课程；马骉和姚卓文认为全科教学指一到两名教师负责一个班全部科目的教学[①]。根据前面教学的定义,全科教学是指在特定的教学环境中,针对某一学科特定的教学内容,教师和学生通过相互间的交流和互动,以使大部分学生达到预期的教学目标,从而促进学生全面发展的一种教学组织形式。结合我国全科教学出现的背景和条件,分为以学校办学条件为主的全科教学和以学生发展需求为主的全科教学。以学校办学条件为主的全科教学是受学校教学设施和教学人员的影响才出现的一种情况,它没有打破传统班级授课制的教学组织形式,通常由一位教师代替多位教师教授不同的教学科目,但学科之间的相互联系性较差,每个学科间还是相互独立的,这种全科教学主要存在于我国农村偏远、贫困地区的小学或教学点。云南大部分农村小学就属于以学校办学条件为主的全科教学,其原因是农村地区师资极度短缺,且随着城镇化的不断发展,越来越多的农村人口流动到城市,同时也带走了正在接受义务教育的小学生,这就导致农村地区义务教育阶段的学生越来越少,班级规模也就随之变小。由于教育投资有限,为节省教育成本,学校领导便会安排一位教师教授一个班级的所有科目和管理该班级的日常活动。以学生发展需求为主的全科教学通常是有意而为的,即学校教育主管人员根据学生的发展需求而采取的方式。这种方式同样没有打破传统的班级授课制的教学组织形式,但是却打破了学科和课时的限制,通常是由一位教师教授同一班级的多门科目,不同学科的知识相互间具有联系性和融合性,能为学生提供综合更强的知识,符合小学生的认知规律和身心发展特点,其主要在城市的小学出现,这符合世界小学教育综合发展的趋势。

20世纪90年代初期,已有一些地方开始试点包班制全科教学,如上海、江苏等；进入21世纪后,随着包班制已成为西方小学教育发展的共同模式,我国在部分地区开始推行包班制全科教学,"有些地区实行'包班制'教学的学校已经占41.4%,其中以上海、杭州为最"[②]。这种学科融合式全科教学以培养学生完整人格为目标,以活动为学科融合基础,以教学实际需要弹性设置课时,以综合性评价为考核方式,更符合小学生认知的整体性、综合性、具体性以及形象性特点[③]。

---

① 咸富莲.农村小学全科教学有效性研究[D].西安:陕西师范大学,2017.
② 肖其勇.农村小学全科教师培养特质与发展模式[J].中国教育学刊,2014(3):88-92.
③ 咸富莲.农村小学全科教学有效性研究[D].西安:陕西师范大学,2017.

三、全科型教师

(一)从政策上来看

在我国,首次出现"全科教师"一词是在 2008 年 10 月《关于日本秋田市小学数学教育考察的报告》中,该报告在介绍日本的小学教育时,提到日本的小学教师是教全科的[①]。早在 1995 年国家教育部颁布的《大学专科程度小学教师培养课程方案(试行)》和 2003 年教育部师范司出台的《三年制小学教育专业课程方案(试行)》,都要求培养小学教师"具备多科教学的知识和能力"[②]。2011 年教育部颁布《小学教师专业标准(试行)》(以下简称《标准》)提出:适应小学综合性教学的要求,了解多学科知识[③]。《标准》中虽然没有明确提出要培养全科型教师,但强调了小学教师的知识面和对小学综合性教学的要求。2012 年 9 月,教育部、发改委和财政部联合发文《关于深化教师教育改革的意见》提出:要完善小学和幼儿园教师全科培养模式[④]。2012 年 9 月,教育部颁布《关于大力推进农村义务教育教师队伍建设的意见》中指出:"要采取定向委托培养等特殊招生方式,扩大双语教师、音体美等紧缺薄弱学科和小学全科教师培养规模,在师范生免费教育和'特岗计划'中向音体美教师倾斜"[⑤]。这是我国首次从政策文件上提出要在农村培养全科教师,其目的是缓解农村偏远贫困地区教师短缺的现状,从而促进农村地区基础教育的均衡发展。2014 年 9 月,《教育部关于实施卓越教师培养计划的意见》指出:"针对小学教育的实际需求,重点探索小学全科教师培养模式,培养一批热爱小学教育事业、知识广博、能力全面、能够胜任小学多学科教育教学需要的卓越小学教师。"[⑥]这是首次从国家层面提出小学全科教师的内涵,对推动基础教育新课程改革具有重要意义。2015 年 6 月,国务院办公厅发出

---

① 吴正宪,陈凤伟,张秋爽.关于日本秋田市小学数学教育考察的报告[EB/OL].2008-10-31.
② 黄云峰.小学全科教师及其培养探讨[J].教育与教学研究,2017,31(3):76-80.
③ 中华人民共和国教育部.小学教师专业标准(试行)[EB/OL].2011-12-12.
④ 教育部,国家发改委,财政部.关于深化教师教育改革的意见(教师[2012]13号)[EB/OL].2012-09-06.
⑤ 中华人民共和国教育部.关于大力推进农村义务教育教师队伍建设的意见[EB/OL].2012-11-08.
⑥ 教育部.教育部关于实施卓越教师培养计划的意见(教师[2014]5号)[Z].2014(8).

的《关于印发乡村教师支持计划(2015—2020年)的通知》指出:"鼓励地方政府和师范院校根据当地乡村教育实际需求加强本土化培养,采取多种方式定向培养'一专多能'的乡村教师"[1]。2017年7月,《教育部教师工作司关于中小学教师资格考试增加"心理健康教育"等学科的通知》明确强调:"为确保教师资格考试改革试点工作顺利推进,满足师范生对相应学科教师资格认定的需求,自2017年下半年开始,各试点省份的中小学教师资格考试初中、高中、中职文化课类别增设"心理健康教育""日语""俄语"学科;小学类别面试增设"心理健康教育""信息技术""小学全科"学科"[2]。这一举措表明了培养全科型小学教师的重要性,同时为资格考试改革和满足师范生对教师资格的需求奠定了基础。

(二)"全科"的来源

"全科"最早源于西方国家的"全科医生"一词,全科医生指经过全科医学专门训练、学习,并取得全科医师执业资格证书,工作在基层的临床医生,对个人、家庭和社区提供优质、方便、经济有效的、一体化的基层医疗保健服务,进行生命、健康与疾病的全过程、全方位负责式管理的医生,是执行全科医疗的卫生服务提供者[3]。医生与教师这两个行业在工作对象、工作环境等方面都有明显的不同,但同样作为一种专业化的职业,在某些方面也存在共性。从全科医生的定义来看,"全科"有几个特征:一是对专业性的强调,全科医生不是为缓解医务人员在数量和结构上短缺而被动采取的方式,而是医生行业专业化发展的结果,不仅要求有更加全面的专业知识,更加强调综合能力的培养,这是专业化不断发展的结果;二是对全景式工作方式的强调,医生需要对病人的情况有一个整体的把握,并要求医生全程参与病人救助的整个过程,这是全景式工作状态的体现;三是对实践性的强调,医生需要在救助病人的实际中不断增强专业能力,由于不同病人的不同病情和外界环境的影响,需要医生有较强的实践能力,因而实践能力对于医生行业来说尤其重要[4]。将全科医生中关于"全科"的特征应用于全科教师身上,全科教师作为从事教育教学的专业

---

[1] 国务院办公厅.关于印发乡村教师支持计划(2015—2020年)的通知(国办发[2015]43号)[EB/OL].2015-06-01.
[2] 教育部.教育部教师工作司关于中小学教师资格考试增加"心理健康教育"等学科的通知(教师[2017]41号)[Z]2017(7).
[3] 夏征农.辞海(第6版)[M].上海:上海辞书出版社,2011.
[4] 李婧玮.小学全科教师的内涵、特征及培养的必要性[J].教育导刊,2018:75-80.

人员,对教育活动有一个整体性的把握和分析,同时对于教学有较强的实践能力。但在我国的出现并不是教师专业化发展的需求,而是被动式的出现,是为解决我国农村教师在数量和结构上短缺的现状而提出,因而在培养全科型小学教师的过程中需要更加关注于教师的专业发展,以推动全科型小学教师培养工作的进行。随着世界各国教育的不断发展,"全科"一词逐渐用在教育领域,与教师联系在一起,即"全科教师"一词的出现。全科教师最早出现在西方发达资本主义国家,如英国、法国等,这些发达资本主义国家根据经济的发展水平和小学生身心发展的规律,提出在小学阶段进行全科教育,同时培养教师教授多门科目的教学能力,以促进学生的全面发展和提升教学质量[1]。"全科"不应只是在所承担的教学科目上做加法,而应当理解为对教师综合能力的培养,同时要培养教师用"全科"的背景和视角进行跨学科的教育教学,以达到小学课程综合性的特征,加强师范生对不同学科知识的涉猎,培养对小学生的情感和关心,这样的教师才是对学生充满爱和以学生全面发展为本的全科教师[2]。

(三)全科型教师的内涵

全科型教师是为实现素质教育的顺利实施,为适应新基础教育课程改革的需要,整合各学科知识,为实现新课程标准所倡导的全面发展的教学目标而提出的新概念[3]。在我国,学界关于全科教师的讨论较多,但对全科教师的内涵还没有形成统一的认识,不同学者基于自己的知识背景和经验对全科教师有不同的理解。多数学者将全科教师的"全科"理解为"全部学科"或"全部课程"。周德义认为:全科型教师是由具备相应资质的教师教育机构专门培养的、掌握教育教学基本知识和技能、学科知识和能力结构合理、能承担小学阶段国家规定的各门课程教学工作、从事小学教育教学研究与管理的教师[4]。徐雁认为:全科型教师就是指能承担小学阶段国家规定的各门课程教学工作的小学教师,通俗地讲就是什么科目都拿得起,什么都能教的具有较高素质的小学教师[5]。黄玉楠认为:

---

[1] 田振华.小学全科教师的内涵、价值及培养路径[J].教育评论,2015(4):83-85.
[2] 李岩红.法国小学全科教师培养制度及其对我国的启示[D].烟台:鲁东大学,2017.
[3] 黄玉楠.全科型教师培养研究:基于课程的视角[D].开封:河南大学,2014.
[4] 周德义,李纪武,邓士煌,等.关于全科型小学教师培养的思考[J].教师教育研究,2007(9):55-59.
[5] 徐雁.全科型本科小学教师培养模式研究[J].湖南第一师范学院学报,2011,11(4):8-10.

全科教师是在具备相应资质的教育机构中专门培养的,拥有中小学全部课程的相关知识,且能够承担起这些课程的教学任务,各方面的素养都均衡发展,并着眼于促进人的全面发展,具有现代的教育观念以及创新精神的教师,将全科型教师的特点概括为基础实、知识博、能力强、素质高、适应广[1]。田振华认为:小学全科教师是针对小学分科教师而言的,指能够掌握小学教育教学基本知识和基本技能,且在知识和能力结构上都很完备的教师,他们不仅能够独自承担学校各门课程的教育教学工作,还可以承担小学教育教学的研究和管理工作[2]。一些学者将"全科"理解为"某一类全部课程"。谢慧盈认为:全科型优秀小学教师就是能够承担起小学同一年级中包括综合实践活动课在内的文科、理科和艺体科三类课程中的某一类全部课程的教学工作的教师[3]。这一理解强调的是全科教师的兴趣、特长和在学科教学方面的专业优势。有些学者将"全科"理解为"素质的全面"。王佳艺把全科型教师概括为:基础知识广博、素质良好、教学技能和综合实践能力较强的教师[4]。卢琦认为全科型教师应该必备两个方面的文化素质:必须具有语文、数学、英语三门主课中的两门和其他一两门学科的全面、扎实的知识和技能;必须具有艺、体、劳等课程的基础知识和基本技能[5]。根据加德纳的多元智能理论,每个人都有其不同的个性和专长,即便作为全科型教师也很难做到数理化兼通,文史哲全能,也总存在一些学科,如音乐、美术等是无法胜任的。全科型教师相比于分科教师的优势在于其知识框架较为完备,综合能力较强。根据不同学者对全科教师的界定,总结出全科教师需要具备良好的职业道德,较为完整的专业知识、专业能力和综合素养。全科教师作为专门从事教育教学活动的专业人员,除需要具备一般教师从业的基本要求之外,还需要具有专门从事全科教学的多门学科知识和应对多门学科知识的教育教学能力;全科教师必须能够胜任多门学科的教学,通过将不同学科的知识相互联系、相互融合,从而促进学生的全面发展;此外,全科教师还应该具备组织全科教学的知识和能力机构,知识结构包括公共基础知识、教育教

---

[1] 黄玉楠.全科型教师培养研究:基于课程的视角[D].开封:河南大学,2014.
[2] 田振华.小学全科教师的内涵、价值及培养路径[J].教育评论,2015(4):83-85.
[3] 谢慧盈等."全科型"优秀小学本科教师培养思考[J].海南师范大学学报:社会科学版,2012,25(5):107-111.
[4] 王佳艺.全科型小学教师培养的必要性及其途径[J].湖南第一师范学院学报,2012,12(1):33-36.
[5] 卢琦.关于全科型小学教师培养及农村小学教师现状的思考[J].湖南第一师范学院学报,2009,9(6):14-16.

学理论知识、教育教学实践知识等,能力结构包括教育教学管理能力、教育教学研究能力、教育教学设计能力等,全科教学的知识结构和能力结构是教师进行全科教学的基础[①]。本研究认为全科教师是相对于分科教师而提出的,将全科教师具体化,即农村全科型小学教师,就是在农村从事小学教育事业,能够充分适应农村环境,培养德、智、体、美、劳等全面发展,热爱农村教育事业,具备高尚师德和先进教育观念,具有扎实的小学教育专业知识和教学技能,能够胜任多学科教学且能独立从事教育教学研究和管理工作,富有社会责任感、创新精神和实践能力,能够引领农村基础教育改革与发展,"下得去、留得住、教得好"的学有专长、胜任多学科教学的高素质农村全科型小学教师[②]。

(四)农村全科型教师的素质结构

农村全科型小学教师更关注于教师个体发展的完整性、知识的全面性和能力的综合性,这是由农村小学教育的特殊性和小学生身心发展的特征决定的。全科型小学教师作为传承农村文化和培养农村人才的主力军,必然要求教师自身首先是一个具有高尚品德、丰富知识且完整的人。由于小学教育具有基础性和启蒙性的特点,因而作为一名小学教师不仅要有渊博的理论知识和实践知识,还应多学习其他不同学科的知识,以应对小学生们的各种"怪问题"。农村学生多属于留守儿童,这就需要小学教师不仅要有教育教学能力,还要有管理班级的能力,善于与学生交流和沟通,倾听孩子们的内心想法,以促进他们的全面健康成长。基于前面对全科教师概念的界定来看,农村全科型小学教师培养的关键在于整体素质结构的构建。《小学教师专业标准(试行)》从专业理念与师德、专业知识和专业能力等方面对小学教师提出了新要求,结合农村小学教育的实际情况,将农村全科型小学教师的素质结构分为师德结构、知识结构和能力结构三部分,如表1.1所示。

表1.1 农村全科型小学教师的素质结构

师德结构	知识结构	能力结构
对农村的深厚情感	公共基础知识	教育教学能力
对教师职业的信念	学科专业知识	日常管理能力
自身的专业发展	教育理论知识	科学研究能力

---

① 咸富莲.农村小学全科教学有效性研究[D].西安:陕西师范大学,2017.
② 郭军英.基于需求导向的农村小学全科教师培养问题研究[D].烟台:鲁东大学,2018.

（1）农村全科型小学教师的师德结构

职业道德是人们在职业生活中应当遵守的、与职业实践有密切关系的道德规范和准则，是社会生活的一般道德在职业生活中的具体体现。教师职业道德，又称"师德"，是对教师所要求的道德，是教育生活领域中的道德，它既反映社会道德的要求，同时又是针对教师职业活动领域各种关系提出的规范要求，是教育实践中处理教育活动中各种关系的行为准则。农村小学全科教师的师德主要体现在其对农村的深厚情感、对教师职业的信念和自身的专业发展等方面。教师对农村工作是否具有深厚的情感，关系着教师职业自我效能感的实现。农村全科型小学教师只有对农村具有深厚的情感，热爱农村儿童并同他们建立深厚的友谊，关爱留守儿童，积极帮助贫困学生，给予他们更多的爱与关心；同时立志改变农村教育的现状，提高教育质量，为实现教育公平而努力，这样才能成为一名优秀的农村全科型小学教师。此外，全科型小学教师不仅要有以上对农村孩子们的关怀，还要有奉献精神，能够扎根农村、服务农村，为我国农村地区基础教育事业奉献自己的光和热，这是作为一名合格的农村地区全科型教师的基本素养[1]。专业信念是支撑教师工作的不竭动力，"教师是人类文明的传播者""教师是人类灵魂的工程师""教师职业是太阳底下最光辉的职业"，只有坚定了这些信念，全科型教师无论在多么恶劣的环境中都能感受到自己作为一名教师的职业感和自豪感，这种职业感和自豪感会更加坚定教师们教书育人的信念和立志投身农村小学教育事业的决心，促使教师不断提升自身的专业能力和综合素养，从而努力成为一名优秀的农村全科型小学教师。在教师坚定职业信念的同时，教师自身的专业发展也得到提升。由于小学生具有向师性这一特点，因而教师们在日常教育教学活动中会更加注重自己的素养，为学生树立良好的榜样，从而促进他们的健康成长，再者，随着信息化时代的飞速发展和知识的更新速度不断加快，要求教师要有终身学习的意识，不断在学习中反思和完善自我。

（2）农村全科型小学教师的知识结构

全科型小学教师的教育对象是小学生，由于小学生身心发展的不成熟和小学教育基础性、启蒙性的特点，教师需要具备多方面的知识才能满足学生的求知欲和好奇心，主要分为公共基础知识、学科专业知识、教育理论知识。公共基础知识涵盖了生活中各种各样的知识，包括自然科学、

---

[1] 刘婷婷.云南省L县农村地区全科型小学教师现状的研究[D].昆明：云南师范大学，2018.

第一章 绪 论

人文科学以及各种生活常识等,通过广博的公共知识帮助学生打开知识海洋的大门,让学生在知识的海洋中自由自在地遨游,感受知识所带来的魅力,从而拓宽农村小学生的知识面,减小与城镇地区学生在知识广度上的差距,促进农村小学生的全面发展。这里所说的公共基础知识还包括应对突发自然灾害的自救知识和简单的急救知识,这是因为云南地区处于山区,部分农村位于大山深处,沟壑纵横,地质条件不稳定,极易发生各种自然灾害;正是因为地理环境的恶劣,交通不便利,小学生在上下学途中或日常玩耍时出现受伤的情况较多。因此,教师要掌握简单的急救知识以应对学生们突发事件的发生。根据前面对农村全科型小学教师的定义来看,全科型小学教师需要胜任多学科的教学,全面的学科专业知识是农村全科型小学教师的重要特征。全科型小学教师与普通小学教师最大的职业区别就在于全科型小学教师必须具备小学语文、数学、外语、科学、美术、音乐、体育、信息技术等小学课程的专业知识[①]。小学教师的学科知识不需要多么精深,但尤其注重综合性,需要具备各学科的基础知识以及教授各学科的能力,这是因为云南广大农村地区严重缺乏教师,为改变师资短缺的局面,需要培养具有多学科知识背景的小学教师,提高农村小学教师队伍的质量,将农村小学教师打造成具备丰富学科知识的卓越小学教师,从而促进农村小学教育的健康发展。教师的多学科知识体系,能够帮助小学生逐渐形成正确的人生观、世界观和价值观,对小学生的可持续发展具有长远的影响。此外,教师还需要具备教育理论知识,包括教育学、心理学、教育心理学等多方面的相关知识,这是因为小学作为人的一生中所受各种教育的基础阶段和关键期,具有很大的潜在性和可塑性,这就需要教师掌握系统的儿童教育、心理学科专业知识,掌握小学生的身心发展特点和规律、教育产生和发展的规律,了解学生的实际需要,做好农村小学的教育教学工作[②]。这些教育理论知识不仅是小学教师知识结构的重要组成部分,更能够提升他们自身的专业素养,为准确把握学生的学习心理,灵活应对教育教学过程中出现的各种问题提供理论支撑,提高教学效率,推动农村小学教育事业稳步发展。

（3）农村全科型小学教师的能力结构

能力结构是农村小学全科教师素质结构中的核心结构,教师只有具备了这些能力才能实现班级的进步,进而促进整个农村小学教育的发展。

---

① 潘琰.以培养全科型教师为目标的高师院校实验教学改革的实践探索——以长春师范大学为例[J].时代教育,2015(23):33-35.
② 邱芳婷.农村小学全科教师的素质结构探析[J].当代教育与文化,2017,9(5):61-65.

教学作为学校的中心工作,学校的一切都围绕教学而展开,而教师的教学能力是影响学校教学质量的核心因素。因此,应培养农村全科型小学教师各方面的教学能力,能够提升学校的教学质量。教育教学能力首先体现在一堂课的教学设计上。教学设计专家格斯塔弗森指出:"教学设计"这一术语被用于描述包括分析教学内容、研究教学方法、指导试验和修改以及评定学生学习的整个过程[1]。因此,教学设计包括教学目标、教学内容、教学环境、教学方法、教学组织形式等一切在课堂中教师和学生所表现出来的行为和心理活动。教师要根据小学生身心发展的规律和特点,结合当地实际情况,在充分钻研教材的基础上,设计丰富多样的教学活动,让学生充分参与到课堂中,提高学习的兴趣和积极性。其次,农村全科小学教师还应具备清晰、准确、简洁的语言表述能力;具备复习导入、故事导入、音乐导入、情境导入等多样化的课堂导入能力;具备根据不同学科、不同的教学目标和教学内容灵活运用讲授法、提问法、讨论法、小组合作学习等不同教学方法的能力;具备板书书写和设计的能力等多方面课堂教学能力[2]。最后,教师还应具备教学评价和自我反思的能力。教学评价是依据教学目标对教学过程及结果进行价值判断的过程,是引导教师改进教学工作、提高教学质量的活动[3]。教师按照多种方式,如观察法、测验法、成长记录袋等,从知识、技能、态度与价值观等方面对学生进行量化和质性评价,并根据评价结果改进自己的教学方法,教师在对学生进行评价的同时要注重学生是发展的人,具有巨大的发展潜能,不能只用一次评价来决定他们以后的表现[4]。自我反思是教师对自身的教学理念、学科知识、教学行为、教学策略以及教学过程的反省和思考,自我反思是教师专业成长的重要手段和途径[5]。美国心理学家波斯纳提出了教师成长公式:成长 = 经验 + 反思,从中可以看出,教师只有经验,不进行教学反思,那么就很难在专业上有所成长,可见反思能力对教师专业发展有巨大的推动作用。教师的管理能力是教育教学工作顺利开展的保证,这就需要

---

[1] Husen, Torsten & Postlethwaite, T.Neville (eds.) (1994.).The International Encyclopedia of Education (2nd ed.), Pergramon, Volume 5, p2857.
[2] 邱芳婷.农村小学全科教师的素质结构探析[J].当代教育与文化,2017,9(5):61-65.
[3] 赫志军.中小学课堂教学评价的反思与建构[J].教育研究,2015(2):110-116.
[4] 孙欣欣.小学全科教师专业实践能力构成及培养策略[J].湖南第一师范学院学报,2017,17(3):13-16.
[5] 孙欣欣.小学全科教师专业实践能力构成及培养策略[J].湖南第一师范学院学报,2017,17(3):13-16.

教师在日常管理中,仔细观察学生,经常与学生交流和沟通,了解学生身心发展的特点,倾听学生们的心声,及时发现需要帮助的学生或有心理问题的学生,以便在第一时间解决学生们所遇到的困难。由于农村小学生多是留守儿童,常年与父母分离,缺少父母的关心和爱护。因此,教师们尤其要给予留守儿童更多的爱,帮助他们健康快乐地成长。此外,教师还要与家长保持良好的沟通,指导家长对学生进行正确的教育,发挥学校和家庭教育合力的最大化。农村小学教师的多重角色要求他们要具备终身学习的意识和科学研究的能力。教师在学习过程中,扩充自己的知识体系,充实自己的知识框架,通过不断创新讲课方式改进自己的教学,这样才能保证学生每堂课都保持极高的学习兴趣。作为一名教师应牢记进行科学研究的权利,不仅要研究反思自己的教学,还要研究学生,充分发掘自身的创新精神,将富有创意的想法结合农村课堂教学的实际,寻找适合当地小学生学习的新方式、新手段,使自己的教学更加贴近农村学生的生活,符合他们的需求,从而实现农村小学教育的创新。

第五节 理论基础

一、多元智能理论

传统意义上,学校教育一直强调学生的数学(逻辑思维)和语文(读写能力)两方面的发展,认为个体智能的发展是单一的且可进行量化的,但由于没有标准化的测量工具,很难对学生的智能有一个整体性和客观性的认识,因而只有通过学校中的各种考试、测验对学生的智能有一个表面性的认识,直到20世纪初,法国心理学家比奈创造了智力测验,能够使用标准的测量工具来测量人们智力的高低。学校教育并不能激发出学生所有的智能,数学(逻辑思维)和语文(读写能力)也不是人们智能的全部。随着各国心理学家对"智能"的深入研究,1983年美国著名教育心理学家"多元智能理论之父"霍华德·加德纳在研究脑部受过创伤的病人身上发现他们在学习能力上存在明显的差异,根据这一现象加德纳提出了多元智能理论。多元智能理论认为:智能是个体处于某种社会文化背景或特定的情境中时,通过解决某些实际问题和创造出社会需要的有效产品的能力。多元智能理论包括四个方面的含义,一是不同个体的智能是不一样的,即每个人的智能都有不同于他人的独一无二的特点。加德纳认为,每一个个体都同时具有八种不同的智能,但这八种智能并不是相互独立、毫无联系的,只不过是它们通过各种不同的方式有机地进行组合。正是因为通过这些不同方式将八种智能组合起来,才使得每个人都展现出不一样的智能特点。二是受个体所处的环境和教育的影响,不同个体智能的发展程度和方向是不同的。这是因为每一个个体都处于各种各样的环境中,包括社会环境、自然环境、人文环境等,在这些环境中个体的智能发展难免会受到影响;再者,每个个体所接受的教育是不一样的,教育资源、教学设备、教师的专业技能等都会对个体智能的发展产生一定的影响。三是智能特别强调两种能力,一种是解决某些实际问题的能力,另一种是创造社会需要的有效产品的能力。四是我们应该从不同角度、不同维度来看待智能,因为智能是由多种不同的能力所构成的一个统一体,是通过多维度、相对独立的方式表现出来的,这是加德纳多元智能理论的本质。

1983年,加德纳在《智力的结构》一书中首次提出并着重论述了他的多元智能理论的基本结构,并认为支撑多元理论的是个体身上相对独立存在着的、与特定的认知领域或知识范畴相联系的七种智力,分别是言语—语言智能、音乐—节奏智能、逻辑—数理智能、视觉—空间智能、身体—动觉智能、自知—自省智能、交往—交流智能[1]。此后加德纳又增加了自然观察智能和存在智能。根据小学阶段的课程设置,从多元智能理论角度来分析小学每一科目所培养学生的能力,从而更好地进行课程改革,帮助学生得到全面发展。言语—语言智能是指有效学习并运用口头语言和文字的能力,就是我们平时所说的听说读写能力,表现为能够准确通过语言描述事件、表达思想和与他人交流的能力,其主要是通过语文科目的学习表现出来的。音乐—节奏智能是指个人能够敏锐地感知旋律、节奏、音色等的能力,表现为通过作曲、演奏、歌唱等方式表达音乐的能力,其主要是通过音乐科目表现出来的。逻辑—数理智能是指运算、推理的能力,表现为通过事物间的各种因果、类比、对比等关系进行数理运算和逻辑思维的能力,其主要通过数学科目的学习表现出来。视觉—空间智能是指在感受、辨别、记忆空间关系的基础上,表达思想感情的能力,表现为对线条、结构、形状等的敏感性且通过平面图形或立体图形表现出来的能力,其主要通过数学科目表现出来。身体—动觉智能是指运用四肢和躯干的能力,表现为通过四肢和躯干控制自己的身体作出恰当的身体反应和通过身体语言表达情感的能力,其主要通过体育科目的学习表现

---

[1] 彭聃龄.普通心理学[M].北京:北京师范大学出版集团,2004.

出来。自知—自省智能是指个体能够认识、反省、洞察自己的能力,表现为能正确地评价自己的动机、情感、意志等的能力,其主要通过思想品德科目的学习表现出来。交往—交流智能是指与他人相处和交往的能力,表现为能感知、觉察他人的情绪情感并做出相应反应的能力,其主要通过小学生与同学、教师的关系表现出来。自然观察智能是指认识世界、大自然的能力,表现为观察自然界中的各种物质并对其进行辨别,洞察人造系统的能力,其主要通过小学生的综合实践活动课程中的社会实践表现出来。存在智能是指对于理解生命与死亡,思考人生的能力,表现为个体对生命、死亡等现实问题陷入思考的能力,其主要通过语文课、思想品德课中的部分内容表现出来。当然,任何一种活动都不是通过一种能力所能完成的,而是需要多种能力的相互合作,同样,一种能力也可以运用在多门课程上。针对小学的课程设置,列举出最能体现这几种能力的课程,目的是让全科型教师学会通过多种方法来指导小学生学会整体性的学习,将不同科目的学习相互联系起来,做到不同学科间知识的相互迁移和相互融合,从而促进学生的全面发展,这是全科型教师的重要任务和责任,因而全科型小学教师可以通过多元智能理论来改进教学方法,创设更适合学生学习的方式,为学生营造良好的学习环境。

将加德纳的多元智能理论和我国全科型小学教师的培养相联系,可以得到以下启示:首先,全科型小学教师在实际的教育教学工作中应该充分尊重学生的个体差异,针对不同学生所具有的不同特点进行因材施教。教师不能将学生的差异性当成是教育的负担,而应该当作一种教育财富,用发展和欣赏的眼光看待每一位学生,关注和善待学生的差异,同时要根据小学生个体能力发展的不同程度和方向,运用多种多样的教学方法因材施教,促进学生各方面能力的发展,从而推动农村小学教育的发展。其次,每位小学生都是一个独立的生命体,对全科教学目标的整体统整、全科教学内容的有机融合、全科教学方法的优化组合,有利于不同智力优势的小学生有选择性地进行学习[①]。改变以往教师对于"成绩"的过分追求,不再仅仅是为了完成教学大纲的要求,而是更多地关注学生自身,采用多种方式和手段改变单一的教学方法,注重小组合作学习和讨论,重视教学过程中的反思,不仅是教师对教学过程的反思,更是学生对自己学习过程的反思,实现新课程改革中教师地位和学生地位的转变。最后,对学生的评价的转变。改变过分重视语言—言语智能(语文)、逻辑—数理智能(数学)的现状,促进学生各方面能力的全面发展;改变过

---

① 咸富莲.农村小学全科教学有效性研究[D].西安:陕西师范大学,2017.

分重视小学生对于学科知识的学习和掌握的现状,重视小学生在学习过程中的学习态度、学习方式和情感体验;改变过分重视被动接受知识的现状,促进小学生通过经验和自主建构加强对学科知识的理解[1]。全科教师应关注小学生在学习过程中知识、能力、态度、情感、体验、思维等多个方面的整体性发展,鼓励和发展小学生在不同领域的特长和能力优势,避免部分小学生因为智力的某些方面不占优势而被教师所忽视[2]。

二、人的全面发展理论

人的全面发展在很早就被学者所关注,古希腊的亚里士多德提出身体、德行、智慧的和谐发展,卢梭、狄德罗、爱尔维修主张智力和道德的结合发展,裴斯泰洛齐主张:依照自然法则,发展儿童道德、智慧、身体各方面的能力,而这些能力的发展必须照顾到他们的完全平衡[3]。早期的空想社会主义者们曾设想把所有儿童都培养成全面发展的人,即把儿童们送进学校接受道德、智慧、体质和劳动等方面的教育,以达到教育与生产劳动相结合的目的,但由于当时的社会现实,这个想法只是一种空想。人的全面发展是人类社会的共同追求,同时也是社会主义和谐社会的本质要求,将人的全面发展作为科学概念提出来并赋予科学内涵的是马克思和恩格斯[4]。马克思充分吸收了早期空想社会主义者们的思想,尤其是直接吸收了欧文关于教育与生产劳动相结合的思想精华,使人的全面发展由空想变成科学,从而创立了马克思主义关于人的全面发展学说[5]。在《1844年经济学哲学手稿》中,马克思提出:未来的社会应该是以每个人的全面而自由的发展为基本原则的社会形式[6]。人的本质不是单个人所固有的抽象物,在其现实性上是一切社会关系的总和[7]。从这一点来看,马克思认为人的全面发展包括人的本质的全面发展、人的需要的全面发展、人的素质的全面发展,其中人的本质的全面发展是指人的社会属性和社会关系的丰富和发展;人的需要的全面发展是指人的自然需要与社会需要、物质需要与精神需要、个体需要与社会需要的有机统一;人的素质

---

[1] 咸富莲.农村小学全科教学有效性研究[D].西安:陕西师范大学,2017.
[2] [美]霍华德·加德纳著.多元智能[M].(修订本)沈致隆译.北京:新华出版社,2004.
[3] 张焕庭.西方资产阶级教育论著选[M].北京:人民教育出版社,1979.
[4] 咸富莲.农村小学全科教学有效性研究[D].西安:陕西师范大学,2017.
[5] 柳海民.现代教育原理[M].北京:人民教育出版社,2007.
[6] 马克思恩格斯选集[M].第2卷.北京:人民出版社,1995.
[7] 马克思恩格斯选集[M].第1卷.北京:人民出版社,1995.

的全面发展是指体力与智力的协调发展、社会素质与能力素质的全面发展,以及人的个性的自由发展[①]。马克思认为:人以一种全面的方式,也就是说作为一个完整的人,占有自己的全面的本质[②]。

探索全科型小学教师培养模式正是通过培养具有健全人格的个体的基础上实现对个体身体与灵魂的全面自由充分的发展[③]。将个体的全面发展理论与我国全科型小学教师的培养联系起来,可以得到以下对培养全科型小学教师的启示:一是要将人才培养的目标定位于培养全面发展的个体,即培养德智体美劳全面发展的高素质人才。同时要继续推进素质教育的实施,这是由素质教育的目的所决定的,培养全面发展的人。这与全科型小学教师的培养目标是一致的,即培养能够胜任多门教学科目的高素质教师。同时,全科型教师要注重小学生各方面能力的综合性发展。发展小学生的能力并不仅仅指单纯的学习能力,还包括体力、智力、情感、意志、道德、审美等各方面能力的全面发展,避免出现有智无德的现象[④]。二是个体的全面发展要求个体素质的全面提高和个性的自由发展,其中个体的素质的提高表现为生理素质、心理素质、思想品德素质和科学文化素质等方面的发展;个体的个性的自由发展表现为主体创造性、能动性、独特性与自主性等方面的发展[⑤]。这就要求全科型小学教师的课程设置应全面化,同时要涉及实践性的课程,只有这样培养出来的全科型小学教师才能促进学生的全面发展和个性发展。三是在对全科型小学教师进行培养时,应将日常教育与生产劳动相结合。这是因为教育与生产劳动相结合是培养个体的全面发展的唯一途径。"没有年轻一代的教育与生产劳动的结合,未来社会的理想将不能想象。无论是脱离生产劳动的教育教学,或是没有同时进行教育教学的生产劳动,都不可能达到现代技术水平和科学知识现状的要求的高度"[⑥]。因此,在探索全科型小学教师培养的过程中,应尤其注重理论和实践的结合,将课上的教育教学和生产实践相结合,建立具有实践取向的教育教学,促进全科型小学教师实践能力的发展。个体的全面发展的过程是带有生成性的,全面发展的内容是随着社会发展的现状而不断变化和更新的,个体的本质是在人的需要、劳

---

① 马克思恩格斯选集[M].第1卷.北京:人民出版社,1995.
② 马克思恩格斯全集[M].第42卷.北京:人民出版社,1979.
③ 王小芳.高师院校"全科型"教师培养机制构建研究[D].长春:长春师范大学,2016.
④ 同上。
⑤ 同上。
⑥ 中央编译局.列宁全集[M].第2卷.北京:人民出版社,1960.

动、能力、个性、社会关系的发展中不断丰富发展的[①]。因此,在探索全科型小学教师的培养模式过程中不仅要重视培养内容的全面性,更要结合社会发展的需求和农村小学教育的实际,从实践出发,这样才能培养出一批适合农村现状的优质全科型小学教师。

三、全人教育

全人教育思想可以追溯到古今中外的多个哲学家、教育家、政治家等,如古希腊的亚里士多德、柏拉图,美国的杜威,中国的孔子、蔡元培、陶行知等,这些人的思想中都蕴含着全人教育的理念,是全人教育的重要智慧来源。但真正意义上的全人教育出现在 20 世纪六七十年代,人本主义教学理论的代表人物罗杰斯指出:全人教育即以促进学生认知素质、情意素质全面发展和自我实现为教学目标的教育,培养的是躯体、心智、情感、心力融为一体的人,也就是既用情感的方式思考,又用认知的方式行事的知情合一的"完人"或者"功能完善者"[②]。日本教育家小原国芳提出:理想的教育应包含人类的全部文化,理想的人应是全人,应具备全部人类的文化,即培养真(学问)、善(道德)、美(艺术)、圣(宗教)、健(身体)、富(生活)全面发展的人,其中,真、善、美、圣具有绝对价值,健和富具有手段价值[③]。人本主义代表人物和其他一些学者们逐渐开始重视情感的需求,强调要建立一种以情感为取向的教育,主张放弃传统过于重视智力和课程的想法,注重人的自尊,人与人之间良好的人际关系,关注身体的健康,注重创造性和直觉思维的发展等多方面的内容。其后,美国学者隆·米勒(Ron Miller)将这些思想进行了归纳和总结,形成了以"人的整体发展"为目标的一套教育思想,并第一次将其称为"全人教育"。因此,隆·米勒被认为是现代意义上提出全人教育概念的第一人。作为一种适应教育发展新形势而提出的思想,全人教育一经出现就具有强大的生命力和传播力,加拿大的约翰·米勒、墨西哥的雷蒙·加力格斯·那瓦、日本的吉春中川、澳大利亚学者 M·杜特和 D·杜特等人,以及全球教育改造联盟的成员等都以不同的方式、形式来宣传和推广全人教育,这一思想迅速传遍了欧美、澳洲、亚洲等地,最终形成一种世界性的教育改革运动。全人

---

① 王小芳.高师院校"全科型"教师培养机制构建研究[D].长春:长春师范大学,2016.
② 张大均.教育心理学[M].北京:人民教育出版社,2011.
③ 刘剑乔,由其民,吴光威译.小原国芳教育论著选(上、下卷)[M].北京:人民教育出版社,1993.

第一章 绪 论

教育是相对于"半人"教育而言的,是在"以社会为本"和"以人为本"两种教育观点的基础上整合而形成的,目的是促进人的整体的发展,它不仅重视社会价值,而且重视人的价值,将教育的关注重点从社会转变成人,这是一种较为理想的教育新观念,同时也是很多中外教育家们对教育的一种理想的追求,即更关注于人作为受教育者的本质,其具有主动性、选择性和自我能动性。全人教育的思想内涵十分丰富,学术界至今在关于全人教育的定义上都没有形成统一的认识,本书只能综合全人教育家们提出的观点,进行概括和总结。

隆·米勒认为全人教育是所有教师和学生共同学习、成长的一个相当长的过程。总结全人教育家的主要观点,全人教育的内涵可以从以下几方面进行理解:一是全人教育的目的是培养"全人",使学生们在任何新情境中都能学会他们所需的知识,并以整体的视角使学生们理解和领悟构成生命与教育的多样化情境[1]。如果要将小学生培养成为"全人",那么首先需要有"全人"教师,而全科型小学教师的培养目标就是要培养具有健全人格,能够充分适应农村环境,培养德、智、体、美全面发展,热爱农村教育事业,具备高尚师德和先进教育观念,具有扎实的小学教育专业知识和教学技能,能够胜任多学科教学且能独立从事教育教学研究和管理工作,富有社会责任感、创新精神和实践能力,能够引领农村基础教育改革与发展,"下得去、留得住、教得好"的学有专长、胜任多学科教学的高素质农村全科型小学教师[2]。只有这样的"全人"教师才能够引导学生成为"全人",促进小学生的整体发展。二是全人教育关注于个人身体、智力、情感、审美、社会、创造力与潜力等方面的全面发展。全人教育的目的是关于"全人"的培养,更关注于人们的精神和内在情感的教育,如想象力、创造力、兴趣、需要等,尤其重视自我价值的实现。在重视自我的同时,并没有否认社会存在的价值,教育不仅是传递知识和训练技能,更应该关注人内在情感的培养,以达到促进个体物质与精神的全面发展。全科型小学教师的培养更应该重视对物质和精神方面的培养,以培养"全人"教师为目的。在培养全科型小学教师的课程设置方面,应多增加人文社科的学习内容,帮助师范生们形成正确的价值取向,促进他们的真善美和内心情感世界的发展。再者,在培养全科型小学教师的过程中,应注重参加社会实践,增加实践课程的比例,构建以人类重大现实为中心的跨学科课程

---

[1] 王小芳.高师院校"全科型"教师培养机制构建研究[D].长春:长春师范大学,2016.
[2] 郭军英.基于需求导向的农村小学全科教师培养问题研究[D].烟台:鲁东大学,2018.

与实践性课程,引入科学的、技术的、文化的课程元素,注重学生对知识情景的体验,从而实现科学教育与人文教育的有机融合[①]。三是全人教育重视人文精神的培养。

自进入工业时代后,知识的教授与能力的培养促进了社会生产力的进步和科学技术的创新,但学校教育过分重视实用知识的传授,忽视人文课程的学习,使得学校缺乏人文关怀,学生们缺乏对世界发展的正确的价值观,对身边事物漠不关心,整个学校沉浸在一种冷冰冰的氛围中,除知识教育外,其他很多方面的学习都被偏废掉。隆·米勒认为:全人教育是用人文教育的方法来达到全人发展的目标。通过推行通识教育课程落实人文精神的培养,通识课程贯彻了培养人的整体性的本质,如果通识课程中没有人文精神的渗透,这种课程也就达不到全人教育的目的。在全科型小学教师的培养中加大通识课程的比例,通过通识课程中渗透的人文精神来培养师范生的基本品格,让他们深刻领会人格、个性、思维的重要性,这样才能培养出理性的、人文的、道德的、富有精神的"全人"教师。

全人教育理念在欧洲、美国、亚洲等地,形成了一种世界性的教育改革运动,通过整体而系统的方法实现教育变革,与传统的以知识传授为主的学习方式不同,全人教育更加重视从整体的角度促进教学方式的转变,而全科型小学教师的培养需要运用这种整体且系统的方式进行教与学的工作,从而构建真正意义上师生学习的共同体[②]。全人教育认为不同学生可以根据自身的特点来选择适合自己的学习方式,从而提高学生学习的积极性和效率,这和我国一直倡导的因材施教是一样的道理。针对某些不知道自己特点的学生,教师通常会帮助他们充分了解自己,然后选择自己喜欢的学习方式,从而提高学习兴趣。全人教育将学生看作是发展中的人,具有巨大的发展潜能,而教育的目的就是帮助学生开发他们那些隐藏在深处的潜能,教会学生用创造性思维解决问题,关注于学生的道德评价,帮助学生形成正确的世界观、人生观和价值观。这些都对全科型小学教师的培养有一定的积极影响,有助于师范生们成为一名卓越的全科型小学教师。此外,在对学生进行评价时,全人教育注重过程评价而不是结果评价,这对全科型小学教师培养的评价体系有一定的借鉴和参考意义。全人教育理念在大学校园中有充分的践行,这是因为大学的教育目的是培养全面和谐发展的人,这与全人教育的目的培养"全人"是相似

---

① 王小芳.高师院校"全科型"教师培养机制构建研究[D].长春:长春师范大学,2016.
② 王小芳.高师院校"全科型"教师培养机制构建研究[D].长春:长春师范大学,2016.

的。全科型小学教师的培养在我国主要是通过师范院校或综合性大学来完成的,学校的校园氛围对全科型小学教师的培养至关重要。这是因为大学校园是以追求真善美为自身存在目的的;大学作为研究高深学问的场所,通过不断创造和传播新知识来保持它的先进性,而先进的校园文化又对社会文化起着引领作用,是社会文化的精华,是社会文明进步的不竭动力;校园文化蕴含着一所大学的精神、人生信念、审美情趣等文化要素,影响着校园中学生价值观的养成[1]。因而,校园文化、氛围对培养全科型小学教师具有重要的影响,全人教育理念为全科型教师培养机制的探索和构建奠定了理论基础。

四、教师专业发展理论

1966年,联合国教科文组织和国际劳工组织发表联合建议《关于教师地位的建议》:教育工作应被视为专门职业。这种职业是一种要求教员具备经过严格而持续不断的研究才能获得并维持专业知识及专门技能的公共业务;它要求对所辖学生的教育和福利具有个人的及共同的责任感。这是最早将教师作为专业人员的文件,此后,教师专业发展受到各国学者的广泛关注和探索。随着我国经济社会发展水平的不断提高和教育事业的飞速变革,国家对教师教育的关注和重视不断加强,教师教育更是被看作为我国教育事业发展的基础和"工作母机"[2]。1986年,中国国家统计局和国家标准局颁布的《中华人民共和国国家标准职业分类与代码》中将教师职业归为"专业技术人员",这是我国最早把教师当作专业人员的文件。1993年10月颁布的《中华人民共和国教师法》中规定:教师是履行教育教学职责的专业人员,这是我国首次在法律层面上肯定了教师的专业地位[3]。教师专业化是现代教育发展的必然要求,教师的专业发展已然成为教师专业化的核心内容和核心议题[4]。

我国学者关于"教师专业发展"的概念的理论研究较多,但至今还没有形成统一的认识,不同研究者从不同角度对教师专业发展的概念进行不同的界定,主要有四种代表性的观点。一是从群体的角度来解释教

---

[1] 王小芳.高师院校"全科型"教师培养机制构建研究[D].长春:长春师范大学,2016.
[2] 吴胜秋,李婷.教师专业发展研究动态与展望[J].教育导刊,2018:21-25.
[3] 吴胜秋,李婷.教师专业发展研究动态与展望[J].教育导刊,2018:21-25.
[4] 刘婷婷.云南省L县农村地区全科型小学教师现状的研究[D].昆明:云南师范大学,2018.

师专业发展,指教师群体的专业化发展历程,它强调"教师这个职业群体符合专业标准的程度,即教师职业专业化过程"[1];二是从个体的角度来解释教师专业发展,即指教师作为发展中的教育教学人员,通过不断提升自身的专业素养,实现从非专业化到专业化的过程,它"强调教师个体知识、技能的获得以及教师生命质量的成长"[2];三是从教师专业的发展角度来解释教师专业发展,即指教师行业与教师教育形态的历史演变过程;四是以上三种观点兼而有之[3]。在这四种观点中,我国大多数学者还是以第二种观点为基础对教师专业发展的内涵进行延伸和拓展,如唐玉光认为:教师专业发展是指教师作为教育教学专业人员,要经历一个由不成熟到相对成熟的发展历程,在这一历程中教师专业发展空间是无限的,发展内涵是多层面、多领域的,既包括知识的积累、技能的娴熟、能力的提高,也涵盖态度的转变、情意的升华[4]。肖丽萍认为:教师专业发展是增进教师专业化、提高教师职业素养的过程,强调教师从个体发展角度对自己的职业发展目标作出设想,通过学习进修等来提高教育教学能力,最大限度地实现自己的人生价值[5]。朱玉东认为:教师专业发展是教师在专业素质方面不断成长并追求成熟的过程,是教师专业信念、专业知识、专业能力、专业情意等不断更新、演进和完善的过程,教师专业发展伴随教师一生[6]。

20世纪60年代末,美国学者费朗斯·福乐(Fuller)率先对教师专业发展阶段进行研究,他通过编制《教师关注问卷》,以教师关注对象变化为研究主体,首次提出了教师关注阶段理论,认为在教师专业发展的过程中,教师关注的对象是不断递进的,从而将教师专业发展分为四个阶段:执教前关注、早期生存关注、教学情景关注和学生关注[7]。执教前关注阶段的教师还处于职前教育阶段,即在校学习的师范生,他们没有教学实践经验,因而关注的对象是自身;早期生存关注阶段的教师刚刚踏上教师岗位,关注的内容多是如何生存及生存压力的问题;教学情境关注阶段的教师已经工作了几年,生存压力得到缓解,开始关注有关教学情境的问题;学生关注阶段的教师已经拥有了相对丰富的教学经验和较为稳定的

---

[1] 朱旭东,周钧.教师专业发展研究述评[J].中国教育学刊,2007(1):68-73.
[2] 于泽元.教师专业发展视野中的高师课程改革[J].高等教育研究,2004(3):55-60.
[3] 吴胜秋,李婷.教师专业发展研究动态与展望[J].教育导刊,2018:21-25.
[4] 唐玉光.教师专业发展研究[J].外国教育资料,1999(6):39.
[5] 肖丽萍.国内外教师专业发展研究述评[J].中国教育学刊,2002(5):56-57.
[6] 朱玉东.反思与教师的专业发展[J].教育科学研究,2003(11):26-28.
[7] 吴胜秋,李婷.教师专业发展研究动态与展望[J].教育导刊,2018:21-25.

第一章 绪 论

生活保障,关注的重心开始转向学生,关注于学生的个体差异性,但处于这一阶段的教师在实际生活中属于少数[①]。此后,美国研究者Katz提出教师专业发展四阶段论,伯顿(P.Burden)提出教师生涯发展理论,费斯勒(Fessler)提出教师职业生涯周期理论,将全科型小学教师职业生涯周期分为八个阶段,同时归纳出两大类的影响因素:一是个人环境因素,包括家庭因素,个人的性情,兴趣和爱好等;二是组织环境因素,包括学校的规章制度,管理风格,社会期望,专业组织等[②]。这些关于教师专业发展的理论从不同角度推进对教师教育发展的研究和探索。

我国最早对教师专业发展进行研究的是台湾学者王秋绒,受西方不同学者教师专业发展观点的影响,他认为教师专业发展是专业社会化的历程,进而将教师专业发展阶段分为三个大的阶段:师范生阶段、实习教师阶段和合格教师阶段,这三个阶段又分别包括探索适应期、稳定成长期、成熟发展期;蜜月期、危机期、动荡期;新生期、平淡期、厌倦期[③]。钟祖荣等人的研究是国内较有影响的研究,他们认为:最能反映教师成长变化的是教师的素质和工作成绩这两个指标,从这一基点出发,钟祖荣等人认为教师的成长大致要经过准备期、适应期、发展期、创造期四个阶段,而每个阶段结束时的教师可以分别称为新任教师、合格教师、骨干教师、专家教师[④]。此外,我国学者通过不断深入研究,还提出教师专业发展的四阶段论、五阶段论等不同观点,对研究我国教师专业发展提供了丰富的理论基础。从以上关于教师专业发展的理论来看,教师作为一门特殊且专业化的职业,不仅仅要成为知识的搬运工,更要关注学生的个体差异,引导学生培养良好的道德品质和形成良好的行为习惯。随着我国教育的不断发展,社会各界对教师提出了更高的要求,教师所具有的单一专业知识已经难以满足学生们的好奇心和求知欲。因此,教师尤其是小学教师除了要掌握单一学科专业知识外,还要掌握其他学科和教育学、心理学等相关学科知识,从而不断提高自身专业素养,以应对学生们不断增长的求知欲。全科型小学教师更是要做到这一点,这是由全科型教师的培养目标决定的。从不同的教师专业发展阶段理论来看,教师在专业发展过程

[①] Fuller F.Concerns of Teachers: A developmental con-ceptualization [J]. American Educational Research Journal, 1969(2).
[②] 教育部师范司.教师专业发展的理论与实践修订版[M].北京:人民教育出版社,2003.
[③] 王秋绒.教育专业社会化理论在教育实习设计上的蕴义[M].台北:师大书苑,1991.
[④] 华晓妮.全科型小学教师专业发展的调查与研究——以青岛市李沧区为例[J].青岛:青岛大学,2017.

中分为不同阶段,且在不同阶段有着不同的特征,而处在不同发展阶段的教师也有着不同的发展需要[①]。在培养全科型小学教师的过程中,要抓住其在不同阶段的不同特点和发展需求,提高教师的专业化水平。在终身教育理念的倡导下,教师专业化的发展更加关注于教师自身的终身教育能力、学习能力。因此,在培养全科型小学教师的过程中要深入贯彻终身教育理念,在提升教师专业素质与综合能力的基础上,更要培养教师良好的专业态度和积极的职业精神[②]。

第六节　已有研究回顾

一、国外研究现状

（一）国外全科型小学教师的发展

纵观西方国家培养全科型教师的现状,教师培养正在由追求数量向追求质量转变,着力培养适应基础教育工作的卓越教师,在教师培养方面做了适应时代的改革[③]。国外在全科型小学教师的培养和课程设置方面的研究起步比我国要早很多,尤其是美国、法国、德国等发达国家,在很早之前就已经有包班制和小班化教学的尝试,发展到今天已经很成熟了,这为全科型小学教师的培养以及全科型小学教师的专业发展提供了宝贵的经验[④]。从世界教育的发展来看,小班化教学和包班制已经成为各国小学教育发展的普遍趋势。西方发达国家,如美国、法国、英国、德国等一直在倡导小学教师的全科化、跨学科化,这种教学方式能更有效地促进学生的全面发展和整体进步。全科教师包班上课的趋势在西方国家越来越普遍,而包班上课的关键是需要有全科教师。因此,全科培养已经成为西方发达国家培养小学教师的共同模式。美国学者认为：全科教师能够提高学

---

① 黄伟娣.教师职业属性与高师教育专业化[J].杭州师范学报（人文社会科学版），2001（2）：22-24.
② 刘婷婷.云南省L县农村地区全科型小学教师现状的研究[D].昆明：云南师范大学，2018.
③ 王小芳.高师院校"全科型"教师培养机制构建研究[D].长春：长春师范大学，2016.
④ 华晓妮.全科型小学教师专业发展的调查与研究——以青岛市李沧区为例[J].青岛：青岛大学，2017.

生对于知识的整体把握,方便教师全面了解学生,针对学生的不同差异,及时改变教学方法,从而避免传统分科教学所带来的弊端;英国学者认为:包班教学已成为英国小学教育的一种教学模式,不仅能发掘小学生各方面的潜能,还可以做到全面关注学生的课堂表现,以避免从片面极端的角度来评价学生;法国学者认为:小学教师必须具备教授多门学科知识的能力,把小学教师比作家庭医生或百科全书式的角色,从中可以看出法国对小学教师提出的高要求[1]。美国初等教育采取综合课程设置、不分科教学的方式,因而对教师的要求是"全才"而不是"专才",教师要具备综合能力,要能教授小学的所有科目,能够进行包班教学[2]。英国基于"人才培养的全面性、整体性策略"提出在小学教育发展过程实施全科教育,培养教师跨学科教学的能力,小学教师不采用分科培养的方式,要当小学教师的师范生必须掌握国家规定的所有培训课程,才能成为一名真正的小学教师[3]。即"针对小学教师不分科,特别规定欲当小学教师的师范生应全面理解中小学国家课程作为一个整体的目标、范围、结构等;懂得小学、基本学段、核心学科在整个中小学国家课程中所处的位置与内容范围,明确了小学国家课程中核心与基础学科的教学内容范围"[4]。在法国,教师是一种综合性的职业,在小学教师资格认定时,要考察教师多种学科的教学能力,教师必须是多才多艺的,且能同时教授小学阶段的所有科目[5]。西方国家关于全科教师的培养是一种在政策主导下逐渐确立的教师培养模式,随后德国、日本等其他国家也纷纷效仿这种关于教师培养的模式;全科型教师在西方国家普遍适用,并取得了不错的成效,这是因为它们是在考虑本国国情的基础上采取的一种自上而下的教育改革方式,从课程设置到教师素质都是以实现全科教师的培养目标为中心[6]。从上述几个国家对全科教师的要求来看,全科教师已经成为西方发达国家小学教育发展的共同趋势,这种培养模式符合小学教育的本质,同时有助于师范生全面把握小学阶段所有国家课程作为一个整体地位、内容、结构和

---

[1] 刘婷婷.云南省L县农村地区全科型小学教师现状的研究[D].昆明:云南师范大学,2018.
[2] 陈永明.国际师范教育改革比较研究[M].北京:人民教育出版社,1999.
[3] 李其龙,陈永明.教师教育课程的国际比较[M].北京:教育科学出版社,2002.
[4] 徐雁.全科型本科小学教师培养模式研究[J].湖南第一师范学院学报,2011,11(4):8-10.
[5] 汪凌.法国中小学教师专业能力标准述评[J].全球教育展望,2006(2):18-22.
[6] 王婵娟.小学全科型教师培养的前瞻性分析[J].才智,2017:52.

功能,从而达到科学实施小学教育的目的,提高国民的基本文化素质[①]。

（二）国外全科型小学教师培养的相关现状

1. 美国全科型小学教师

美国作为一个建国仅200多年的国家,不仅在经济发展方面处于领先地位,在教育质量方面也得到了世界各国的广泛认可,尤其是在培养和探索全科型小学教师方面为世界其他国家提供了宝贵的经验。19世纪20年代,美国小学教师教育才开始发展,直到今天,美国的小学教师教育经历了师范院校时期、师范学院时期、综合大学及普通文理学院时期三个阶段,这三个阶段也是全科型小学教师培养模式的萌芽期、发展期和成熟期三个阶段,经过三个阶段的探索,美国最终选择了综合培养的方式,逐渐形成了三种关于全科型小学教师的培养模式：一是4年制模式；二是"4+1"模式；三是5年制模式[②]。

（1）4年制模式

这种4年制模式的全科小学教师培养模式又分为两种,一种经常存在于各州立的学院,要求学生在进入大学后就开始学习教育类专业课程和学科专业课程,随着年级的升高,逐年增加教育类专业课程的开设比重,其中教育类专业课程占1/2、学科专业课程占1/4、通识教育课程占1/4,这种模式重视学生对于教育专业课程的学习,而忽视了通识教育课程的学习[③]。另一种经常存在于各种综合性大学中,学生在前两年的时间只学习通识教育课程,在第二年的时候才适量加入一些教育专业课程和学科专业课程,其中,教育类专业课程、学科专业课程和通识教育课程课时分配均匀,各占1/3左右,这种模式有助于学生更加广泛和扎实地掌握各类通识知识,同时又能培养学生丰富的专业技能,从而有利于学生未来到小学从事全科性教学工作[④]。

（2）"4+1"模式

这种模式是美国综合性大学培养全科型小学教师使用最多的一种,其中最为代表性的是密歇根州立大学。要求在学生在第一年只学习相关的通识教育课程,第二年才会相应地增加教育类专业课程和学科专业课

---

① 徐雁.全科型本科小学教师培养模式研究[J].湖南第一师范学院学报,2011,11(4):8-10.
② 苗学刚.美国全科型小学教师职前培养模式研究——以密歇根州立大学为例[D].石家庄:河北师范大学,2015.
③ 同上.
④ 同上.

程,第三年、第四年更加注重对教育类相关课程和学科专业课程的开设比例,要求学生们掌握小学教师所必备的各种专业知识和专业技能。这四年的学习都是在大学的各文理学院进行的,学生在经过四年专业课的学习后最终获得学士学位。经过申请和考试后,符合条件的学生在第五年进入教育学院接受为期一年的教育实习实践课程的学习,在这一年中学生们可以更近距离地接触到真实的课堂和小学教育的实际情况,强调教师基本功的获得和专业技能的锻炼。这种模式将教育类专业课程和学科专业课程、通识教育课程紧密结合在一起,强调理论教育与实践培养的一体化,有助于学生对三种课程知识的系统学习和整体把握。但由于最后一年教育实践时间是和专业知识学习分开的,这也就不利于学生们将所学的各类知识和实践结合在一起,教育实践课程不能很好地融入通识教育课和学科专业课中去[①]。

(3)5年制模式

这种模式的特点在于通识教育课程、教育类专业课程和学科专业课程是按照一定的比例来开设的,三类课程所占的课时比例约为2/5、1/5和2/5,其中通识教育课程是随着年级的升高而逐渐减少的,教育类专业课程是随着年级的升高而逐渐增加的,学科专业课程主要集中在中间三年来开设[②]。这种模式将三类课程联系成一个整体,有助于学生获得系统而全面的专业知识,从而有助于全科型小学教师知识结构的构建。

从美国全科型小学教师的培养来看,采用的是本科层次全科小学教师的培养模式,且由综合性大学完成培养小学教师的任务,这种模式重视通识教育课程和教育类专业课程(包括教育实践课程)的开设,课程开设比例均匀。其中通识教育课程涉及的学科相当广泛,数学与母语是基础,其中涵盖了社会学、哲学、历史、科技常识等人文知识和自然科学知识,提供很大的选择空间给学生,希望把小学教师培养成通才型人才;专业课程主要包括小学各学科知识内容及其教学分析;教育类专业课程主要有教育原理、教育心理学、教育实习实践等,其中教育实习被看作教师教育中的关键环节,教育实习实践在整个课程设置中占很大的比例,学生在学习教育类专业知识的同时,每学期都要在小学进行见习、实习活动,见习、实习期间非常正规,几乎与正式教师一样,要准时到校、统一着装、参加家

---

① 苗学刚.美国全科型小学教师职前培养模式研究——以密歇根州立大学为例[D].石家庄:河北师范大学,2015.

② 同上.

长会等①。此外,在进行全科小学教师培养的过程中,注重加强与小学的合作,由综合性大学的教育学院与学区中的某一所小学建立长期合作关系,从而为教师提供教育见习实习的场所。美国小学教师的培养模式通过培养教师广博的基础知识、扎实的学科知识和丰富的教育专业技能,从而保证将来进入教师岗位后能够胜任小学阶段的所有课程。

2. 英国全科型小学教师

英国在1975年颁布的《继续教育法规》中规定:合格教师必须获得教育学士学位,修完教师证书课程且考试合格后方可取得证书,这从侧面说明英国所培养的是本科层次的全科小学教师。我国学者田振华指出:英国主要基于"全面性人才和整体性"的策略提出"小学教育实施全科培养,培养小学教师跨学科的教学能力"②。英国的小学实行包班制教学,即由全科型教师负责班级的教育教学和日常管理,通常每班会配备一名教师和助教,教师承担语文、数学、英语、多门课程的教学工作,而个别专业性较强的学科,如音乐、体育等学科则由专科教师讲授;助教的工作是帮助某些学习或者生活有困难的学生,助教不一定是专业的教师,可以是实习生或是志愿者③。这就要求教师要全面学习小学阶段的各门课程,掌握多门学科知识,这样才能做到"全科型"。

英国的小学教师由大学教育学院(系)、高等教育学院和艺术中心来培养④。英国的师范教育是从师范学校逐渐演变而来,发展成为教育学院、教育类学士相关课程,最终发展成为大学毕业生,经过一年的师范教育教师培训来获得教师证书,这与美国的教育类专业学校是极其相似的⑤。小学教师培养模式中"以学校为基地"的培养模式最具特色,它是以能力为基础,以评价为手段,重视学生综合素质的一种培养模式,起源于1992年英国政府颁布的《教师职前培养》文件,强调大学与中小学相互合作⑥。"以学校为基地"的培养模式可以分为两种:一种是四年制的本科

---

① 韩蕾,左光霞.发达国家本科层次小学教师培养经验及启示[J].教育与职业,2011(26):64-65.
② 陶青,卢俊勇.美国密歇根州立大学小学全科教师培养——实习指导教师的本质、实践和专业发展[J].外国中小学教育,2015(10):42-47.
③ 张然.全科型小学教师的培养研究[D].河南:洛阳师范学院,2015.
④ 张咏梅.重庆市农村小学全科教师"3+1"培养模式实施现状研究[D].重庆:重庆师范大学,2015.
⑤ 苗雪刚.美国全科型小学教师职前培养模式研究[D].石家庄:河北师范大学,2015.
⑥ 莫运佳.广西农村小学全科教师定向培养的策略研究[J].广西师范学院学报(哲学社会科学版),2013,34(3):105-108.

第一章 绪 论

培养,即学生通过四年的时间学习"教育学士学位"课程,包括学科研究、专业研究和教育实践三部分,最终获得教师资格证;另一种是已经获得本科学历的毕业生加修一年制的"研究生教育证书"课程(包括教职教育和教育实习)之后获得教师资格证书[1]。在培养小学教师的过程中,英国尤其注重师范生的教育实习实践,形成了"三位一体"协同培养的方式,即由大学的教育学院、当地教育行政部门和地方中小学三者相互合作,共同参与到培养全科型小学教师的过程中。大学的教育学院负责具体的培养工作,并安排师范生到地方中小学完成规定的教育实践课程;当地教育行政部门负责监督,三者形成密不可分的整体,这种合作伙伴关系为英国全科型小学教师奠定了可靠的培养基础。同时"三位一体"的培养方式为师范生配备了四类指导教师:学科指导教师(地方中小学教学经验丰富的教师担任)、专业指导教师(地方中小学指定的高级教师担任)、联络教师(大学或教育学院教师担任)、教学指导教师(来自大学或教育学院),这四类指导教师分别负责实习生的学科指导、实习计划的制定与评估等[2]。

3. 法国全科型小学教师

1989年,法国颁布《教育方向指导法》,对法国的整体教育体系做出指导性规定,要求注重培养具备多学科教学能力的,且富有职业责任感和道德感的综合型教师[3]。在法国,教师是国家公职人员,享受公务员待遇,从事全科小学教师需要满足以下几个基本条件:首先是对于学历的要求,小学教师需要具备较高的学历,学历要求逐渐从本科化向硕士化发展,且对于教师的学历有更高的要求。其次,在法国,教师被看作是一种综合性的职业,在教师进行资格认证时,需要考察教师多方面的教学能力,因而要求教师必须是多才多艺的,必须具备各方面的知识,且能同时教授小学阶段的所有学科[4]。小学教师需要具备各方面的知识,这也是由小学教育的性质和小学生身心发展的特点所共同决定的。小学教育的综合性、基础性、启蒙性和小学生正处于身心发展的关键期都要求小学教师需要拥有多元化学科知识。此外,教师还应具备急救等日常生活常识性

---

[1] 李俊颖.农村全科型本科层次小学教师培养模式研究[D].重庆:重庆师范大学,2014.
[2] 张咏梅.重庆市农村小学全科教师"3+1"培养模式实施现状研究[D].重庆:重庆师范大学,2015.
[3] 王小芳.高师院校"全科型"教师培养机制构建研究[D].长春:长春师范大学,2016.
[4] 汪凌.法国中小学教师专业能力标准述评[J].全球教育展望,2006(2):18-22.

知识，以便对突发事件进行及时的教育和指导。最后，在正式成为一名小学教师之前，要接受严格的培训和实习。法国的小学教师是由大学师范学院培养的，这些师范院校分布在全国各个学区，对教师有着严格的考核、录用标准和资格认证制度。在培养全科小学教师时，通常采用"3+2"的培养模式，"3"指在进入大学后首先接受3年的本科学习，这期间是不分专业的，学习的课程包括通识教育、学科专业知识、教育类专业知识和教育实习实践知识四类。"2"指的是在为期3年的本科学习结束后，进入教育硕士阶段的学习，在两年的硕士学习期间，学生还要准备教师招聘考试；硕士一年级时要通过考试，即教师会考，通常小学教师会考由各学区自行组织，中学教师会考则由国家统一组织，会考合格获得实习教师的身份，只有获得实习教师身份的学生才有资格在硕士二年级时进行教育专业的实习实践和培训，只有在实习和培训中考核合格后才能最终成为一名正式的小学教师，真正开始从教生涯[①]。从法国全科小学教师的培养来看，其对小学教师的学历有更高的要求，从本科化逐渐向硕士化发展，这从另一方面说明本科学历的小学教师已经难以满足当今小学教育的发展需求，因而对教师的学历提出了更高的要求，这也是未来小学教师的发展趋势。法国通过采用综合培养的原则，设置全面的课程，让学生能充分学习各学科的知识，将不同学科知识融合，这样有利于培养学生的综合素质，从而成为一名合格的全科小学教师。此外，法国尤其重视教育实习实践课程的培训，对教师有严格的录用标准，这是我国在考核教师时所缺失的一点，尤其值得我国学习和借鉴。

我国学者在法国小学教师培养的课程设置和教师教育改革两方面都有涉及的研究。在课程设置方面，卓海燕在《中法教师教育课程设置比较研究》中，将埃克斯-马赛学区的教师教育学院作为调查对象，从课程设置体系的标准、目标、结构、内容四个方面与中国的课程设置体系进行比较，发现我国在课程设置方面存在一系列问题：以知识本位为价值取向，忽略教育能力；课程设置目标笼统、模糊，实践指导性差；课程结构不科学，学科课程、通识课程、教育专业课程三者比例不协调等，最后提出法国课程体系设置对我国的启示，为我国在小学教师培养的课程设置方面提供了经验[②]。法国在培养教师的过程中，建立了专门化的教师教育机构和严格的教师资格证书制度，重视教师专业化发展，切实提高教师培养的

[①] 李岩红.法国小学全科教师培养制度及其对我国启示[D].烟台：鲁东大学，2017.

[②] 卓海燕.中法教师教育课程设置比较研究[D].长沙：湖南师范大学，2010.

层次,并不断完善教师教育的相关法令法规[①]。如：汪凌在《法国中小学教师专业能力标准述评》中分析了法国中小学教师的专业能力标准,从而为我国的小学教师培养标准提供参照。从现有文献来看,我国学者对于法国小学教师的研究主要集中在培养课程设置方面,较少从培养制度层面展开研究,今后在这方面还需多加强探索,从法国教师的培养制度中获取经验和启示,从而有助于指导我国全科小学教师培养的制度建设,完善全科小学教师培养的理论体系[②]。

4. 德国全科型小学教师

德国是世界上最早颁布有关师范教育文件的国家,1763年,当时的普鲁士王国颁布了《全国学校规程》,要求教师在正式录用入职前必须参加考试并取得执照证明才能从事教育教学工作,这是最早通过考试来决定教师是否能够从事教学的政策,为以后其他国家制定有关教师教育的文件提供了参考和借鉴。2000年,在《德国教师教育展望》《不莱梅宣言》中明确提出要关注教师教育的质量,在《德意志联邦共和国宪法》中指出要着重培养教师的教学能力和学术科研能力[③]。从文件中可以看出,德国对教师教育越来越重视。

德国的教师是由师范院校、高等师范大学与培训机构联合培养,虽然是由德国政府管理全国的教育事业,但各州政府也对教师入职有严格的规章制度,且在职教师进修程序也有着严格的规范。德国小学教师至少必须具备教授两门课程的能力,在学校期间要广泛学习各种通识知识和学科专业知识,以便为日后从事教师工作打下坚实的知识基础。德国教师的培养采取本科三年的理论学习加硕士学位两年的教师教育培养模式,这种培养教师的模式和法国"3+2"的培养模式类似。学生在本科阶段需要进行专业学科、教育科学、教学实践活动及毕业论文写作四大方面的学习,对于未来从事小学教师职业的学生需要学习三或四门专业学科知识,如果这些都能得到很好的掌握和吸收,学生还可以选择学习其他专业学科的知识。学生在完成三年本科阶段的理论学习后,需要参加全国组织的统一考试,考试内容包括毕业论文、笔试、试讲,考试合格后才能申请到硕士阶段的申请实习教师的资格,这是获得教师资格证书的第一次

---

① 李岩红.法国小学全科教师培养制度及其对我国启示[D].烟台：鲁东大学,2017.
② 李岩红.法国小学全科教师培养制度及其对我国启示[D].烟台：鲁东大学,2017.
③ 王小芳.高师院校"全科型"教师培养机制构建研究[D].长春：长春师范大学,2016.

考试;在见习阶段结束之前需要参加第二次考试,这次考试是在见习学校进行的,包括试讲、口试和毕业论文三部分,由学校对学生的考试进行评价,合格后方可获得教师资格证书[①]。见习阶段时间较长,且有非常严格的考核制度,从中可以看出,德国在教师专业发展方面注重实践性,强化实践性课程和教育实践环节;同时还注重实习基地的建设,实行"实习教师制度",见习期间由所在学校的教师负责和指导,形成超越传统的"理论—应用"实习指导模式[②]。此外,德国对教师的职后培养有明确的法律保障,《教师培训法》中有关于教师培训的详细说明,同时德国在进行教师培训时,充分发挥教师的自主选择权,让教师接受更高效和更有意义的培训。

(三)国外全科型小学教师培养现状评述

从以上国家全科小学教师的发展来看,国外对从事小学教育事业的教师有着严格的标准和考核,要求从事小学教育工作的教师必须具备较高的综合素质和专业能力,且从事教师职业需要通过国家组织的资格考试,如德国需要参加两次考试,都合格后才能获得教师资格证书。虽然我国对从事教师职业也有一定的要求,必须通过资格考试,但对于从业人员的综合素质很难进行考核,这也是我国衡量教师职业道德的一个弊端。国外采用综合培养的原则,注重发展全科教师各方面的能力,促进小学教师的全面发展,以适应当今小学教育飞速发展的趋势。而我国本质上还是采用分科培养的原则,这就使得我国小学教师只能从事单一学科的教学,对其他学科知识则显得心有余而力不足,违背了促进学生全面发展的素质教育观的内涵。此外,国外的本科层次全科小学教师培养是小学教育发展的趋势,我国应该顺应小学教育的发展趋势,提升小学教师的学历要求,培养更高水平的小学教师,以促进我国小学教育的发展和变革。从国外小学教师的课程设置来看,注重通识知识的学习,课程设置全面,充分考虑到小学教育基础性、启蒙性和综合性的特点,有利于培养学生的综合素养,值得我国借鉴和参考。从国外小学教师的实习实践课程来看,以上国家都尤其注重学生的见习实习活动,且时间安排较长。在实习实践的过程中,英国采用了四类导师负责和指导学生的实习,帮助学生将理论与实践充分结合,提高自身的专业技能,为日后成为一名正式小学教师打下基础。此外,英国的"三位一体"协同培养方式,将大学、教育部门和实

---

① 韩蕾,左光霞.发达国家本科层次小学教师培养经验及启示[J].教育与职业,2011(26):64-65.
② 张咏梅.重庆市农村小学全科教师"3+1"培养模式实施现状研究[D].重庆:重庆师范大学,2015.

习学校三者形成密不可分的整体,从而提高小学教师培养的质量,值得我国借鉴和学习。总之,国外在培养全科型小学教师方面的探索和经验,为我国研究全科小学教师的培养方式、课程设置、实习实践等环节提供了有利条件。

二、国内研究现状

(一)国内全科型小学教师的发展

我国关于全科型小学教师的研究起步较晚,多数是在借鉴西方发达国家经验的基础上,结合我国小学教育的实际情况进行的探索。我国的全科型小学教师是针对农村小学师资结构性短缺的现状被动形成的一种"特殊教师",这是因为在我国小学教师仍占教师队伍的绝大多数,且教师队伍存在老龄化严重、教师素质整体偏低等一系列问题。尤其是农村音体美等课程的教师严重不足,许多教师不得不被"全科化",由于教师自身的专业知识和专业能力有限,不仅无法保证应有课程的实施,而且还降低了教学质量;再者,随着当今城镇化的发展,很多农村小学生随着父母向城市流动,导致农村小学生数量日益减少,班级规模变小,学校为最优化配置教育资源,不得不采取一个教师同时教授两三个班级的方式,这就使得"包班制"应运而生。因此,全科型小学教师是伴随我国农村小学教育实际情况出现的,对于提升基础教育质量,促进教育均衡发展和教育公平至关重要。由于我国农村艺术教育相对薄弱,加快建设一支高素质的艺术教师队伍,尤其是农村地区应有针对性地培养全科教师,成功运用全科教师让缺少艺术类教师的地区早日得到艺术类师资,有助于提高我国农村地区艺术教育的质量和水平[1]。

湖南省是我国最早进行全科型教师试点的地区,2006年启动了《初中起点五年制专科学历全科型小学教师培养研究》,这是我国首次针对全科小学教师培养的举措,即对初中毕业生进行五年一贯制的专科培养,并提出"全科、低龄、定向、专门"的培养要求,努力将这些初中毕业生培养成合格的全科型小学教师[2]。同年湖南省教育厅启动《农村小学教师专项培养计划》,要求采取优惠政策为贫困地区乡镇以下小学定向培养教师[3]。

---

[1] 张然. 全科型小学教师的培养研究[D]. 河南:洛阳师范学院, 2015.
[2] 徐雁. 构建新型小学教育专业本科实践教学体系——以培养全科型本科小学教师为例[J]. 鞍山师范学院学报, 2012(5):76-78.
[3] 陈志刚. 湖南省农村小学教师培养模式研究[J]. 教育时空, 2008(18):10-11.

经过一年的探索和实践,2007年湖南省开始了有关大专层次全科型小学教师的研究。此后,各地纷纷开始了培养全科型小学教师的试点和探索。2011年,浙江省开始关于全科型小学教师的教育改革试点工作,将湖州师范学院作为培养试点,该年湖州师范学院在录取小学教育专业的新生时,开设了"全科方向"这一专业,该专业的学生不在单独选取语文、数学或英语等某一门具体课程进行学习,而是进行综合课程的学习和培养。经过不断探索,湖州师范学院确立了"335"全科型小学教师的培养模式,即确立"全科培养、全程实践、全面发展"的三全培养思路;达成"专业情意深厚、专业知识广博和专业能力全面"的三大教育目标;发展"教育教学能力、组织管理能力、活动指导能力、教学研究能力、学习创新能力"五种专业能力的培养模式[1]。为提高小学教师的培养效率和质量,湖州师范学院将小学阶段各门课程的知识进行整合、系统和优化,同时将课堂教学中存在的问题作为教学实践的必修课,让学生在学习的过程中熟练掌握教学、管理、研究等方面的能力,为日后成为一名合格的全科型小学教师打下良好的基础[2]。在2012年教育部颁布的《关于大力推进农村义务教育教师队伍建设的意见》中指出,为农村学校定向培养并补充"下得去、留得住、干得好"的高素质教师;采取定向委托培养等特殊招生方式,扩大学校中的双语教师和音乐、体育、美术等紧缺薄弱学科及小学全科教师的培养规模[3]。这个文件的颁布标志着全科型小学教师的关注已达到全国性的范围。随后各省开始了全科型小学教师的试点培养工作,其中绝大多数省份是依托于当地师范大学展开的。2013年,广西壮族自治区也颁布了有关定向培养农村全科型小学教师的政策,要求面向高中毕业生进行两年制专科定向免费培养,培养一批"下得去、留得住、强实践、有作为"的农村全科型小学教师。定向免费培养即在入学前,当地教育主管部门与学生签订培养协议,在校期间的培养费用由当地财政负责(减免学费和住宿费,并给予一定的生活补助),学生必须修满学分考核合格后才能毕业,毕业后必须履行协议到县乡镇小学服务6年以上[4]。同年,湖北省教育厅在"提高农村教师素质工程"的教师培训中,专门针对偏远农村小学举办全科教师的培训,以体音美三科为突破口,依托教材,聘请各学

---

[1] 张然.全科型小学教师的培养研究[D].河南:洛阳师范学院,2015.
[2] 同上.
[3] 教育部.关于大力推进农村义务教育教师队伍建设的意见(教师[2012]9号)[Z].2012-11-08.
[4] 王莉.本科层次全科型小学教师培养:必要性及应对策略[J].教育理论与实践,2016,36(8):31-33.

科一线优秀骨干教师,对农村偏远地区小学教师进行有针对性的培训[①]。也在这一年,青海省教育厅提出"服务牧区、全科培养、定向就业"的指导意见,由青海师范大学定向招收80名高中毕业生,培养首批"两基础、一专业、一特长"的小学全科教师[②]。2014年,重庆市教育委员会《关于加强农村小学全科教师培养管理的通知》中对全科小学教师的培养提出了具体的要求,确定了重庆市农村小学全科教师采取"3+1"(高校3年、教师进修学院1年)本科培养模式[③]。2015年河南省采取高中起点的四年制本科学制和三年制专科学制的免费定向小学全科教师培养模式[④]。

从以上我国全科型小学教师的发展来看,各省市都根据自己的实际情况提出了不同的培养方案,充分结合了当地小学教育的现实,努力培养一批高质量的卓越全科型小学教师。无论是专科层次还是本科层次培养,都是为缓解我国农村师资结构性短缺的现状,培养适合农村且综合素质较高的全科小学教师。但随着世界小学教育水平的不断提高,本科层次的全科教师是世界基础教育的共同趋势,专科学历已经无法满足小学教育日益发展的需求,因而我国今后的方向应以培养本科层次或是硕士层次的全科小学教师为重点,从而提高农村基础教育的质量和水平。由于我国本科层次小学全科教师的培养尚处于起步阶段,在很多方面还有疑惑和不解。因此,在结合我国农村教育的实际情况的基础上,充分借鉴国外全科小学教师的培养经验就显得尤为重要。

(二)国内全科型小学教师培养的相关研究

在CNKI数据库中,以"全科教师"为主题共搜得结果556条,以"全科小学教师"为主题共搜得结果405条,以"农村全科小学教师"为主题共搜得结果152条,以"农村全科小学教师培养模式"为主题共搜得结果56条,从以上数据可以看出,我国学者在农村全科小学教师方面的研究涉及得相对较少。在全科教师的文献中,关于全科型小学教师的研究主要集中在内涵(概念界定中已涉及)、培养目标与培养规格、必要性、可行性、课程设置、培养方式、培养对象和培养学制等几方面。

---

① 龚雪.我省大规模培训全科教师[N].湖北日报,2013(7).
② 王金锐,冶成福.青海农牧区小学全科教师培养模式研究[J].青海师范大学学报(哲学社会科学版),2015,37(4):148-151.
③ 张咏梅.重庆市农村小学全科教师"3+1"培养模式实施现状研究[D].重庆:重庆师范大学,2015.
④ 杜海燕.贵州省乡村小学全科教师职后培养的调查研究[D].贵阳:贵州师范大学,2016.

1. 全科型小学教师培养目标与培养规格的相关研究

不同学者基于对全科型小学教师内涵的不同理解,提出了不同的培养目标与培养规格。徐雁从小学教育所具有的启蒙性、基础性和综合性特点论述了全科型小学教师的培养目标,即培养德、智、体、美、劳全面发展,掌握小学教育的基本理论、基本知识和基本技能,能够胜任小学各科教学,并能从事教育、科研、管理的小学教育专门人才;培养规格是热爱小学教育事业,热爱儿童,具有良好的思想品德、职业道德和社会公德;具有宽厚的文化基础知识;具有扎实的小学教育基本理论和基本技能;具有初步的教育科研能力和一定的管理能力;具有健康的身心素质和审美情趣[1]。高有才将其界定为:培养适应基础教育改革发展需要,从事小学教育、教学、管理工作的高素质、全发展、有专长的全科型应用人才[2]。刘宝超认为:应确立素质综合的全科型小学教师培养目标,培养具有"知识博、基础实、素质高、能力强、适应广"特征的全科型小学教师[3]。李俊颖认为:农村全科型本科层次小学教师旨在培养德智体全面发展,具有先进教育理念和良好职业道德,掌握小学各科专业知识和专业技能,具有小学各科专业素养、教学能力和班级管理能力,具有一定的教育研究能力,能创造性地从事农村小学各科教育工作的小学教师;且从思想、知识、能力、身心四个领域具体论述农村全科型本科层次小学教师所要达到的标准和要求[4]。目标路径是确保小学全科教师培养得以实现的首要路径,小学全科教师的培养目标要重点突出"全科"特点、要有较为全面的能力素质、要有较高的师德修养[5]。

2. 全科型小学教师培养的必要性相关研究

小班化教学和包班制教学已成为世界教育改革潮流,全科型教师作为实行小班化教学和包班制教学的关键因素,它的培养就显得十分必

---

[1] 徐雁.全科型本科小学教师培养模式研究[J].湖南第一师范学院学报,2011,11(4):8-10.
[2] 高有才.全科型培养视角下小学教育本科专业课程设置的研究[J].教育探索.2013(12):19-21.
[3] 刘宝超.培养本科层次全科型小学教师的现实难题与策略[J].课程教学研究,2014(8):14-18.
[4] 李俊颖.农村全科型本科层次小学教师培养模式研究[D].重庆:重庆师范大学,2014.
[5] 黄云峰.小学全科教师内涵意蕴、价值意义及培养路径[J].中小学教师培训,2017(1):75-78.

要[1]。我国学者关于全科小学教师必要性的相关研究涉及较多,虽然不同学者从不同角度来分析我国全科小学教师的必要性,但大致可以归为以下几个方面。

第一,农村小学教育的现实需求。

农村教育一直是我国所关注的重点问题,近些年来,国务院和各级政府都在通过各种方法或途径发展农村教育,以促进我国农村教育的均衡发展。大多数学者也关注到农村教育所出现的一系列问题,提出各种措施推动农村教育的进步。周德义分析了农村小学的特点:我国农村地区地形复杂,多数农村分布在地域辽阔的平原或是地势崎岖的山区丘陵,致使村民居住分散,为提高入学率,不得不遵循就近入学的原则设置教学点,这就造成农村小学点多面广且规模偏小的局面[2]。而农村是无法配置足够数量的教师的,这就需要每个教师应该具备广博的知识和综合素质,并能够胜任多学科的教学任务。符淼认为:重庆农村小学教师编制不足,专业结构不合理,多数以语文、数学学科教师为主,同时兼任英语、艺体等学科教学,班级规模小,基本上是一师一班,教学质量普遍不高,素质教育推进较难[3]。我国农村小学教师普遍存在老龄化严重、教师紧缺、专业素质偏低等问题,加上本身的教育思想观念落后、教学方法陈旧,以至于很多老师难以胜任音乐、体育、美术、计算机等课程,这直接影响我国农村小学教育的质量及学生的全面发展[4]。从以上分析来看,在农村培养全科型小学教师对发展农村教育来说显得尤为必要。

第二,初等教育的发展趋势。

培养全科型小学教师是教育发展的时代要求[5]。在初等教育发展方面,目前西方发达国家如美国、日本、瑞士等国的小学教学组织形式均采用小班化教学和教师包班制,一般的做法是 2～3 名高素质的优秀小学教师包下一个班级所有课程的教学任务[6]。由于我国农村适龄小学生逐

---

[1] 黄玉楠.全科型教师培养研究[D].开封:河南大学,2014.
[2] 周德义,李纪武,邓士煌,等.关于全科型小学教师培养的思考[J].当代教育论坛,2007(9):55-59.
[3] 符淼.重庆市农村小学全科教师教学实践能力培养策略[J].重庆第二师范学院学报,2014,27(4):96-98.
[4] 秦晶晶.我国农村全科型小学教师培养方法初探[J].文教资料,2016(15):138-139.
[5] 王佳艺.全科型小学教师培养的必要性及其途径[J].湖南第一师范学院学报,2012(1):33-36.
[6] 周德义,李纪武,邓士煌,等.关于全科型小学教师培养的思考[J].当代教育论坛,2007(9):55-59.

渐向城镇流动,农村小学的班级规模越来越少,小班化教学是我国发展小学教育的一个关键性选择,实行小班化教学也是我国基础教育与世界初等教育接轨的必然趋势。小班化教学和包班制的关键是要有高素质的教师,对教师提出更高的要求,不仅掌握小学阶段多门学科的知识,对不同学科知识进行整合,还要有能够进行日常班级管理的能力、善于与学生交流和沟通的能力等,这就要求我国在培养全科型小学教师时要紧密结合农村小学教育的发展情况,培养一批"下得去、留得住、干得好"的高素质全科小学教师,从而促进我国初等教育的发展。

第三,符合小学教育的性质和小学生身心发展的规律。

基础性、全面性和综合性是小学教育的本质特点,正是由于小学教育具有这些特点,决定了小学教育专业是一个综合性强、知识面宽,相关学科充分渗透的专业,必须特别强调培养综合素质更好的人才,突出其知识体系的综合性、完整性、基础性和应用性[1]。小学教育的特点对全科小学教师提出更高的要求,比一般教师具有更丰富、广博的知识,比其他教师具有更系统、实用的教育知识,还要掌握教育教学规律,有应对各种突发事件的教育机制。小学阶段是儿童社会化和自我发展的重要时期,具有较大的可塑性,由于传统分科教师的知识结构单一,只关注学生成绩,忽略学生的社会性发展,学生容易顾此失彼、偏向发展,最终导致小学教育出现重视知识轻视品德、重视技术轻视情操现象[2]。从小学生身心发展的规律来看,小学生的心智发展还不成熟,处于低级阶段,需要教师帮助、引导他们用整体、联系的观点认识世界,进而培养正确的人生观、世界观和价值观。

全科小学教师能够通过对学生全方位的观察和全面评价,引导学生向全面发展的方向努力,从而促进学生全面和谐发展和自身综合素质的提高。

第四,新课程改革的要求。

《基础教育课程改革纲要(试行)》中明确指出:在小学阶段,要增加开设综合性的课程,在小学教师日常的授课形式上也逐渐改用综合性的教授方式,减少基础教育阶段的课程数量[3]。小学阶段增加综合课程的开设比例,而全科型教师正是把各门学科知识进行综合,将系统全面的知

---

[1] 谢慧盈."全科型"优秀小学本科教师培养思考[J].海南师范大学学报(社会科学版),2012,25(5):107-111.
[2] 李奇勇.小学教育呼唤全科教师[N].中国教师报,2014(005):1-2.
[3] 2001年教育部印发的《基础教育课程改革纲要(试行)》教基[2001]17号.

第一章 绪 论

识传授给学生,可见培养全科小学教师符合新课程中对小学阶段增设综合课程的要求。但受传统学科本位思想的影响,我国在课程设置中依然还是以分科课程为主,且不同课程间的界限分明、缺乏整合观念,这就要求学校培养的小学教师必须具有较高的综合素质,能够胜任综合课程的教学,也就是说,课程整合将成为我国基础教育课程设置的趋势,这种趋势使得全科小学教师的培养具有一定的必要性[①]。刘宝超指出:新一轮基础教育课程改革要求小学教师具备较高的综合素质和一定的社会活动能力,高等师范院校培养四年制本科层次的全科型小学教师能"文理兼通、学有专长",实践锻炼上"技能全面、开拓创新",将更好地适应新形势下小学教育改革的需要[②]。全科型小学教师正是符合新基础教育改革的需要,能够把不同学科的知识融会贯通,并具有一定的实践能力[③]。

第五,实现教育公平的需求。

我国教育受城乡二元体制的影响,一直存在教育不均衡发展的现象,这种现象所折射出的社会问题就是教育公平,教育公平是指国家在不同地区不同学校,对教育资源配置、资金投入力度等方面应是均衡的。经济发展的不平衡导致了教育资源的配置的不合理和教育机会的不均,其中教师资源的缺乏是制约教育发展的关键因素[④]。由于我国城市和农村在经济发展方面有较大的悬殊,因而在教育资源配置上就存在较大的差异,城市教师岗位多且配比合适,而农村教师岗位短缺,通常一位教师要同时承担两三个班级的教育教学任务和日常管理。由于这些教师往往只关注自己所教授的学科知识,对其他学科知识并不精通,因而在教育教学中常常出现把握不住重难点等问题,不仅影响教学质量的提高,还增加了教师的教学负担。全科型小学教师能够缓解农村教师短缺的状况,能最大程度地优化教育资源的配置,以促进城乡教育公平的实现。

我国学者充分认识到培养全科小学教师的必要性,且从不同角度全面地分析了这些必要性,大致归为以上五点,还有学者从更为新颖的角度来说明培养全科小学教师的必要性,如吴小庆从在校大学生的就业选择方面分析了全科型教师的培养需求,目前的教师招聘考试中,对非师范生有较为严格的专业限制,必须是对口专业,使得一些有能力的教师被拒之

---

① 王莉.本科层次全科型小学教师培养:必要性及应对策略[J].教育理论与实践,2016,36(8):31-33.
② 刘宝超.培养本科层次的全科型小学教师的思考——基于广东现实的研究[J].学术瞭望,2012(3):28-32.
③ 张然.全科型小学教师的培养研究[D].河南:洛阳师范学院,2015.
④ 黄玉楠.全科型教师培养研究[D].开封:河南大学,2014.

门外,这就造成了人才的隐性流失;而全科型教师作为具有高综合素质的教师,同时拥有多样、综合、全面的基础知识,较强的能力和综合素养,相对知识结构单一的分科型教师来说,是招聘单位优先考虑的对象[①]。

3. 全科型小学教师培养的可行性相关研究

全科教师是当今世界教育发展的一个普遍趋势,在我国培养全科型小学教师是否是可行的,部分学者进行了研究,主要归结为以下几点。

第一,借鉴国外全科小学教师培养的经验。

全科教师是西方发达国家教师教育发展的共同趋势,美国、德国等国家都将全科培养作为培养小学教师的共同模式。这些国家在小学实行包班制,由全科教师承担整个班级的教育教学工作,促进了学生的全面发展和教师综合素质的提升,同时也推动了国家教育事业的不断发展。西方发达国家在全科教师的培养机构、培养目标、课程建设等方面有着丰富的经验,如英国在《教师资格证书授予标准》中,对"知识与理解"这一标准的具体要求有四个方面的内容,其中关于学科知识,欲当小学教师的师范生必须对小学开设的英语、数学、科学三科内容都具备完整的掌握和理解[②]。因此,我国可以在结合本地小学教育实际情况的基础上,借鉴国外全科型教师的培养经验,以探索符合我国农村实际的全科小学教师培养之路,从而提升我国教育事业的质量。

第二,国内已有的探索。

我国中等师范院校的发展历史较为长久,虽然现在培养教师的任务已经渐渐不再由中等师范院校承担,而是由高等师范院校或综合性大学承担,但中等师范院校在培养方向、课程设置等方面有很多值得培养全科小学教师借鉴的地方。如在课程设置方面,科目众多、不分专业;在课程内容方面,正确处理课程之间以及学科内容之间的相互关系和交叉渗透,防止内容机械重复,不求学科精神,注重综合素质的培养等[③]。此外,湖南省作为最先开始培养全科小学教师试点的省份,为我国其他省市探索全科小学教师的培养奠定了基础,各省市自治区纷纷开展了全科教师的试点和培养工作,我国迎来了培养全科教师的"春天"。随着我国各项政策的颁布,国家将全科教师作为发展基础教育的重要途径,作为提升农村教育的必要手段,对全科教师的重视程度不断提高,使得关于全科教师的研

---

① 吴小庆.我国多科型小学教师课程方案研究[D].金华:浙江师范大学,2012.
② 李其龙,陈永明.教师教育课程的国际比较[M].北京:教育科学出版社,2002.
③ 靳希斌.教师教育模式研究[M].北京:北京师范大学出版社,2009.

究也层出不穷。这些都为我国全科小学教师的培养奠定了坚定的基础,使得探索全科型小学教师的过程更加顺利。此外,周德义从全科型教师培养对象的视角出发,论证了全科型教师培养的可行性,他指出:初中毕业生正处于人生观、世界观、价值观形成的关键期,学习能力强,心理、生理可塑性大,容易形成稳定的专业情意和态度,对新知识和艺术学习有更强的求知欲,也容易培养形成德、智、体、美诸方面全面发展的能力素质,与高中毕业生相比,更适合做全科型教师的培养对象[①]。王肖星从复合型人才的角度论证全科小学教师培养的可行性,分科教师知识面不够宽广,视野不开阔,不利于知识之间的融会贯通,更不利于综合型人才的培养。因此,需要培养全科型教师;再者随着我国综合国力的飞速提升,对人才的要求也是越来越高,不仅仅需要高精尖的高知人才,更需要复合型人才[②]。

我国在关于培养全科型小学教师的可行性方面的研究较少,且不够深入,还需要加强可行性方面的探索和研究。在我国培养全科型小学教师需要哪些条件,我国是否做好了迎接全科小学教师的准备,这些方方面面都需要进行具体的研究,只有各方面都考虑得当,全科小学教师才能真正促进我国农村教育的发展,否则就会出现顾此失彼的问题。

4. 全科型小学教师培养的课程设置相关研究

我国学者在借鉴国外全科教师课程设置方面的经验,针对传统分科课程所带来的弊端,在有关全科型小学教师课程方面的研究较多,绝大多数从课程内容的设置,即公共基础课程(通识教育课程)、学科专业课程、教育类专业课程、教育实习实践课程四类课程展开论述。从发达国家本科层次小学教师培养经验和启示来看,课程设置的综合化、多样化是小学教师培养的趋势所在,注重实践能力的培养是提高教师整体素质的必由之路[③]。

在课程结构和内容方面,陈志刚从湖南省农村小学教育的现状出发,认为培养适合本省农村小学实际的师资,必须构建湖南特色的课程与教材,应包括科学文化课程、教学技能课程、教师理论课程、教育实践课程和

---

① 周德义,李纪武,邓士煌,等.关于全科型小学教师培养的思考[J].教师教育研究,2007(9):55-59.
② 王肖星.河南省农村小学全科型教师的培养策略[J].福建教育学院学报,2018(1):85-87.
③ 韩蕾,左光霞.发达国家本科层次小学教师培养经验及启示[J].教育与职业,2011(26):64-65.

农村地方课程[1]。周德义等人认为：优化课程结构，一是加大教育专业课程的比重；二是适当增加选修课程的比例，扩大自选课的范围和种类；三是保持重视理论性课程的传统，加强实践性课程的建设；四是注重隐性课程的开发，形成开放的课程体系；并根据优化后的课程结构提出课程内容应包括科学文化课程、教学技能课程、教师教育课程、教育实践课程四大类课程[2]。王莉认为：课程体系是培养全科型小学教师的蓝图，学校的人才培养是通过课程体系来实现的，而构建培养全科型小学教师的课程体系需要拓宽通识课程；完善与整合小学教育专业课程；强化教育实践课程[3]。吴小庆构建了全科型教师课程结构，包括公共基础课程、学科基础课程、专业基础课程和实践性课程，其中占主导地位的是学科基础课程和专业基础课程，所占比例超过50%，专业基础课程是全科型教师课程方案的重点，同时实践课程比例较之以往有所提高[4]。肖其勇认为：全科型教师课程设置需打破学科壁垒，以现实问题为中心，进行学科间知识的整合、重构；实现专业知识与教学技能、教育理论与教育实践的相互结合[5]。刘宝超认为：要培养本科层次的全科型小学教师应打破课程体系间的学科壁垒，整合重构不同学科间的知识，为此构建了三大必修课程板块和三大选修课程板块：即通识教育必修课、专业课程必修课、职业课程必修课；通识教育选修课、专业类选修课、职业课程选修课[6]。每个必修课程和选修课程下又设有不同种类的课程。洪成丹从中美两国小学教师教育的历史演进出发，将中美两国课程设置进行比较和分析，得出对我国全科型小学教师教育课程设置的启示：一要精选必修课程，提高课程的选择性；二是通识教育课程突出国际化，体现课程的层次性；三要跨学科设置教育专业课程，凸显教育新理念；四要整体设计学科专业课程，保证课程的整合性；五要延长教育实践课程的时间，保证全科实习[7]。张松祥从老师综合培养模式中得到启示，认为乡村全科小学教师培养在课程设置上

---

[1] 陈志刚.湖南省农村小学教师培养模式研究[D].长沙：湖南师范大学，2008.
[2] 周德义，薛剑刚，曾小玲，等.五年制全科型小学教师培养教育课程体系研究[J].湖南师范大学教育科学学报，2007，6（6）：91-96.
[3] 王莉.本科层次全科型小学教师培养：必要性及应对策略[J].教育理论与实践，2016，36（8）：31-33.
[4] 吴小庆.我国多科型小学教师课程方案研究[D].金华：浙江师范大学，2012.
[5] 肖其勇.本科层次农村小学全科教师职前培养标准研究[J].教育理论与实践，2014（20）：30.
[6] 刘宝超.培养本科层次全科型小学教师的现实难题与策略[J].课程教学研究，2014（8）：14-18.
[7] 洪成丹.中美"全科型"小学教师教育课程设置比较研究——以两所大学为例[J].温州：温州大学，2015.

应建立国家课程标准,充实课程容量,强化文理兼通,最终实现全科教学[①]。

在课程设置原则方面,陈志刚认为应遵循专业化、综合化、针对性和实用性四个原则。周德义等人提出了课程设置应遵循专业化、综合化、针对性、均衡性原则。吴小庆提出课程设置应依据系统科学理论的统整性原则,发展性原则和教师知识进行课程内容的选择[②]。高有才认为全科型小学教师培养的课程设置原则包括综合性原则、实践性原则、前瞻性原则、均衡性原则,并且要处理好综合培养与学有专长的关系,处理好教育类课程与学科类课程的关系,处理好选修课程与必修课程的关系[③]。

西方发达国家在培养全科型小学教师的课程方面,开设了通识教育课程、学科专业课程、教育类专业课程和教育实践课程四部分,各类课程所占比例相当,注重通过通识教育课程培养学生广博的知识,强调教育实践课程的重要性,且安排实践实习的时间较长,贯穿在学习理论知识的始终,培养学生的教育教学能力。而在我国各部分课程所占比例严重失调,通识教育类课程、教育实践课程严重偏少,难以满足培养具备多门学科知识和高综合素质的全科小学教师。因此,在全科型小学教师课程设置方面应多借鉴和学习西方发达国家的经验,培养卓越的全科小学教师。

5. 全科型小学教师培养方式的相关研究

目前,我国各省市在全科型小学教师培养方式上都有不同的选择,主要分为以下几种。

第一,分科培养。

分科培养是我国培养教师最常用的一种方式,主要指在招生上分为不同学科方向,毕业生在进行志愿填报时,可以根据自己的兴趣和爱好,自由选择不同的学科方向,如汉语言文学、数学、英语教育等。首都师范大学的小学教育专业在培养小学教师时就采用分科培养方式,该专业所设置的学科小方向与小学阶段所开设的课程相对应,分为语文、数学、英语、科学、音乐、美术、信息技术七个小方向[④]。

第二,大文大理型培养。

这种培养方式是在综合培养的基础上,将专业分为文科和理科两个

[①] 张松祥.老中师综合培养模式对乡村全科小学教师培养的启示[J].教育发展研究,2012(5):53-60.
[②] 吴小庆.我国多科型小学教师课程方案研究[D].金华:浙江师范大学,2012.
[③] 高有才.全科型培养视角下小学教育本科专业课程设置的研究[J].教育探索,2013(12):19-21.
[④] 韩蕾,左光霞.发达国家本科层次小学教师培养经验及启示[J].教育与职业,2011,(26):64-65.

方向,分别以中文、数学教育专业核心课程为主,针对学生所选择的不同方向进行具体的分科教学和专业知识的学习,培养出来的学生日后将成为具有小学文科或理科方向课程教学知识和学科专业知识的教师[1]。上海师范大学就采用此方式培养小学教师。与分科培养相比,淡化了不同学科间的界限,但还是没有将不同学科间的知识进行整合,所以不能算作真正的综合培养。

第三,综合培养。

这种培养方式的综合性最强,培养出来的小学教师具有较强的综合素质,且具有任教小学主干学科的能力,是一种全科型培养[2]。全科型小学教师应具备广博的知识基础、较强的综合素质、较高的专业能力,能够根据小学生的个体差异性,有针对性地进行因材施教。采用综合培养方式培养出来的小学教师,是能够熟练地掌握基础教育教学的基本理论知识,合理地运用多种教学方法和教学组织形式,准确全面地设置学科知识,承担得起小学各学科的教学工作,并且还能够从事小学教学科研活动和教学管理的全能教师[3]。南京晓庄师范学院和杭州师范大学是采用此种方式培养小学教师的代表。

第四,综合培养,有所专长。

这种培养方式兼顾了综合培养的综合性和分科培养的方向性。要求学生将语文和数学作为将来任教学科课程的两门主课进行专业性学习,在尊重学生自主选择的基础上,要求学生选修更多其他学科课程进行学习[4]。湖南师范大学作为这种培养方式的代表已取得不错的成绩,培养了一批根植农村的小学教师,促进了湖南省农村小学教育发展。这种方式允许学生根据自己的兴趣和爱好选择自己将来从教的其他课程,由于每个学生都是独一无二的,有其自己的独特性,导致所选修的课程带有一定的片面性,或是偏向于某一方向发展,这样也就不利于提高学生的综合素质和专业能力。

---

[1] 张咏梅.重庆市农村小学全科教师"3+1"培养模式实施现状研究[D].重庆:重庆师范大学,2015.
[2] 韩蕾,左光霞.发达国家本科层次小学教师培养经验及启示[J].教育与职业,2011(26):64-65.
[3] 宁东辉.全科型小学教师培养的必要性与规律分析[J].中小学电报,2012(5):12.
[4] 张咏梅.重庆市农村小学全科教师"3+1"培养模式实施现状研究[D].重庆:重庆师范大学,2015.

6. 全科型小学教师培养对象和培养学制的相关研究

在关于全科型小学教师培养的文献中,大多数是从全科小学教师的内涵、必要性、可行性和价值等方面进行论述,少数学者从全科小学教师的招生对象和培养学制展开论述。目前我国在全科型小学教师的培养对象和培养学制方面主要有两种方式:一是初中起点五年一贯制的专科培养,二是高中起点四年一贯制的本科培养。

(1)初中起点五年一贯制的专科培养

湖南是率先采用招收初中毕业生进行五年一贯制专科培养的省份。学生在入学后的前三年学习高中阶段的知识和中等职业技术教育,之后进入大专阶段学习两年的高等职业教育,毕业后获得大专文凭[①]。2006年,湖南省为解决当地农村师资严重短缺的现实情况,启动了《初中起点五年制专科学历全科型小学教师培养研究》,对初中毕业生进行五年一贯制的专科培养,并提出"全科、低龄、定向、专门"的培养要求,努力将这些初中毕业生培养成为合格的全科型小学教师[②]。同年湖南省教育厅启动《农村小学教师专项培养计划》,要求采取优惠政策为贫困地区乡镇以下小学定向培养教师[③]。经过一年的探索和实践,2007年湖南省开始了有关大专层次全科型小学教师的培养工作,经过几年发展取得了不错的成效,其培养经验得到了多个省市的借鉴。吴龙、余珊在《关于五年一贯制模式培养农村小学教师的思考》中指出:五年一贯制这种初中起点的师范大专教育培养模式可以吸引一批有志于从事农村小学教育的优秀初中毕业生到农村工作,推动了农村教育发展[④]。随着世界基础教育的不断发展,本科层次的全科小学教师已成为西方国家的普遍趋势,我国在顺应世界教育发展的潮流下,教师的学历也不断提高,显然专科学历的全科小学教师已经不能够适应小学教育的发展趋势,也难以满足农村学生对广博知识的追求。因此,在 2010 年湖南省启动实施六年制本科农村小学教师

---

① 张咏梅. 重庆市农村小学全科教师"3+1"培养模式实施现状研究[D]. 重庆:重庆师范大学,2015.
② 徐雁. 构建新型小学教育专业本科实践教学体系——以培养全科型本科小学教师为例[J]. 鞍山师范学院学报,2012(5):76-78.
③ 陈志刚. 湖南省农村小学教师培养模式研究[J]. 教育时空,2008(18):10-11.
④ 吴龙,余珊. 关于五年一贯制模式培养农村小学教师的思考[J]. 上饶师范学院学报,2012,32(2):84-86.

公费定向培养计划,其学制和培养模式均为全国首创[①]。

（2）高中起点四年一贯制的本科培养

我国的浙江、重庆等省市采取高中起点四年一贯制的本科培养。高中毕业生进入大学,在前三年或三年半中学习关于小学教师教育的理论知识,主要包括公共基础课程(通识教育课程)、学科专业课程、教育类专业课程;在第四年学习教育实习实践课程,通常是到指定小学进行教育见习和实习。这种四年一贯本科培养通常采用分科培养的方式,使得教师专业知识结构单一,只能从事一门学科的教学,难以承担农村小学的多学科教学任务,适应能力较差。一些师范院校逐渐发现了分科培养的弊端,逐渐采取综合培养、有所专长的方式培养本科层次的全科型小学教师。邓达倡导四年一贯制的培养,并提出让学生在校学习期间,实施四年一贯制的教育教学见习实习活动;充分利用寒暑假,开设四年一贯的教育综合实践活动课程;师范性与学术性同步发展,四年一贯[②]。刘宝超在论述四年制本科层次全科型小学教师的可行性时指出：由于我国本科层次的小学教师培养还处于起步阶段,应该学习和借鉴发达国家对本科层次小学教师在培养目标、规格、学制、模式、课程设置等方面的经验。

无论是专科层次还是本科层次培养全科型小学教师,其目的都是一样的,为了培养一批高素质的农村全科小学教师。随着世界小学教育的发展,对全科小学教师的学历要求越来越高。因此,我国应逐步培养更高层次的全科小学教师以适应世界教育的发展趋势。由于我国农村教育的实际情况,全科小学教师越来越受到重视,全科小学教师将成为未来我国培养小学教师的主要方式,还需要在全科小学教师的招收对象和培养学制方面进行更深入的研究和探索。

（三）国内全科型小学教师培养现状的评述

我国关于全科小学教师的研究起步较晚,目前还处于探索阶段。大多数学者更多关注到的是宏观性和理论研究,缺少微观和实证性的研究;在理论研究方面主要涉及全科小学教师的内涵、培养目标、课程设置等方面,对其进行了较为详细的论述;缺少对全科小学教师教学运行、质量评估等方面的深入细致研究;缺少对具体案例的比较研究,尤其是将我国较成熟的案例和西方国家成功案例进行对比,从中得到探索全科型

---

① 李克勤,袁耀宗.六年制本科农村小学教师定向培养实践教学体系构建[J].湖南师范大学教育科学学报,2014(1):98-99.
② 邓达."全科—应用型"小学教育本科专业人才培养刍议[J].成都师范学院学报,2013,29(1):5-9.

小学教师的经验和启示。在全科小学教师的培养模式、培养方案、课程设置等方面,各位学者百家争鸣纷纷提出自己的看法,有些只是对已实施的培养项目进行介绍,很少能够提出新思路和新观点,在以后的研究中需加强对此部分的深入探索。

第二章 云南省 L 县全科型小学教师发展现状及问题

第一节 云南省 L 县概况

云南省 L 县位于云南省的东南部,与越南、广西接壤,地处两国三省十县的结合部,是云南通往广东和广西等较为发达的沿海地区的重要门户,是云南省的"东大门"。L 县全县辖 6 镇、7 乡、2567 个村民小组,该县主要居住着壮族、苗族、彝族、汉族、瑶族等少数民族,少数民族总人数占总居住人数的 59.6%。L 县在 2016 年末全县的常住人口已达到 42.02 万人,比上年增加 0.16 万人,增长 0.4%,其中:城镇人口 15.52 万人,农村人口 26.50 万人,其中,全县少数民族的人口为 324813 人,占全县总人口的 75.8%。

一、地形地貌

L 县处于滇东南的岩溶高原东部边缘,云岭东部的结露山脉自西向东地控制全境,境内的山系形成了南北纵横的地势,一座座山峰成为了该县的天然屏障。该县的国土面积为 5352 平方千米,而山区的覆盖面积就已占据全县国土面积的 95%,集盆地、高原、丘陵和山地于一体,形成了较为复杂的自然地势。高原地区主要分布于该县的西南地区,山地则贯穿于全县的南北地区,而丘陵则主要集中分布于该县的东北区域,在该县的坝子就有 14 余处,海拔最高处可达 1901 米,最低为 152 米。

二、经济发展概况

2016 年底,全县的第一产业实现了总产值 333277 万元,比上年增长

7.5%；第二产业实现总产值664396万元,比上年增长2.9%,增速同比回落9.1%；第三产业实现社会消费品零售总额381842万元,比上年增长11.1%。三次产业结构由上年的27.0∶34.3∶38.5调整为27.0∶31.4∶40.2。人均的GDP由上年的17426元提高到18536元,增长5.5%。

三、教育发展概况

截止到2016年底,L县的完全中学有5所,初级中学12所,农村小学共有164所,各类学校的在校学生人数为80159人,比上年增加286人,增长0.29%。其中,小学的在校学生人数为41824人,小学教师总数为1905人,而农村地区的小学教师就有1676人,占总数的88%。该县乡村完小的数量占据了全县小学数量的绝大部分,在这些乡村完小中,大都分布于地势较为复杂的山区地区,且完小之间的距离较远,较为分散。一所完小中的六个年级,却只有两位教师,每位教师教授三个年级的课程的现象普遍存在,县与村之间的教育资源分布极其不均衡。

第二节　云南省L县全科型小学教师发展现状及问题

本研究采用的是SPSS(Statistical Product and Service Solution)18.0进行数据的处理与分析。

一、问卷与访谈提纲的设计与编制

(一)数据收集思路

首先,查阅相关文献,收集资料。主要收集云南省乡镇与农村地区小学教师的数量、流动以及职后发展状况的相关文献资料,与此同时,收集云南省农村地区全科型小学教师的分布情况与数量特征等数据和文献资料。根据收集到的有关资料进行访谈提纲的初步编制。其次,进行调研走访。根据搜集到的有关资料,初步确定调研地区,并与调研地区教育局工作人员以及教师进行初步的交流和访谈,初步了解该地区全科型小学教师的数量、教育教学以及生活状况。以此为根据,进行调查问卷的编制与访谈提纲的修改工作并进行试测。再次,根据编制好的调查问卷与访谈提纲进行二次调研,全面地搜集该地区全科型小学教师的发展现状的相关资料,并对调研中搜集到的资料进行数据统计与分析。最后,根据调研资料,进行文稿的撰写。

(二)问卷维度

本研究在收集大量云南省农村地区全科型小学教师发展现状等有关的信息和材料的基础上,初步获得了对云南农村地区全科型小学教师的理性与感性的认识,与此同时,通过多次的深入访谈,与当地有关人员进行了深入的交流,尝试着让被调查者能够尽可能地发挥他们的主体性,减少研究者先入为主的固有理念。因此,基于大量访谈以及所收集的资料信息,初步编制出"云南省农村地区全科型小学教师的发展现状研究调查问卷"。随后,听取多方面人员的有关建议,删除了较为重复的项目,最终整理编制了包含38个项目的自编问卷。本研究采用自编问卷的形式对云南省L县的全科型小学教师做了相关调查,问卷中共有38道题目,题型分为单项选择题和多项选择题,均为封闭式的选择题。该调查问卷主要包含7个维度:教师个人基本情况、工作量、收入与政府补助、压力与动力、自身职业满意度、专业发展意向以及对全科型教师的意向等。

(三)调研地点的选取

本研究主要针对云南省农村地区的全科型小学教师的现状进行调查和研究,而由于精力、人力以及物力有限,不可能把云南省所有农村地区小学中的全科教师都作为本研究的调查对象,因此,只能选取比较有典型特征并且容易实施调研活动的地区作为本次研究的调研地点。本研究选取的调研地点为云南省L县。目前为止,L县农村小学共有164所,其中,小学的学生在校人数为41824人,小学教师总数为1905人,而农村地区的小学教师就有1676人,占总数的88%。小学生与小学教师的比例是较为失调的,全科型小学教师的数量居多,易于调查研究。

(四)调查对象的选取与问卷的发放

本研究的调研地点为云南省L县,由于该地区的乡村完小分布较为分散,且每个完小的小学教师大都在5~6人左右,因此选取了L县的乡镇小学2所,乡村完小15所。

本研究发放问卷共228份,回收问卷228份,回收率为100%,其中有效问卷为215份,有效问卷的回收率为94%。具体的问卷调查对象为所选学校中的1~6年级的全科教师。由于该地区大部分的小学中的教师都是全科型小学教师,因此,调研对象都是L县农村地区小学中的全科教

第二章 云南省 L 县全科型小学教师发展现状及问题

师。本研究采用访谈法对所选学校的全科教师等进行了访谈,访谈地点大都在办公室,并征得访谈对象的同意,将访谈内容录音,最后转换成文字并记录下来。访谈对象的具体信息如表 2.1 所示。

表 2.1 访谈对象的具体信息

姓名代码	性别	所教年级	身份职务
WCW	男	三年级、四年级	全科教师
LZH	男	四年级、五年级、六年级	全科教师、校长
LMM	男	一年级、三年级	全科教师
ZCX	女	二年级	全科教师
RML	男	二年级、四年级	全科教师
LMW	男		教育局工作人员
WMX	女	六年级	全科教师
ZL	女	五年级、六年级	全科教师、校长
FTC	女	三年级、四年级、五年级	全科教师
HIJ	女	一年级、二年级	全科教师
BAY	男	五年级	全科教师、校长
ZZM	男	二年级	全科教师
LXJ	男	三年级、四年级	全科教师
ZCL	男		全科教师、校长
LHY	男	一年级、五年级	全科教师
MN	女	二年级、四年级	全科教师
GCQ	女	一年级、三年级	全科教师

二、云南省 L 县全科型小学教师发展现状及问题

(一)全科队伍结构性失衡

1.性别、年龄结构失衡

本研究通过调查问卷对云南省 L 县的全科型小学教师的性别进行调查,详情见表 2.2。结果发现在大部分被调查的小学中,男性教师的比例为 40.5%,而女性教师的比例为 59.5%,可见女性教师的比例是高于男性教师的比例的。在对数据的进一步的比较和分析中发现,不同性别的

教师在对"是否愿意在条件艰苦的小学任教"中的看法有所不同。具体分析来看,在教师性别方面,女性教师的均值为3.39,男性教师的均值为3.15,t=2.887,p=0.039<0.05,差异显著,表明女性教师比男性教师更愿意"在条件艰苦的小学任教",具体如表2.3所示。

表2.2 教师性别统计情况

	频率	百分比	有效百分比（%）	累积百分比（%）
男	87	40.5	40.5	40.5
女	128	59.5	59.5	100.0
合计	215	100.0	100.0	

表2.3 教师的性别"在条件艰苦的小学任教"上的t检验

	女（n=128）		男（n=87）			
	M	SD	M	SD	t	p
在条件艰苦的小学任教	3.39	0.70	3.15	0.77	2.887	0.039

在进行调查和访谈的过程中,在问及学校中的男性教师与女性教师的比例时,一位男教师是这样向我们说的:

> 别说男教师和女教师的比例了,根本不成比例,你也看到了,就像我们这里(学校),一共六个人教书……男教师只有我一个人,我觉得我们这里既然是这种男女教师失调的比例,那么估计别的地方也差不多吧。我一个男教师,其实娃娃们(学生)还是比较喜欢我的,也比较受欢迎吧……可能是因为其余五个(教师)都是女的,我一个男教师能给娃娃们(学生)带来不一样的乐趣,也不错的喽,只是希望等明年能来个男教师和我一起,也有可能是比较有共同语言吧……但是年轻教师来了也可能留不住,这里的条件不好,估计新老师受不了苦,不习惯我们这里的生活啊。我的妻子也在这边教书,不过俺俩不在同一个学校,她在隔壁村。(LHY)

由于偏远地区条件艰苦,更多的青年教师是不会选择来任教的,也就会出现"下不去、留不住"的现象。[①] 长此以往,最终会阻碍云南农村地区

[①] 李俊颖.农村全科型本科层次小学教师培养模式研究[D].重庆：重庆师范大学,2014.

第二章　云南省 L 县全科型小学教师发展现状及问题

小学教育的均衡、高效发展。在问卷调查和访谈调查的过程中发现,被调查的几所小学中出现了夫妻双方同时在一所学校任教的现象。这种现象在一定程度上,虽然能够缓解学校中男女教师失调的问题,并且夫妻双方在同一所学校教书,也能够防止教师资源的流失。但是不可否认的是,夫妻双方共同任教可能会形成利益团体,甚至会破坏学校日常的教学管理工作。

在实际的问卷调查以及访谈过程中了解到,L 县的全科型小学教师的年龄结构失衡,在问卷中"年龄"项目中,"35 岁以下"的教师占被调查教师总人数的 21.4%,"35~45 岁"的教师占被调查教师总人数的 40.5%,而"45 岁以上"的教师占被调查教师总人数的 38.1%,通过数据分析可看出,35 岁以下的青年教师并不多,而 35 岁以上的中年教师已达到被调查教师总人数的 78.6%,全科型小学青年教师还是较为缺乏的,具体数据如表 2.4,图 2.1 为数据的直观效果。

表 2.4　教师年龄统计情况

	频率	百分比(%)	有效百分比(%)	累计百分比(%)
35 岁以下	46	21.4	21.4	21.4
35~45 岁	87	40.5	40.5	61.9
45 岁以上	82	38.1	38.1	100.0
合计	215	100.0	100.0	

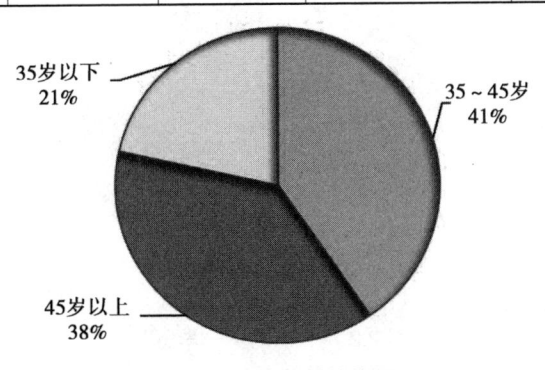

图 2.1　教师年龄结构图

2. 学历普遍偏低

我国的教育部门明确规定,担任小学教学任务的小学教师必须达到大学专科层次的学历。这就要求小学教师必须要具备较为扎实的专业知识,才能够在日常的教育教学过程中发挥自己的才能,顺利、高效地完成学校规定的教学任务。

在问卷调查和访谈调查中发现，L县全科型小学教师的自身缺乏专业知识，学历较低。众所周知，云南偏远农村地区的发展较为落后，条件较差，很难吸引到本科及以上学历的教师来到农村任教。因此，偏远农村地区的在校教师的学历都较低，专业素质和文化修养较为欠缺。在调查问卷中"您的第一学历"题目中，有32.1%的教师表示第一学历为"中专"，19.5%的教师的第一学历为"高中"，有34.9%的教师的第一学历为"大专"，仅有13.5%的教师的第一学历为"本科及以上"，由此看出，该地区全科型小学教师拥有大学学历的仅有48.4%，而没有获得大学学历的教师达到51.6%，具体数据如表2.5，图2.2为数据的直观效果。

表2.5 "您的第一学历"

	频率	百分比（%）	有效百分比（%）	累积百分比（%）
中专	69	32.1	32.1	32.1
高中	42	19.5	19.5	51.6
大专	75	34.9	34.9	86.5
本科及以上	29	13.5	13.5	100.0
合计	215	100.0	100.0	

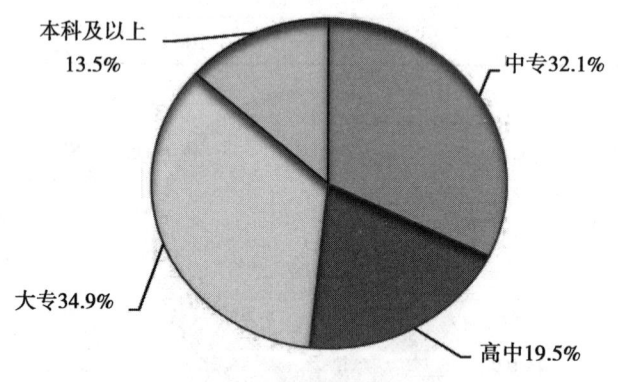

图2.2 "您的第一学历"

具体分析来看，被调研的教师群体中，教师的年龄与学历存在显著的相关性，显著性为0.00<0.05，从表2.6中进一步分析可得出，学历为专科、本科及以上的教师相对来说较为年轻，而中专以及高中学历的教师年龄相对较大。

第二章　云南省 L 县全科型小学教师发展现状及问题

表 2.6　年龄与学历的关系

内容	学历	N	均值	σ	F	显著性
年龄	中专	69	2.13	.768	18.915***	0.000
	高中	42	2.57	.498		
	大专	75	1.69	.717		
	本科及以上	29	2.00	.845		

虽然教师的学历不能作为衡量教师专业性的唯一标准,但是教师自身的学历在一定程度上决定了教师的知识储备的多少以及专业基本功是否过硬。[①]从上述调查与研究中发现,L 县农村地区的全科型小学教师的学历普遍偏低,大部分的教师并没有接受过较为系统的职前教师培训,也没有接受过在职的教育与培训。在被调查的教师中,有一部分虽然是大专学历,但并不是师范类专业。因此,自身的学历偏低导致专业基础知识较为薄弱,再加上学校的工作环境差,并不能推动教师自身综合素质的提高。

3. 缺乏优秀骨干教师,职称制度需进一步完善

在问卷调查中发现,该地区市级的优秀骨干教师也较为缺乏。由于长期缺乏优秀的骨干教师,这就会使学校中在校教师缺乏榜样和标杆,不利于规范在校教师的行为和提高该群体的教学水平。在调查问卷中"您的职称"题目中,"未评职称"的教师占被调查教师的 41.9%,职称为"三级"的教师有 35.8%,职称为"二级"的教师达到 21.4%,而职称为"一级"的教师只有 0.9%,由此可见,没有评职称的教师数量还是较多的,具体数据如表 2.7 所示,图 2.3 为数据的直观效果。

表 2.7　"您的职称"

	频率	百分比(%)	有效百分比(%)	累积百分比(%)
一级	2	0.9	0.9	0.9
二级	46	21.4	21.4	22.3
三级	77	35.8	35.8	58.1
未评职称	90	41.9	41.9	100.0
合计	215	100.0	100.0	

---

① 陶青,卢俊勇.免费定向农村小学全科教师培养的必要性分析[J].重庆师范大学学报,2014(6):11.

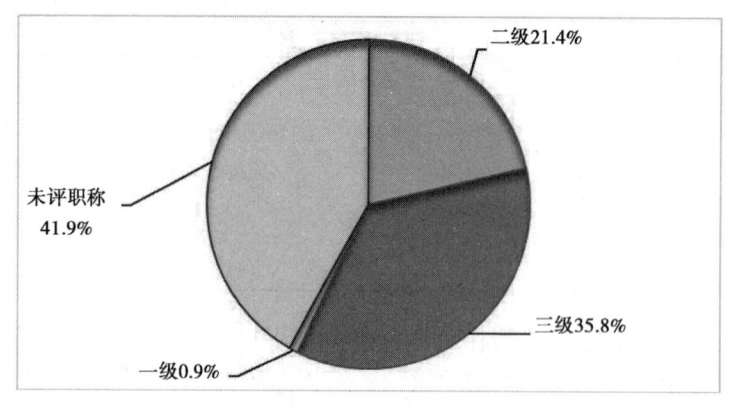

图 2.3 "您的职称"

具体分析来看,被调研的教师群体中,教师的年龄与职称存在着显著的相关性,显著性为 0.00<0.05,从表 2.8 进一步分析可得出,年龄较大的教师职称相对来说较高,而年轻的新进教师大都是未评职称的。

表 2.8 年龄与教师职称的关系

内容	职称	N	均值	σ	F	显著性
年龄	一级	2	4.00	.000	15.462***	.000
	二级	46	3.11	.924		
	三级	77	1.81	1.014		
	未评职称	90	2.26	1.223		

由于农村地区教师职称的评聘大都是依据教师的个人资历,而并非根据教师个人的教学能力和科研能力,教龄较短的教师就会产生评职称无望的想法,因此会误认为是没有必要提高自身的教学能力和科研能力的;而教龄长的老教师就会产生凭自身资历就可以顺利评得职称的错误想法。在访谈的过程中,一位教师是这样向我们叙述的:

> 在我们这里啊,评职称大都是根据教师的教龄啊、自身的资历啊什么的来评定职称的,像我们这些来了没几年的年轻教师就只能在岗位上承担着超负荷的工作量、课时量啊,至于评职称这些事情(评职称)是轮不到我们的,……因为一般不会把学历放在重要的评判标准中,所以,我们这些大学生刚开始是评不上职称的,我们对这件事也是比较无望的,因为自己教得再好,也没啥用处,顶多就是领导表扬你几句而已,所以我们刚开始还是

第二章　云南省 L 县全科型小学教师发展现状及问题

比较积极地应对教师职称的评比的,后来发现希望特别小,所以也就把这件事差不多都放下了。不过一提起来吧,还是有些感觉不公平,我们年轻教师的学历也不算低,在教学工作中积极进取,有不懂得不明白的地方都是及时地请教那些有教学经验的教师,平时如果有培训,我们也都是积极参加,但是一到评职称这件事情上,就没有我们什么事了。我们学校嘛,加上我一共三个年轻的教师,只有一个评上了三级职称。(WCW)

上述的访谈内容表明,对于该地区小学教师的职称问题需要进一步的完善。教师的职称是评判教师教学能力、科研能力的重要标准之一。在被调查的学校中,拥有三级职称的小学教师占据了教师总人数的大部分。其中的原因并不难解释,山区的发展机会极少,在校教师很难通过城市教师使用的网络课程来进行学习,更是缺乏在职教育和训练,学习和提升自己的途径少之又少,因此,教师职称的提升一直是一个不能实现的梦想。由于教师的职称难以提升,这就会挫伤在校教师教学和搞科研的积极性,阻碍了该地区教师群体的发展和进步。在访谈中了解到,对于评职称的问题,许多教师都有苦恼,常常都是以教师的资历作为评职称的重要标准,忽视教师自身的教学能力,只看重教师的教龄,这就导致教龄长的教师侥幸心理的滋生,挫伤了教学能力较强的青年教师的教学积极性,最终使得教师之间的竞争力变小,职称制度形式化。因此,应该完善偏远地区小学教师的职称制度,不完全以资历和年龄等方面来评职称,让在校教师合理竞争,激发教师的上进心,最终促使偏远地区教师队伍质量的提高。

(二)"被全科"现象严重

在实际调研的过程中,该地区的小学教师群体的"被全科"现象较为严重,经调研,该地区教师群体"被全科"主要表现在以下几方面。

1. 多学科教学,心有余力不足

在问卷中了解到,被调查的所有教师都有身兼数职的现象,即一位老师教授两门以上的课程,主教语文的教师,不仅要承担数学、英语等课程的教学任务,还要兼职成为学生的体育课教师。由于繁重的教学任务,再考虑到该地区环境条件较为艰苦,很少有人愿意来此任教,导致一所学校只有两三个教师,每位教师不仅要承担多门学科的教学任务,而且还要同时教授两个年级的课程。① 在问卷中,"您所教授的科目数量"题目中,有 9.8% 的教师表示教授科目数量为"两门",有 23.2% 的教师表示教授的科目数量为"三门",44.2% 的教师教授的科目数量为"四门",甚至还有 22.8% 的教师教授的科目数量为"五门及以上",具体数据如表 2.9 所示,图 2.4 是较为直观的效果。

表 2.9 "您所教授的科目数量"

	频率	百分比(%)	有效百分比(%)	累积百分比(%)
两门	21	9.8	9.8	9.8
三门	50	23.2	23.2	33.0
四门	95	44.2	44.2	77.2
五门及以上	49	22.8	22.8	100.0
合计	215	100.0	100.0	

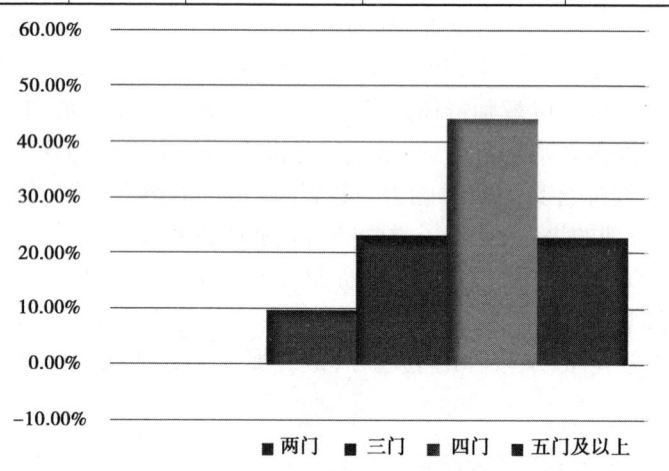

图 2.4 "您所教授的科目数量"

在问卷中"您每周课堂教学的课时数"题目中,仅有 3.7% 的教师周课时数为"11～15 节",20.9% 的教师表示课时数为"16～20 节","21～25 节"的教师有 34%,至于周课时数为"25 节"以上的教师竟然达到 41.4%,具体数据如表 2.10 所示,图 2.5 是较为直观的效果。显然通过调查数据可以看出,这些教师的任务量较重。然而社会各界与学生家长都对教师的教学提出了较高的要求与期望,因此,繁重的教学任务和心理压力导致教师的高压力问题的出现。考虑到这些教师大都没有接受过

---

① 陶青,卢俊勇. 免费定向农村小学全科教师培养的必要性分析[J]. 重庆师范大学学报,2014(6):12.

第二章 云南省L县全科型小学教师发展现状及问题

正规的高等教育和师范教育,在日常的教学过程中,勉强教授自己并不擅长的课程。加上学校中教师的教学任务较为繁重,最终导致教师完不成学校所规定的教学任务,影响学生正常学习知识的进程。①

表2.10 "您每周课堂教学的课时数"

	频率	百分比(%)	有效百分比(%)	累计百分比(%)
11~15节	8	3.7	3.7	3.7
16~20节	45	20.9	20.9	24.6
21~25节	73	34.0	34.0	58.6
25节以上	89	41.4	41.4	100.0
合计	215	100.0	100.0	

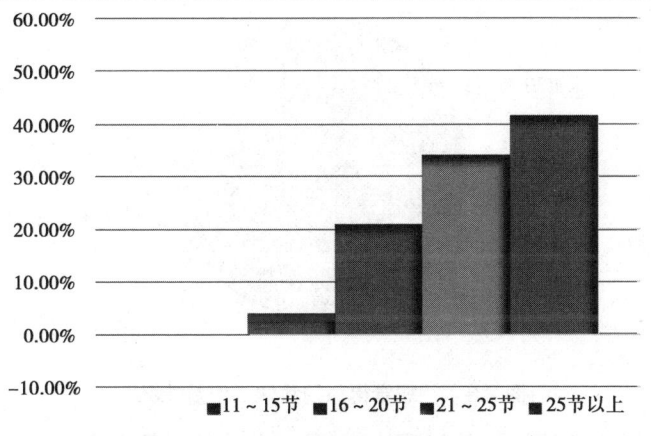

图2.5 "您每周课堂教学的课时数"

由于国家政策的改变,素质教育已深入到我国各个地区的小学教育中。小学阶段的学习科目除了原先的语文、数学、英语、思想品德、科学、体育、美术等,还增加了信息技术与综合实践活动等课程。由于该地区的小学中缺乏教师,一位教师要担任多门课的教学任务,教师自身的学历并不高,能担任多门课程的教学任务已实属勉强,再加上高校毕业的大学生很少愿意选择山区任教,因此,增加的科目还是由在校的几位教师担任。

在访谈调查的过程中,本文对L县的农村地区的全科型小学教师做了教师自身关于教学工作量反映的调查,在调查数据和教师的访谈中得出:在被调查的教师群体中,有99.5%的教师表示教学的工作量还是很重的,其中有64.2%的教师表示"超重,工作很吃力,感觉很疲惫",有30.7%的教师表示"很重,较辛苦",有4.7%的教师认为教学工作量"一

---

① 宋尚桂.当代西方成人学习理论述评[J].济南大学学报,1998(3):37-41.

般,有学习发展的时间",只有 0.5% 的教师表示自身的教学工作量"较少,工作较轻松",具体数据如表 2.11 所示,图 2.6 所示为数据分析的直观反映。

表2.11 "您觉得您的教学工作量情况"

	频率	百分比(%)	有效百分比(%)	累积百分比(%)
超重,工作很吃力感觉很疲惫	138	64.2	64.2	64.2
很重,较辛苦	66	30.7	30.7	94.9
一般,有学习发展的时间	10	4.7	4.7	99.6
较少,工作较轻松	1	0.4	0.4	100.0
合计	215	100.0	100.0	

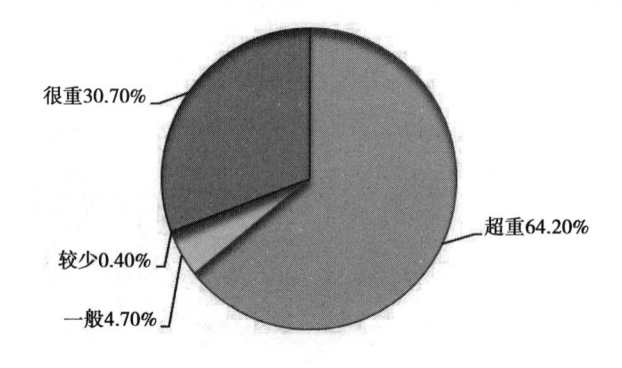

图2.6 "您觉得您的教学工作量情况"

在实际的访谈调研的过程中,一位乡村完小的中年教师是这样说的:

> 我们这里嘛,就是这么个情况啊,成天有教不完的课和操不完的心,到了我这个年龄,有家庭有孩子,每天回家要做三顿饭,家里的娃娃要上学,学校里的课安排的满满的,一节课接着一节课的上,我教二年级和四年级嘛,要教着娃娃们语文课、数学课、品德课和体育课,真的是感觉忙不过来啊,体育课算是最轻松的,带着娃娃们在这个院子里做做游戏,说到语文课、数学课和品德课嘛,就要费工夫喽,二年级和四年级数学虽然我能教的了,但是可能效率比较低啦。课后要批改娃娃们写的语文练习题、数学练习题、数学作业什么的,很多时候下班回家了批作业要批到很晚,早上天还没亮就起床往学校里赶,路途长,工作重,家里的事情又多,每次新学期开学后,可能会出现插班生来我们

第二章　云南省 L 县全科型小学教师发展现状及问题

的班级里,由于学习水平相差太大,所以还要对插班生进行个别的辅导,真的是顾不过来。(MN)

考虑到在校的教师对于某些科目,并不是专业出身,因此,更多的任务量和教学科目更加分散了教师的教学精力,这必然会导致教学科目在授受时效率的降低,阻碍学生接受知识的进程,甚至还有可能出现误导学生的情况。优秀的大学毕业生由于恶劣的环境和较低的收入不愿到山区任教,因此,在校教师就处于一种两难的境地,学校内的教师很难被调动到其他学校,同时还要承担着巨大的教学任务和教学压力,形成了一种不变的循环。[①] 在调研的过程中,了解到很多全科型小学教师都已结婚生子,在面临养家糊口的问题下,还要承担学校中繁重的教学任务,因此,很多教师心有余而力不足。显而易见,教学工作量大以及多学科教学使得该地区那些并没有具备多学科教学能力的全科型小学教师的发展面临难题。

2. 自我价值得不到体现

教师是教育、培养人才的关键因素。[②] 通过问卷调查分析发现,该地区小学教师普遍反映压力较大,环境条件较为艰苦。众所周知,云南省大都以山地为主,交通不便,该地区也不例外,去周边县都要几个小时的车程。因此,教师只能终年在学校任教,很少有机会去看看外面的世界。学校陈旧的设施和百年不变的制度,再加上没有外出学习的机会来提升教师自身的教学等方面的能力,因此,只能尽自己所能而承受着学校中繁重的教学任务,并且努力的适应该地的生活环境,内心并没有对未来的太多的寄托和期盼,导致教师心理健康问题的出现,最终导致巨大压力的形成。在调研和访谈的过程中,当我们问及"您能感觉到自我价值在逐渐实现吗?"一位校长是这样向我们叙述自身的经历和感受的:

按理说,我们这些教书的应该是很光荣,也很神圣……但是,在我们这里,就像我们这所学校吧,就这一栋教学楼,娃娃们(学生)的人数也不是很多,五个教师加上我,平常的体育啊美术啊之类的好多课程,我们都要上,可是我们也不懂那么多啊,还

---

① 周莹. 基于教师教育一体化视野的职前教师教育课程改革研究[D]. 上海:华东师范大学,2009.
② 马丽枝. 我国职前教师教育课程体系的建构及策略研究[D]. 长春:东北师范大学,2007.

是觉得力不从心的。在我们学校平常是没啥活动的,教师的培训也是少之又少,我们就这样日复一日,感觉自己并没啥进步,天天讲的说的都一样,没什么新意,外出学习的机会几乎就更不用想了,所以就给我一种感觉,我们这些教师不重要,有点自生自灭的感觉了……时间长了,我们也就没啥想法了,自然而然的,自己的价值总是感觉没有发挥出来,同时我们的价值也没有被重视的感觉。(ZCL)

通过问卷中的"您的压力的主要来源是",有7.9%的教师认为压力主要来源于"教学",有5.1%的教师认为压力主要来源于"经济",而有81.9%的教师普遍认为,压力主要来源于"教学与经济",而只有5.1%的教师认为主要压力来源于"人际关系"。从该组数据不难看出,大部分教师的压力主要来源于教学与经济方面,具体数据如表2.12所示。

表2.12 "您的压力的主要来源"

	频率	百分比(%)	有效百分比(%)	累积百分比(%)
教学方面	17	7.9	7.9	7.9
经济方面	11	5.1	5.1	13.0
教学与经济方面	176	81.9	81.9	94.9
人际关系	11	5.1	5.1	100.0
合计	215	100.0	100.0	

教师的自我价值主要体现在通过学校日常的教学而看到成果。这里的成果既包括精神上的慰藉和满足感,也包括物质上的获得。[1]教师的自我价值的实现要通过所获取的收入来得到体现。[2]然而,教师的工资与其自身的劳动付出并不是成正比的,与城市里的教师比起来,其教学工作不仅繁多,而且日常的教学管理工作也要靠学校里仅有的几位老师,因此,从很多层面来说,农村地区的小学教师的收入与教师自身付出的劳动不成正比。政府的补助没有落实到位,再加上环境恶劣、物价上涨等原因,会挫伤教师自我价值实现的积极性。农村教师的社会地位较低也是教师自身价值得不到体现的表现。[3]在问卷和访谈的过程中,该地区的教师普遍认为自身的社会地位偏低。随着国家和社会的不断发展,学校和教师

---

[1] 黄玉楠.全科型教师培养研究[D].开封:河南大学,2014.
[2] 吴小庆.我国多科型小学教师课程方案研究[D].金华:浙江师范大学,2012.
[3] 李其龙,陈永明.教师教育课程的国际比较[M].北京:教育科学出版社,2002.

第二章 云南省 L 县全科型小学教师发展现状及问题

的角色也在进行着不断的演变。学校教育从较为单纯的教书育人的场所演变成了带有功利色彩的教育场所,而教师的角色也在不断进行着演变。较多的农村地区的家长认为在学校教育中投入了资金,教师就应该唯命是从,缺乏对教师职业的尊重和重视,再加上教师的工资不高,就形成了社会各界普遍认为农村教师的社会地位偏低。

3. 对生活和工作环境的满意度较低

良好的工作环境是使教师体验到关怀的重要因素,良好的生活条件也是使教师自身体验到成就感的影响因素之一。相反,如果教师的工作环境和生活条件较为恶劣,那就很有可能导致教师群体的流失问题的出现。在问卷中"您是否满意于您的工作环境"题目中,仅有 2.3% 的教师表示"非常满意",7% 的教师表示"满意",28.8% 的教师对自己的工作环境表示"基本满意",对工作环境表示"不满意"的教师达到 54.4%,甚至还有 7.5% 的教师表示"非常不满意",具体数据如表 2.13 所示,图 2.7 是较为直观的效果。

表 2.13 "您是否满意于您的工作环境"

	频率	百分比(%)	有效百分比(%)	累积百分比(%)
非常满意	5	2.3	2.3	2.3
满意	15	7.0	7.0	9.3
基本满意	62	28.8	28.8	38.1
不满意	117	54.4	54.4	92.5
非常不满意	16	7.5	7.5	100.0
合计	215	100.0	100.0	

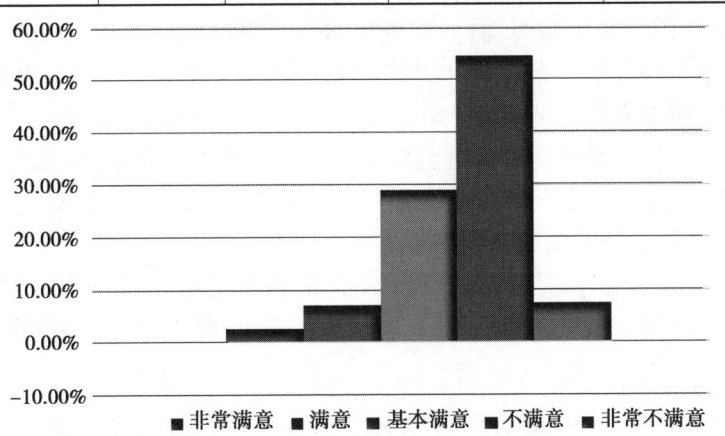

图 2.7 "您是否满意于您的工作环境"

在调研和访谈的过程中发现,接受访谈的教师对于学校环境以及国家的补贴等,都有着自己的一些想法,一位教师是这样说的:

说起我们的工资吧,还算是能过得去吧,至少比以前是多些了,我们这些有家庭的老师,要负担生活的各种花销吧,现在处处都要用钱,好在是工资提高点了,这也是我唯一觉得高兴点的事儿了……只不过除了工资多点之外,我们学校还是老样子,小小的院子,一下课,学生的课间活动都是活动不开的,全学校就我们几个老师,挤在一间办公室,你应该看到了,办公桌和学生的桌椅都很旧了……更不用说计算机课能让学生学习了,一共就一台(电脑),学生是根本不会操作的,我们教师也是不熟练,所以吧,还是希望国家能重视,能够让娃娃们的学习环境好一点,小小的年纪和城里的孩子的学习待遇差太多,总觉得怪可怜的。(LXJ)

在实际的访谈中了解到,在访谈的学校中,只有两所小学的教室里安装了电子白板,而其余的完小等并没有安装。城市中的小学不仅有较为先进的教学设施和工作环境,还有设施较为齐全的教职工餐厅、浴池和宿舍,这远远要比农村地区小学教师的工作环境和生活条件好几千倍。[①] 由于该地区的生活条件和环境较差,并不能给教师提供较为良好的工作环境和生活条件,虽然国家对乡村学校和教师有补助,但是这些补助并不能够改变教师的办公条件和住宿条件。学校的大部分设施都较为陈旧,很多教室都是多年前的老房子,甚至还会出现漏雨的问题。再加上很多地区的网络不通,学校也没有供教师提高自身的图书资源,甚至并没有为教师提供专门的教师宿舍,有的学校里面有一台电脑就算是条件适中的学校了,至于每位教师的伙食也都是要靠自己从家里捎带。在如此艰苦的条件下,很多新来的青年教师因为不适应当地的环境选择离开。这也就不难看出,每位教师都有追求更好生活和工作环境的需要,而该地区艰苦的工作环境和生活条件不仅阻碍了教师自身的发展与提高,还已经成为该地区小学教师流失的重要因素之一。

由表2.14分析可得出,教师对工作的满意度与日常的课时教学量有关,显著性为0.019<0.05,经进一步分析可得出,每位教师的课时量越重,

---

① 卢琦.关于全科型小学教师培养及农村小学教师现状的思考[J].湖南第一师院学院学报,2009(12):11-12.

第二章 云南省 L 县全科型小学教师发展现状及问题

则每位教师对工作的满意度越低。因此,教师对自己工作的满意度不仅与学校的设施环境、学校所在的地理位置和生态环境有关,还与教师日常的课时量的多少有着密不可分的关系。

表 2.14 教师对工作满意度与课时量的关系

内容	课时量	N	均值	σ	F	显著性
满意度	11～15 节	8	4.63	0.547	1.587*	0.019
	16～20 节	45	4.73	0.469		
	21～25 节	73	4.56	0.794		
	25 节以上	89	5.00	0.000		

(三)全科队伍的专业性有待提高

在实际的调研过程中,L 县的全科型小学教师队伍的专业性亟待提高。其中通过调查问卷以及访谈等形式对 L 县的全科型小学教师进行了抽样调查,调查结果发现,该群体缺乏培训和专业指导、专业能力欠缺的问题较为显著。

1. 缺乏培训与专业指导

教师在日常的教育教学的过程中向学生传授的内容主要是自身所学学科的基础知识,教师的专业知识不仅要依靠原先在校期间所学习的教育学的基本知识,更要依靠在职期间的继续教育并通过各种进修机会提升自身的专业知识与技能。[1]

在问卷调查和访谈的过程中一位老师是这样向我们反映的:

> 我们这里有时也会有培训,但是算起来,次数很少。有时是参加国培,但是感觉收获并不大,有些并不符合我们农村地区真实的发展情况,说起来真的是用处不大,其实我们有些老师是很想让有些专业的教师能够针对我们这里的实际情况进行一定的培训和指导的,但想想这是不可能的。我们的培训次数极少,而且在这些培训当中,有些是有点形式化了的啊,有的老师参加国培,结果签个到就走了,还没上完课,就走了一半的人了,大家也都没重视这个事情,对我们的教学或者管学生(管理学生)等方面,我们还是采取我们的老办法,并没有什么很大的改善。如果

---

[1] 张莲.农村全科型小学教师培养模式探究[J].教学与管理(小学版),2014(2):8-10.

有机会能到周围地区交流学习,我觉得应该是比较有效果的,因为周围地区大都是现实情况比较相似,所以我们老师之间的交流活动应该能传授一些教学经验,这样更有利于我们的教学,只是这样的机会太难得了,可望而不可求的。再说啦,很多教师都已经到中年,可能会觉得没有必要再进行一系列的培训啊学习啊之类的了,第一是精力有限,本身的工作量就大,没有那么多的空余时间;第二就是觉得都教了十几年二十年的书了,教学经验还算是比较丰富的嘛。(WMX)

从谈话以及问卷调查中发现,该地区的全科型小学教师较为缺乏教师在职培训的机会,有些教师会有机会参加一些校级培训和县级的教师培训,但是较为缺乏较高一级的教师培训,甚至有些教师是没有参加过任何教师的在职培训,在"您参加培训的情况"项中,有18%的教师表示"经常参加",有62%的教师表示"偶尔参加",说明大部分教师还是缺少培训的,甚至有20%的教师表示"从未参加",具体数据如表2.15所示,图2.8所示为数据的直观反映。

表2.15 "您参加培训的情况"

	频率	百分比(%)	有效百分比(%)	累积百分比(%)
经常参加	39	18	18	18
偶尔参加	133	62	62	80
从未参加	43	20	20	100.0
合计	215	100.0	100.0	

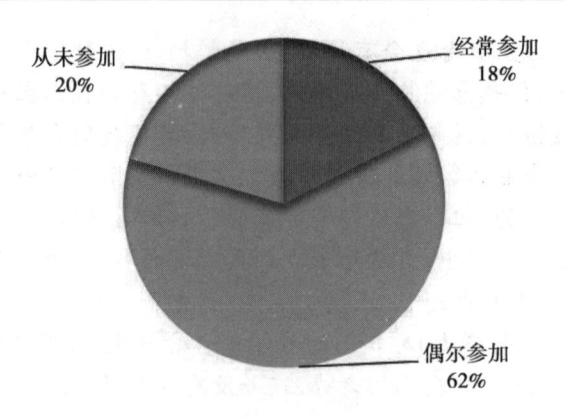

图2.8 "您参加培训的情况"

第二章 云南省 L 县全科型小学教师发展现状及问题

由于教师接受的是校级和县级的培训,所以很难获得较为先进的教学观念,不能从本质上提高自身的教学能力和综合素质。[1] 教师参加的校级培训和县级培训,大都是流于形式,在培训中一般会请一些优秀的骨干教师和职称相对来说较高的、资历较深的教师发言,众多的教师从这些优秀教师的发言内容中做记录、写心得,这些教师的发言稿大都是讲述一些自己认为较有益处的教学经验和教学方法,并没有实质性的培训内容。这种形式的培训虽然能够给教师提供一些宝贵的教学经验,但是并不能够从本质上激发教师的科研兴趣,提高其科研发展的能力。

在很大程度上,学校认为教师的职责就是教书育人,却忽视了教师也需要学习,也需要通过各种学习的机会提高自身。提高教师自身的综合素质,才能游刃有余地教授课程,承担繁重的教学任务。全科教师的培养不仅注重教师的教育理论知识,更要重视教育实习实践能力的培养。总体来说,要想针对云南省农村地区小学教育发展的现状,来提高小学教师自身的综合素质,很有必要培养适合云南省省情的定向于本省的综合素质较高的全科型小学教师,该类型的全科型小学教师具有较高的综合素质,较为先进的教学观念和想法,有利于推动云南省农村地区小学教育的发展。

2. 专业能力欠缺

教师的专业能力主要是指任课教师通过教科书等相关课程材料等来组织教学活动,最终达成教学目标的基本能力。[2] 教师的教学能力的高低直接决定着学生学习知识的效率以及知识讲授效率。专业能力是教师所必须具备的能力之一,该能力对于教师能否高效教学有着至关重要的作用。教师的专业能力可以细分为控制课堂的能力、交流能力、理解能力、反应能力、观察能力以及教学反思的能力等。在调研访谈的过程中,一位老师向我们这样描述自身的教学感受:

> 其实,我们这里的老师参加的培训次数少,一般学校组织的培训是校级或者县级的培训,这些培训中,并没有什么特别有用的内容,很多都是流于形式,所以我们通过偶尔的培训进步不了多少的,感觉不管用的,而且我们这些老师的学历都差不多,平常要教好几个班级的课程,每个人都要带好几门课程,根本没有

---

[1] 周德义.关于全科型小学教师培养的思考[J].当代教育论坛,2007(9):56.
[2] 王佳艺.全科型小学教师培养的必要性及其途径[J].湖南第一师范学院学报,2012(1):33.

那么多的时间去相互讨论和探索教学方法等。既然要带这么多门课程,所以我们主要的精力就已经不在教学的课堂本身了,只能按部就班地照着课本上的知识讲给学生,所以我们可能就不太会关注学生是否能够完全理解所讲的知识了。(HIJ)

大部分的全科型小学教师的专业能力相对来说较为薄弱,在课堂教学中,只是一味地灌输课本中的知识,并没有注意和留心观察学生是否能够接受或者已经完全理解。在所调查的学校的一节语文课上,教师只是让学生默读课文,然后开始逐步讲解课文的生字词,其并不能够吸引学生的全部注意力。由于小学生的年龄等因素,他们的注意力不会长时间地集中,顽皮和小动作也是普遍的现象,因此,教师需要用自身的专业能力和教育智慧来组织日常的教学工作,让授课的过程变成自身上课的享受,同时也让听课变成小学生感兴趣的事情。在小学语文课本中,很多课文都可以让学生进行角色扮演来演示,或者教师组织学生分角色朗读课文等,这样不仅可以增加课堂的趣味性,还可以让学生全身心投入到课堂之中。[①]

在调研访谈的过程中,对于调查问卷中"您是否经常研究实施新的教学方式和学生的学习方式"题目,只有10.2%的教师表示"经常交流",21.4%的教师表示"只有在教研活动中讨论",54%的教师表示"极少讨论",甚至还有14.4%的教师表示"没有讨论",由此可见,同学校教师间对教学方式等的交流是少之又少,具体数据如表2.16所示,图2.9所示为数据的直观效果。

表2.16 "经常研究实施新的教学方式和学生的学习方式"

	频率	百分比(%)	有效百分比(%)	累积百分比(%)
经常讨论	22	10.2	10.2	10.2
只在教研活动中讨论	46	21.4	21.4	31.6
极少讨论	116	54.0	54.0	85.6
没有讨论	31	14.4	14.4	100.0
合计	215	100.0	100.0	

---

① 王佳艺. 全科型小学教师培养的必要性及其途径[J]. 湖南第一师范学院学报, 2012(1):33.

第二章 云南省 L 县全科型小学教师发展现状及问题

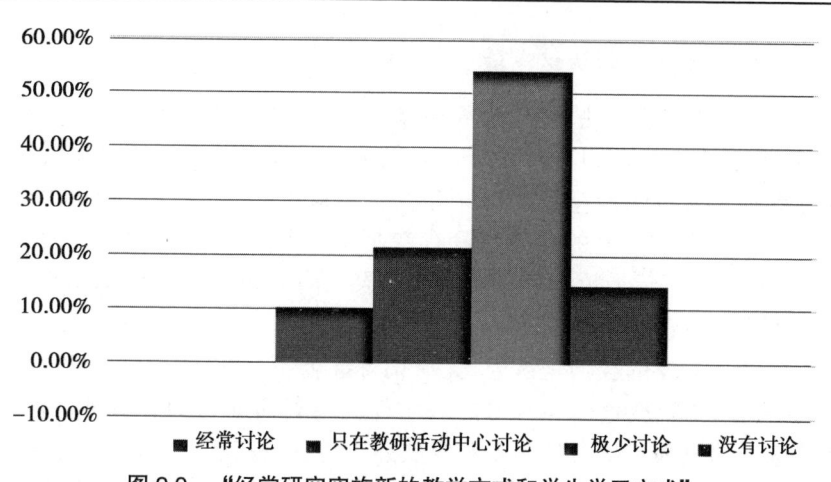

图2.9 "经常研究实施新的教学方式和学生学习方式"

教师的专业能力是教师职业的核心技能,关乎教师能否在日常的教学过程中进行高效的传授知识。具备较高的专业能力的教师,在教学过程中,自身会轻松不少,同时,学生也更容易去理解教师所讲的教学内容;而教学能力较弱的教师,不仅在日常的教学过程中会感到心有余而力不足,而且还要比专业能力强的教师付出更多的时间和精力去组织教学。教师的专业能力较为欠缺,不仅是由于教师自身的学历偏低,没有经历过教育实习实践就上岗,而且由于学校的教学条件较差,并不能够给教师提供较好的提升自身教学能力的机会,教师只能通过校级简短的校内教师培训来学习其他优秀教师的教学经验,教师缺乏观摩课堂和动手实践的机会来提高自身的专业能力。

(四)全科队伍的专业素质不符合当代教育的发展趋势

教师的专业素质涵盖的内容较为丰富,主要是指教师具有较为扎实的专业知识和理论知识,以及在日常的教育教学过程中的教育技术技能与科研能力等。[1] 在实际的调研过程中,由于该地区交通较为不便,经济发展状况落后等一系列原因,教师在日常的教育教学工作中专业素质较为欠缺,并不能激发学生的求知欲,在很大程度上影响了日常教育教学的顺利开展。因此,该地区的小学教师的专业素质水平已不符合当代教育发展对小学教师群体提出的要求和标准。通过实际的走访和调查研究等发现,该地区的小学教师的专业素质较为欠缺,主要有以下几个方面:

---

[1] 邓达."全科-应用型"小学教育本科专业人才培养刍议[J].成都师范学院学报,2013(1):7.

1. 对专业发展的认识浅薄

教师的专业发展是提升自身综合素质的重要途径。然而,在问卷调查中"您的专业发展目标"中,有17.2%的教师表示"有明确目标",但大部分教师对自身的专业发展目标并没有明确的定位,该群体的教师达到70.7%,甚至有12.1%的教师是没有专业发展目标的,具体数据如表2.17所示,图2.10所示为数据分析的直观效果。同样的,在"您觉得是否有必要提高自身的教学能力和科研能力"题目中,有47%的教师表示"有必要",但是有34%的教师是认为"无所谓",甚至还有19.1%的教师表示"没必要"通过在职教育提高自身的教学能力与科研能力的。不难发现,选择该选项的教师对待自身的专业发展并不重视,视其为没有必要,这种应付和得过且过的心理不仅使得教师自身的综合素质停滞不前,而且还会危及教师的教学心理,使他们对自身职业失去希望,产生职业倦怠感,具体数据如表2.18所示。

表2.17 "您的专业发展目标"

	频率	百分比(%)	有效百分比(%)	累积百分比(%)
有明确目标	37	17.2	17.2	17.2
目标不明确	152	70.7	70.7	87.9
无目标	26	12.1	12.1	100.0
合计	215	100.0	100.0	

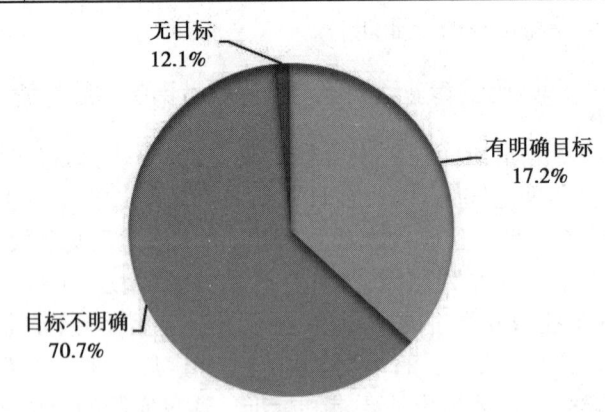

图2.10 "您的专业发展目标"

第二章　云南省 L 县全科型小学教师发展现状及问题

表 2.18　"有必要通过在职教育提高自身的教学能力与科研能力"

	频率	百分比（%）	有效百分比（%）	累积百分比（%）
有必要	101	47.0	47.0	47.0
无所谓	73	34.0	34.0	81.0
没必要	41	19.1	19.1	100.0
合计	215	100.0	100.0	

在访谈中,部分教师反映,在阅读方面自己还是较为迷茫的,不知道应该读什么样的书,处在这种较为艰苦的条件下,也不知道应该给自己定一个什么样的目标。大多数的小学教师缺乏较为先进和进步的教育观念和专业理论知识,自身的知识较为陈旧,很难与现阶段所提出的素质教育贴合在一起。[①] 总体来说,教师的专业基础薄弱一方面是由于自身学历偏低,没有接受过系统的教师教育,再者是学校并没有为教师提供提高自身综合素质的途径,再加上教师的发展方向较为迷茫,最终导致教师的专业基础较为薄弱,停滞不前。这一系列的因素最终导致农村教师没有紧迫感,并且对自身的专业发展认识不足。这种对自身专业发展的忽视使得农村教师更加重视传统经验的传授,忽视了对自身教学能力的发展与研究。教师对自身的专业发展认识不足,影响到的不只是教师自身的发展,使其目光短浅、思维方式刻板不变并且对任何事物提不起兴趣,还阻碍了学生的健康发展。

2.教学技能较差

小学阶段的教学不仅需要教师具备扎实的专业知识,还要求教师具备较高的理论素养。[②] 所谓教学技能就是指教师能够将自身具备的教学方面的技巧运用于学校日常的教学实践中,从而指导教学过程中的课程设计、讲授内容的合理安排、反思教学等。作为教师,不仅仅是一个知识的传授者,还要努力让自身成为学生学习过程中的引导者。要想教好学,不仅要有专业的教育学知识,还要具备心理学的知识,例如了解学生的学习心理,以便更好地开展教育工作。

在农村完小进行访谈的过程中,有一位校长是这样跟我们反映他们学校教师的情况的：

[①] 王淑云,孙友安.教师职业道德与专业发展概况[M].北京:首都师范大学出版社,2008.
[②] 何文洁.准中小学教师如何走向"卓越"[N].现代教育报,2015-01-05(2).

我们学校一共有六名教师。这六名教师当中，只有一名是大专学历，其余五位教师是高中学历和中职学历。我们五个人都是本地人，三个是少数民族的，也都没接受过正规的普通话的培训，有时候说话，会带有我们的民族方言等。说到教育学、心理学以及教育心理学等专业知识，……我们大都是没有接受过这些学科的，所以在日常的教学中，我们都是凭借自己多年的教学经验来解决日常的教学问题以及学生的学习问题。再说这个问题（板书），我们的老师上课一般都会进行板书，但是你也应该知道，我们没有机会去学习怎样写粉笔字，但是我们都是井井有条地在黑板上写字，还是比较有条理的，如果能有机会让我们学校的老师去参加教学技能的培训，我想我们的教学质量也有提高，还有那些我们平常有所顾虑的教学问题都会解决不少的。
（ZL）

大部分在职教师的英语水平也是极为落后的，根本不足以更好地教授小学生英语知识。规范的板书和普通话是作为教师的基本和必备条件，但是在调查中得出，很大一部分在校教师的板书并不规范，甚至在日常的教学过程中运用当地的民族语言进行授课，这不仅不能促使学生形成"请写规范字，请说普通话"的良好习惯，更严重的是阻碍了学生高效地接受知识。说普通话，写规范字是作为教师最基本的要求，而在实际访谈的过程中发现，许多教师在讲授课程时有时会使用该地区的民族语言或者方言，并没有严格按照国家的要求用普通话来讲授课程，板书也并不算规范，字体的规范程度达不到教师的基本要求。[1][2]"请写规范字，请说普通话"是要求每一个学生都能够做到，但是，作为知识的传授者，学生学习的引导者和行为标杆都没有做到写规范字，说普通话，那又如何来要求自己的学生做到？又如何才能使学生养成良好的书写和用普通话交流的良好习惯？

简笔画是小学教师必备的技能之一，当在访谈中问及老师是否会画简笔画等，一位老师的回答是这样的：

---

[1] 王晓东，朱华，张亮.加强实验教学示范中心建设促进实验教学改革[J].实验室研究与探索，2015（1）：150-153.
[2] 周德义，李纪武，邓士煌等.关于全科型小学教师培养的思考[J].教师教育研究，2007（9）：11.

第二章 云南省L县全科型小学教师发展现状及问题

> 简笔画？不会画，估计画了也画得不好。你也知道的……我们这些老师每个人的工作量是城里老师的好几倍，每位老师至少要带两门课程，少的老师带一个年级，教学量多的老师甚至要教三个年级的课程，你可以想象，我们几乎都是在讲台上度过的。至于简笔画，我们也没有那么多空余时间去学习，所以我们这里的老师应该是都不会的。（BAY）

在小学低年级的课堂中，简笔画是小学生学习的内容之一，教师没有能力自然会导致学生学习知识的缺失。[1] 在访谈中，教师普遍认为在农村教书，没有上级下来检查的领导，因此，在日常的上课中心态较为放松，也不需要规范地按照一定的课程设计来上课。这种想法和做法不仅能够反映出教师的积极进取心较弱，教学能力较为欠缺，不利于激发学生学习知识的好奇心和求知欲，最终导致教师的课堂教授效率较低，不能高效地完成教学任务。

了解课程的知识与结构是教师上好课的前提条件。在小学阶段，课程是小学生主要学习的内容，学生都处于儿童期，思想各方面并不成熟，所以，教师在日常的教学中应该将传统模式中的学生接受学习与实践探索学习相结合，通过实践探究活动，激发学生的求知欲和好奇心，以便于更高效地教授知识。在实际的教学过程中，教师并不关心课程的结构以及如何开展，只一味地想把课程原封不动的全部传授给学生，教师最终成为了课程的执行者而不是课程的参与者。小学教师需要在原有基础知识的基础上，应该掌握必要的教学技能。有些教师在访谈调研的过程中反映中年教师再去学习教学技能要耗费人力、物力，但是从某些层面来讲，掌握了必要的教学技能后，在日常的教学过程中进行教学是较为轻松的，也较为节省时间，会让教学进程事半功倍。

3. 信息技术的应用能力较弱

随着互联网时代的到来，计算机网络已经成为人们生活的必备品。[2] 因此，充分的掌握信息技术的应用能力也早已成为教师必备素质之一。虽然，在近年来国家对我国偏远农村地区投入了大量的教学新设备，但是投入了新的教学设备并不代表教师和学生就能够充分的利用这些教学设备。

---

[1] 钟启泉，崔允漷，张华.为了中华民族的复兴，为了每位学生的发展——基础教育课程改革纲要解读[M].上海：华东师范大学出版社，2001.
[2] 王慧娟.中美小学教师教育课程设置比较研究——以南京晓庄学院小学教育专业和哥伦比亚大学小学教育专业为例[D].哈尔滨：哈尔滨师范大学，2011.

在问卷"您能熟练应用和操作计算机办公软件"题目中,仅有8.8%的教师表示"熟练",33.5%的教师表示"不太熟练",40.0%的教师表示"不熟练",而有17.7%的教师是不会操作计算机办公软件的。很多教师对于计算机基本的办公软件不能熟练操作,甚至有一部分教师是不会操作的,具体数据如表2.19所示,图2.11所示为数据的直观反映。

表2.19 "您能熟练应用和操作计算机办公软件"

	频率	百分比（%）	有效百分比（%）	累积百分比（%）
熟练	19	8.8	8.8	8.8
不太熟练	72	33.5	33.5	42.3
不熟练	86	40.0	40.0	82.3
不会操作	38	17.7	17.7	100.0
合计	215	100.0	100.0	

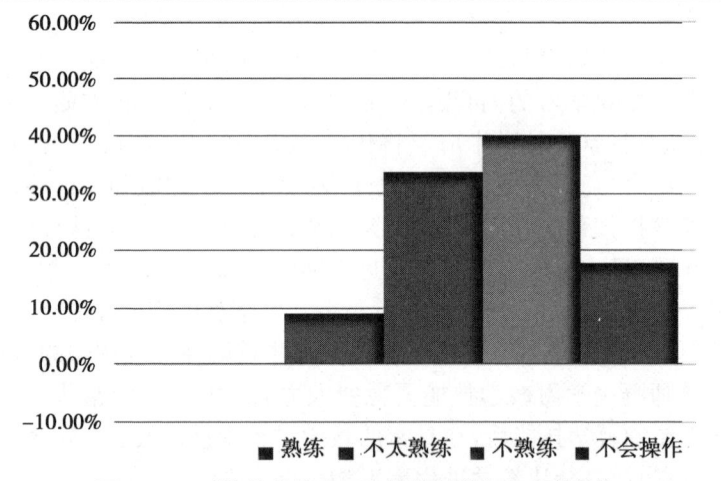

图2.11 "您能熟练应用和操作计算机办公软件"

关于能否熟练应用和操作计算机办公软件的问题,对信息技术和多媒体的应用方面并不熟悉,这就造成了该地区虽然有一部分新的计算机设施,但是教师却无法利用自身的信息技术知识向学生普及,导致学生信息技术方面知识的缺失。[1] 在很多情况下,我们通过多次的访谈发现,很多教师对于计算机基础知识是不熟悉的,同时,很多教师也并不愿意再去进行计算机基础知识的学习。在访谈过程中,有一位教师这样表示:

---

[1] 潘琰等.培养全科型教师是义务教育均衡发展的基本条件[J].长春师范学院学报,2014（1）：170-172.

第二章　云南省 L 县全科型小学教师发展现状及问题

我们学校只有一台(电脑),一般是我们老师在接到教育局的通知时,可能会用电脑进行操作,但是,有一点很不好,我们这里经常停电,我们这里的很多学校也没有组织过信息技术的培训等,所以我们很多教师对电脑的办公软件的操作都非常不熟悉,有些教龄较长的老教师是不会操作电脑的。……像我们这些三十来岁的教师一般都成了学校很多教学事务的顶梁柱,网上操作、偶尔参加培训都是我们,老教师只管按部就班地教学而已。(ZZM)

农村地区的学校各方面的条件都与乡镇的学校相差甚远,条件较为艰苦,缺乏师资,在上文的调查现状中可看出,很多学校的教师早已习惯陈旧不变的教学方法和教学方式,一般不会因为参加培训或者通过计算机上网等来改变自己早已熟悉于心的教学方式。很多地区是没有通网络的,学校或全县并没有组织教师集体开设信息技术培训课,最终使得云南某地区的小学教师群体的信息技术的应用能力早已不符合当代教育对小学教师提出的基本要求。英语与计算机是当今社会发展的必备产物,不懂英语和计算机技术的群体已经成为了新一代的文盲。[1] 由此看来,农村地区全科型小学教师具备基本的计算机技术的应用能力是非常有必要的。反之,只能使教师所在的地区和学校的学生跟不上时代的步伐,与现代社会的发展渐行渐远。

4. 道德素养不高

教师的工作与社会中大部分职业是有所不同的,教师工作面临的对象是学生,是一群独立的个体,他们都有着不同的思维、性格、能力、爱好等,这也就意味着教师工作的复杂性。[2] 学生要想实现自身的全面发展,不仅要有主观能动性,还要依靠学校中教师的教育。因此,教师这个职业不仅要承担繁重的教学任务,还要承担着教书育人的重大责任,教师不仅要利用自身较为深厚和扎实的专业知识以及先进的教学模式来教授学生学习知识,还要用自身的行为来成为学生心目中良好行为的典范和标杆。成为人师之前,一定要先成为其典范,才有资格成为别人之师。因此,教师职业的特点就要求教师必须要有高尚的品德、良好的作风。

---

[1] 续润华.提高我国农村中小学教师素质的断想[J].教育理论与实践, 2009(32):36.
[2] 陈欢.初中分科教师转化为合科教师的过程分析及启示——一名普通初中科学教师的个案研究[D].长春:东北师范大学, 2009.

由于我国东西部教育的发展速度不均衡,教师群体的建设正处于重要的转型时期,这就为教师的成长与进步增加了不少难度。[①]受社会上的不良之风以及功利氛围的熏陶,许多教师缺乏爱岗敬业的精神。由于教师的工资不高,生活环境较差,因此,少部分全科型小学教师就把自身的教师工作当作一份极其不情愿地工作,对于教学过程中的一系列教学工作采取应付和抵触的态度。与此同时,有的全科型小学教师受到陈旧教育观念的不良影响,对学生采取"专制型"的管理方式,把学生当作服从命令的机器和学习的仆人,不尊重学生的人格,偏向学生,使部分学生受到不公正对待。由于小学教师是学生人生道路上的启蒙者,教师的专职管理和不尊重学生的做法导致学生幼小的心灵蒙上了一层阴影,不利于学生今后的学习、生活和发展。[②]

　　综上所述,通过云南省 L 县全科型小学教师发展中出现的问题就足以表明,该地区的全科型小学教师队伍存在着结构性失衡、"被全科"现象严重、全科队伍的专业性有待提高以及全科队伍的专业素质不符合当代教育的发展趋势等问题。毫无疑问,存在着影响云南省 L 县的全科型小学教师发展的多重因素。

[①] 续润华.提高我国农村中小学教师素质的断想[J].教育理论与实践,2009(32):36.
[②] 陈欢.初中分科教师转化为合科教师的过程分析及启示——一名普通初中科学教师的个案研究[D].长春:东北师范大学,2009.

第三章 云南省全科型小学教师培养模式存在问题的原因

第一节 国家及政府因素

一、国家和当地政府支持力度不够

（一）政策法规不健全

美国、日本、德国等发达国家关于教育的立法较早,发展到今天已经形成了较为完善的一整套与教育有关的政策法规。以上的发达国家很早就制定了关于教师教育的政策,从制度上保障了小学教师的培养质量,为小学教师的培养拓宽了发展的空间和渠道。如德国是世界上最早颁布有关师范教育法令的国家,1763年,普鲁士颁布的《全国学校规程》中规定:教师录用必须先参加考试取得执照才能从事教学[1]。相比于发达国家,我国的教育立法较晚,1993年颁布《中华人民共和国教师法》,从根本上提出了教师享有的权利和履行的义务,为约束教师行为保障教师权益提供了法律依据。

大多数国家在教育立法方面明确要求:从事教师职业必须具有教师资格证书。如英国1975年颁布的《继续教育条例》规定,合格教师必须在修完"教育学士学位""教师证书"课程且考试合格才取得证书;德国对教师资格证书制度更有着严格的要求,德国获得教师资格证书要通过两次考试:第一次是国家教师资格考试,考试内容包括毕业论文、笔试、试讲,考试合格者可申请实习教师职位;第二次考试是在实习教师结束

---

[1] 韩蕾,左光霞.发达国家本科层次小学教师培养经验及启示[J].教育与职业,2011(26):65.

见习之前在其见习学校进行,所在学校要对学生的实践能力作出评价,第二次考试非常严格,合格了才可以获得资格证书[①]。但我国教师资格证的获取相比于其他国家较简单,如小学教师资格证,普通话测试成绩达到二级乙等以上,并且笔试科目通过《综合素质》和《教育教学知识与能力》,面试科目成绩合格,即可申请并获得小学教师资格证。这使得很大一部分非师范生盲目走向教师这份职业。但由于他们没有接受过系统的理论知识和教学实践的学习,走上工作岗位后面对小学多学科教学任务时,尤其在农村严重缺乏教师的情况下,他们不得不"被全科"。由于自身专业知识的限制这些教师并不能满足学生们的求知欲和好奇心,在专业学科上的帮助也不是很大。

我国目前的教师资格证书制度是基于小学分科教学而设计的。虽然在笔试科目《综合素质》和《教育教学知识与能力》上是面向全科的,但在面试科目中又分为语文、数学、英语、社会、科学、音乐、体育、美术等八个科目,全科型师范生在获取教师资格证时,不得不选择其中一门科目作为自己的任教学科。然而,我国全科型教师是指由具备相应资质教师教育机构专门培养的、掌握教育教学基本知识和技能、学科知识和能力结构合理、能承担小学阶段国家规定的各门课程教学工作、从事小学教育教学研究与管理的教师,按照这个定义,全科型小学教师具有"知识博、基础实、素质高、能力强、适应广"的特征[②]。这使得全科型小学教师的培养目标与我国的教师资格认定制度相矛盾,接受了全科培养的师范生,在面试时必须选择一门科目。但他们在专业表现上和分科培养的师范生相比存在差距,这不利于全科小学教师的专业发展。正是由于全科型教师的培养和教师资格认定制度的相互矛盾,我国高等院校对全科教师培养模式的探索一直止步不前,这不仅导致招生对象的困难,而且挫伤了全科培养师范生扎根农村、奉献教育事业的积极性。

由于教师资格证的普遍易得,越来越多的非师范生加入到教师队伍中,虽然他们拥有一颗关心学生、奉献学生的炙热心,但绝大多数非师范生没有接受过专业的理论学习和实践教学,时间一长难免会出现些不合格的教师。关于教师的考核评定、聘任期限、聘任方法要尽快建立明确的法律法规,为教师培养提供健全的法律保障,同时解决不合格教师的在

---

① 韩蕾,左光霞.发达国家本科层次小学教师培养经验及启示教育与职业[J].2011(26):65.
② 周德义,李纪武,邓士煌,等.关于全科型小学教师培养的思考[J].教师教育研究,2007(9):55.

第三章　云南省全科型小学教师培养模式存在问题的原因

岗任教问题[①]。关于全科型教师职称评审的问题一直以来备受争议,虽然近两年不少地方明确表示全科教师或教师兼教其他学科不影响其职称评审,国家也规定小学教师可以参加正高级教师评审,但在许多地方高级职称评审需要进行论文鉴定的条件下,全科小学教师即使论文数量尚可,但真正在鉴定时也会因"研究方向不聚焦"而被淘汰出局[②]。

(二)经费投入不足

全科型小学教师的培养是一个长期且系统的过程,在这一过程中需要大量人力物力和资金的支持。近些年国家越来越意识到教育在综合国力中所占的比重,也意识到教育对于一个国家发展的重要意义,不断地增加教育投资,尤其是增加西部地区的投资比重,但相比于东部地区的教育投资还是存在差距,因此更多的还是需要云南省各级政府"自力更生",不断拓宽经济发展渠道,从而为教育各方面的改革和发展提供充足的资金支持。《关于实施卓越教师培养计划的意见》指出:要培养一批热爱小学教育事业、知识面广、能力全面、能够胜任小学多学科教育教学需要的卓越小学教师。自启动该计划以来,虽然已于国家层面推进了全科教师培养项目的实施,各高校也在有序筹划卓越全科型教师培养计划改革项目,但在实际全科型教师培养项目开展中,相关资金还没有到位,不能有效支撑全科型教师相关项目的开展[③]。国家在培养全科型教师教育上缺乏资金投入,财政支出大部用于教师培训,如教师们的国培计划等,而用于全科型教师专业建设培养上的资金还比较少,一部分资金在实际操作过程中,由于各级政府的"金钱壁垒",并不能及时有效地应用于地方培养全科型小学教师的项目上。我国是一个经济正在飞速发展的国家,用于各项财政方面的支出较为庞大。因此对地方院校的教育投入有一定的额度,支持全科型教师培养的专项资金并不能及时到位,这对全科型教师培养的发展进度有一定的影响;一旦资金不能及时到位,正在实施中的全科教师培养项目便会叫停,以至于之前的努力白白浪费。

探索全科型小学教师的培养模式,尤其是在经济欠发达、交通不便的云南,经费无疑是一个"致命"问题。没有经费的支持,再切实可行的政策、

---

① 韩蕾,左光霞.发达国家本科层次小学教师培养经验及启示教育与职业[J].2011
(26):65.
② 张松祥.老中师综合培养模式对乡村全科小学教师培养的启示[J].教育发展研究,
2012(5):53-60.
③ 王小芳.高师院校"全科型"教师培养机制构建研究[D].长春:长春师范大学,
2016.

计划,也会因为缺少资金而变得寸步难行。由于云南省经济发展较缓慢,财政经费有限,因此用于教育的投资也就相对较少。资金的有限使得云南贫困地区各种教育资源得不到充分的补充,学校基础教育设施不够完善,很难同时满足大量教师和学生的教育需求,以至于根本无法建立一套相对较完备的全科型教师教学实践培养基地,这给当地培养全科型小学教师带来严峻的挑战。我国正处于教师教育改革不断发展的新时期,各省各地都在探索教师队伍建设的问题,这难免会形成不同省、市、自治区间的相互比较,但有些地区之间根本没有可比性,经济发展的悬殊,财政收入的不同,以及对于探索全科型教师培养的意愿等,这些都会影响经费的投入力度。在市场经济飞速发展的时期,各地教育主管部门和高校受功利主义的影响,偏爱于收益大、能切实解决政府难题的项目,因此在全科型教师培养的问题上既不予支持也不予反对,从而使全科型小学培养项目的实效性大大降低。

二、招生选拔机制单一,生源质量堪忧

培养优秀全科型小学教师的关键就是招收高质量的生源,高质量不仅体现在高考成绩上,更体现在自身的综合素质方面。但在实际的招生录取工作中,尤其是在招生对象的选择上,高校更倾向于录取文科生来学习小学教育专业,对于理科生则采取"歧视"态度,容易造成学科结构间的不平衡。教师行业一直以来都是女生填写志愿的最佳选择,再加上高校在招生录取时的单一选择,只有很少的男生会选择小学教育专业,将来真正从事教师职业的男生更是少之又少,这无疑加大了教师队伍性别结构的不平衡。再者长期受"应试教育"的影响,学校在招收录取中仍然把高考成绩作为唯一的指标,而高考成绩只是一个硬性条件,并不能代表学生的发展水平,反而会招收一些高分低能的学生,影响全科型小学教师的人才培养工作。由于农村"被全科"的教育现状,学校对全科型小学教师的需求量大,这就需要招收满足农村教育实际需要的全科型小学教师。

目前我国在全科型小学教师的培养起点方面一直存在着争论,各院校也在进行积极地探索。在招生对象的培养起点问题上有两条路径,一是招收初中毕业生并对其进行五年一贯制的培养;二是招收高中毕业生对其进行三年或四年一贯的培养。这两种路径对招生对象都没有严格要求,只要他们的中考或高考分数达到该招生单位的录取分数线即可被录取。这样简单的录取方式并没有对学生们的综合素质进行考核,也没有对其从事教师行业的专业情感进行判断,以至于导致一些学生入学后发

第三章 云南省全科型小学教师培养模式存在问题的原因

现自己根本不喜欢、不适合这个专业,继而挫伤学习兴趣,最终对该专业产生厌恶;即使凑合着学完所有专业课程并顺利拿到毕业证,他们在将来进行从业选择时也不会从事小学教师这份职业。甚至有些学生在填志愿时,是在父母的逼迫下选择了师范教育,但这些学生对教师根本就没有兴趣,以至于在学校一边抱怨一边学习,专业知识也没有学到,毕业后干脆远离教师行业。并不是每个人都适合小学教师这份职业,只有那些真正地喜欢孩子、对教师职业充满热情、对农村拥有真情的人才会从教师行业中获取对自己内心的体验和对教育事业的热忱。一个师范生如果他的个性里充满潜在敌意,那么就难以形成教师职业所需要的那份热情[1]。

目前这种宽松的录取方式,不只是对学生的不负责,还是对社会的不负责。学生们经过千军万马过独木桥才考上大学,选择的是自己不感兴趣或不适合自己的专业;国家、社会各界对学生们大量人、财、物的投入,换来的却是从事教师之外的行业,他们并没有为国家教师教育奉献自己的微薄之力。无论是选择上述哪一种招生对象的培养路径,应该选择学习成绩较优异、综合素质发展全面,且对农村和小学生有真挚情感的人,这样的人是培养全科型小学教师的优选。因此,培养单位在选择招生对象时,需要进行多次考核,不仅看重他们的成绩,更看重他们自身的素质和对农村、小学生的专业情感。这样才能提高全科型小学教师的整体素质,同时也在一定程度上提高了全科型小学教师的培养效果和质量。虽然国家在培养教师的相关文件中指出"鼓励高校增加面试环节",也有个别地区在依据中高考成绩之外,增加了一些技能测试。但面试选拔作为文化考试的有效补充手段,在实践中却迟缓不前,其原因除了"一考定乾坤"的传统观念在人们意识中根深蒂固外,深层次原因是教师培养的精英化要求与高等教育大众化现实之间的矛盾[2]。一流院校在追逐综合化的浪潮下,根本无意培养小学教师,更不要说培养全科小学教师;至于二三流的院校则由于招生市场竞争,更不可能对候选人挑挑拣瘦,能完成招生就已万事大吉;专科院校几乎就是敞开大门,候选人的质量可想而知[3]。

---

[1] 周成海. 凯兴斯泰纳教师教育思想研究[J]. 外国教育研究,2014,41(1):104-110.
[2] 张松祥. 我国教师候选人面试选拔的两难窘境、弊端与突破:基于教师专业化、精品化培养的角度[J]. 教育参考,2015(06):73-79.
[3] 张松祥. 老中师综合培养模式对乡村全科小学教师培养的启示[J]. 教育发展研究,2012(5):54.

三、学制培养不合理，难以满足全科小学教师的培养需求

在我国，湖南省是最早开展定向培养农村全科小学教师的省份，到目前，已是开展农村全科型教师培养的第 12 年，取得了较好的成绩。我国多数省份都借鉴了湖南省在培养农村全科小学教师的经验，即招收优秀初中毕业生并对其进行五年一贯的专业知识学习和教育见习、实习实践的培养，授予大学专科学历。据《农村小学教师素质现状调查研究——以湖南省为例》显示，当前湖南省农村小学教师职业道德素质总体上普遍较高；在对待农村小学教师的这个职业的认可度也逐年上升；知识素养和教学能力相对欠缺，但较往年也有明显提高；所有农村小学教师的身心素质也普遍较好[①]。虽然湖南省农村小学教师的知识素养和教学能力和往年相比有明显的进步，但不可否认的是该地区农村小学教师在专业技能和教学能力方面还是很欠缺。

随着近些年我国高等教育的迅速发展，越来越多的高中毕业生都可以进入到高校接受大学教育，这说明我国高等教育的大众化趋势越来越来明显。各省市对全科小学教师的培养也在根据当地实际情况，不断地调整用以满足当地尤其是贫困地区小学教师的师资和能力需求。全科型小学教师不仅要有丰富的教学知识和专业知识，还需要较高的综合能力，但作为初中毕业生接受了专科学历的培养后，还是很难满足我国农村地区全科型小学教师设定的要求和标准。再者由于高等教育的大众化和各高校的不断扩招，极大部分本科生更愿意选择小学教师这个专业，并在毕业后积极地投身于农村小学教师的伟大事业中，使得小学教师的学历水平有明显的提高。相比于本科生，初中毕业生在接受了五年一贯的培养后，在学历水平上还是难以满足农村全科小学教师的需求。由于我国农村全科小学教师的培养对象多是初中毕业生，按常规来看，初中毕业生进入高中，完成高中教育通过高考进入大学，这一过程一共需要六年才能拿到大学专科学历。初中毕业生经过 5 年的培养获得专科文凭，与接受 6 年的高中教育和大学教育取得专科证的毕业生来说，在时间上是较为不公平的。而目前我国对于小学教师的学历要求越来越高，但靠专科学历实在是难以应对飞速发展的教育事业和经受信息化影响的小学生。这就需要全科小学教师们应不断充实自己，从各方面提升自己的专业知识和

---

① 李俊颖.农村全科型本科层次小学教师培养模式研究[D].重庆：重庆师范大学，2014.

第三章 云南省全科型小学教师培养模式存在问题的原因

应对各种事情的能力,不断适应充满变化和发展的小学事业。

四、教师培训体系不完善

教师培训对其专业成长和专业发展有巨大的促进作用。虽然国家在一定程度上加大对教师教育投入力度,但实际应用于教师身上,提高教师专业技能的培训却是少之又少。有些地区虽然组织过多次教师教育的培训项目,只是在表面做足了文章,而实际上全科型小学教师在培训时真正受益的很少。尤其是在农村贫困地区,教师和学生数量对比悬殊,小学教师严重短缺,虽然部分教师有强烈的意愿参加学科专业的培训,他们希望通过培训,提升自己的教学能力和综合素质。但由于师资的短缺和培训资金的限制,以及农村地区培训机会少的原因,他们不得不只能待在自己任职的小学,外出参加培训和交流的机会渺茫。虽然各省市地区每年都有省培、国培计划,通过这些计划也培养了一批教学业务素养优秀的小学教师,但对于小学这个数量庞大的教师队伍来说很难达到完全的覆盖率,远远满足不了农村全科小学教师的专业需求。

入职培训是指教师在进入正式工作岗位前接受的工作培训,主要是对新入职教师的培训。培训内容主要是对教师行业的了解和对教学对象的特殊专业知识技能学习。由于全科型小学教师面对的多是农村贫困地区的小学生,这些小学生与城市小学生相比有其特殊性,因此在进行入职培训时要抓住其特殊性,给予新入职的教师们一定的讲解,使其在以后的教学中能更好地处理和学生之间的关系。

由于小学生注意力不集中、有较强的好奇心,在日常课堂上的学习效率难以在很大程度上得到提高,因此需要教师尝试新颖的教学方式吸引学生的注意力,多加入些趣味性的教学活动和小游戏调动课堂的活跃氛围,而这些都是教师们在实践中慢慢积累而来的,因此在入职培训时应多提供学习此方面的知识,以便新教师入职后能够随机应变多样化的课堂。

在实际的入职培训中,城市和农村小学差距较大,城市小学在新教师入职培训方面的效果优于农村地区。对全科型小学教师而言,入职培训是他们了解教师的一个重要渠道,通过入职培训,全科小学教师在思想和行动上都向真正的小学教师靠拢。当地政府和教育行政部门往往忽视入职培训的重要性,或由于资金问题没有类似对新手教师的培训。全科型小学教师工作环境多处于农村和贫困地区,他们时常要带两三个年级的学生,个别全科教师还要兼任班主任工作,教学班级多,教学时间长,教学任务繁重,如果在入职前没有对他们进行专业情感教育和扎根农村奉献精神的引导，难免会挫伤他们的积极性；有些教师抗压能力差，甚至会离开教师行业，这对本来就缺少师资的农村小学教育来说更是雪上加霜。

在职培训是指教师进入工作岗位中进行的专业学科知识培训。在职培训的组织方式多种多样，既有当地教育行政部门的统一安排，也有各学校根据全科小学教师的实际情况自主制定的培训。但农村小学教师的在职培训机会较少，且一些教师培训只是形式上的存在，去参加培训的教师签个名字就走，这样的培训对教师的专业成长和发展根本没有多大用处。再者，全科小学教师尤其是贫困农村的小学教师，由于工作环境、压力以及家庭因素的影响，他们没有在思想上认识到培训对教师专业成长的意义。即便是学校中有这种培训，也是在校长、主任的逼迫下才来参加，如果教师没有在思想上对在职培训有强烈的意愿和动机，那么培训的效果便大打折扣。

农村地区在教师培训资源的获取方面也存在一系列问题，由于地处贫困偏远地区，交通不便，多媒体网络资源没有达到全覆盖率，有些地方小学还没有覆盖网络信号，这为远程教育资源的发展和应用增加很大的困难。有些学校网络资源配备齐全，学校老教师根本没有学过怎么操作计算机，再加上没有专业的计算机教师，很难实现优质教育培训资源的共享。长期待在闭塞的环境中，无法参加各种教师培训项目，这使得全科小学教师无法了解最新信息；从另一方面来说阻碍教师专业发展和自身综合素质的提高。培训制度的不完善给农村全科小学教师的专业地位也带来了挑战，如果教师对待任何事情永远都是这一套，没有任何变通，且专业知识得不到丰富，无法正面回答学生提出的问题，那教师在学生心目中的地位便会发生改变。

五、三位一体协同培养政策的落实存在问题

2012年教育部颁布《关于深化教师教育改革的意见》，要求"建立高等学校与地方政府、中小学（幼儿园、中等职业学校）联合培养教师的新机制"。从政策上规定了培养全科小学教师需要地方小学、政府或教育主管部门的相互配合，需要多方力量建立协同育人的培养机制。三位一体协同培养是指地方政府为高校与地方小学搭建联络沟通的交流平台，协调高校与地方小学建立合作共赢关系。

地方政府参与并制订实施方案，遴选实践基地和指导教师。地方高校负责组织小学全科教师培养相关工作的实施管理，并与地方政府和小学共同制订小学全科教师人才培养方案、课程体系方案、教学计划、实践

第三章　云南省全科型小学教师培养模式存在问题的原因

能力与师资队伍建设方案等,指导和参与小学全科教师教改项目的研究工作,不断创新教师培养机制。地方小学负责推荐教学名师和实习指导教师,提供见习机会和实习岗位,并参与小学全科教师培养教改项目的研究。虽然我国很早就有大学和小学合作的经验,但高校在开展教师教育工作中,小学的教育工作很难参与其中,这使得高校教师教育失去了现实性与流动性。

三位一体协同培养全科小学教师政策在具体落实中出现三者责任分工不明确、责任主体相互推脱等实际问题,严重违背了协同育人的初心。地方政府作为制定教师教育政策的主体,没有考虑到高校的现实需求和实际现状,一味地扩充招生数量,导致出现教师、教学资源与学生数量严重不匹配现象。教师数量有限与不断增加的招生数量是目前高校面对的首要问题。要使政策发挥实效,各高校还需在政府的指引与监督下进行全科小学教师的培养工作,同时依据小学教育发展现状及时修订人才培养方案与政策,这是高校与政府下一步的工作发展方向[1]。再者,政府对全科小学教师联合培养的意识不足,没有意识到联合培养的重要性。此外,政府对全科教师培养、发展等资金的投入力度还是不够,无法满足全科小学教师工作的全面开展。

高校与当地政府缺乏协作和沟通,更重要的是政府与高校的办事风格和关注点有所偏倚,高校更注重的是对全科教师的培养模式和培养内容,而政府更关注的是投入和利益的回报。就目前来看,绝大多数培养小学教师的高校仍是以理论研究为主,实践活动较少,尤其是培养农村全科小学教师的高校,没有认识到学生实践的重要性,课程中用于教育教学实践的课程明显少于理论课。从本质上说,高校与小学之间是生产和消费的关系,高校必须牢记服务小学的教育使命,绝不能只管培养、不管使用,更进一步说,高校必须始终根据小学的需要来开展育人工作[2]。全科小学教师的培养需要越来越多,面对这一大好机会有些高校依然固守传统育人模式,在观念、理论、实践研究方面没有结合教师的发展需求作出创新,还是把目标定位在培养合格的师范生上,随着一届接一届学生的毕业,培养也就完成了。教学实习历来是教师教育课程的重要组成部分,据国际劳工组织和联合国教科文组织共同对79个国家进行的一项调查显示,在

---

[1] 王小芳.高师院校"全科型"教师培养机制构建研究[D].长春:长春师范大学,2016.
[2] 张松祥.老中师综合培养模式对乡村全科小学教师培养的启示[J].教育发展研究,2012(5):59.

教师教育中,教育实践类课程大约占教师教育总课时的15%[①]。但在我国高校中教育教学实习一直都是争论的重点,全科小学教师的实习见习更是五花八门。陈鹤琴先生早就批评过教育实习中走马观花、蜻蜓点水、排戏演戏、华而不实的形式和现象[②]。全科教师的性质决定了实习实践不仅要有分科实习,更要有全科实习,教育和教学都要兼顾,这样才能实现全科小学教师的真正培养。高校在教育教学实习时,缺乏考核标准,实习生的管理和安全问题存在隐患。在实习期间管理疏松,更没有指导教师对学生的表现进行量化打分,只把学生当作代课教师对待,无法帮助学生进行自我评估和专业成长。

小学主要负责提供学生实习和见习的场地,同时与高校间要经常进行有关教育理念、教育资源的相互研讨。实际上大多数高校都有自己的附属小学,但两者相互独立,相互合作与交流的机会很少。小学只是被动的接受见习实习指派工作,甚至一些优秀小学把这种实习当成负担,严重影响他们的教学进度和教学效果。实习实践的问题导致高校专业教育实践不足,缺乏实践性的支撑,使全科小学教师的培养工作陷入困境。

第二节 高校因素(培养单位因素)

一、培养方式"分科化",教师专业素养单一

欧美国家不仅重视学生对自己任教科目的深入探索,而且也注重小学教师知识层面的综合性、全面性。美国、德国、英国等国家的小学教师多采用全科教学的培养方式,在英国,由一位全科教师"包班上课"已是多年的传统,一个教师可以是兼教数学、逻辑、艺术、地理、文学等课程的全科教师[③]。所以说,欧美初等教育专业的课程设置,并不仅限于任教某一学科的学习,而是扩展到未来小学教师能够胜任小学所有的科目的学习。德国要求教师在修业阶段要学习广泛的所选专业知识和社会科学等方面

[①] 陈重.中美两国小学教师教育课程设置比较研究——以美国密歇根州立大学教育学院与首都师范大学初等教育学院为例[D].北京:首都师范大学,2009.
[②] 陈鹤琴.从师范生实习谈师范教育上的几个问题[G].吕静,周谷平.陈鹤琴教育论著选[M].北京:人民教育出版社,1994.
[③] 刘宝超.培养本科层次的全科型小学教师的思考——基于广东现实的研究[J].学术瞭望,2012(3):29.

第三章 云南省全科型小学教师培养模式存在问题的原因

的知识,至少必须具备执教两门相关学科的能力;英国要求小学教师能胜任国家小学课程标准中所有科目的教学[1]。法国认为小学教师是一种综合性的职业,教师应该有能力教授各个学科,在2007年新推出的《中小学教师专业能力标准》中,针对小学教师特别提出把多学科教学能力作为一个重要的专门领域,要求教师应该掌握小学主要学科,包括法语、数学、历史-地理、物理-技术学、生物、外语、造型艺术、音乐、体育等的教学[2]。高校本科层次设置的小学教育专业主要目的是培养全科小学教师,但在实际教学过程中主要选择语文、数学、英语三科进行分科培养,侧重于某一科进行专门培养。学生采用分科学习的方式,根据兴趣选择自己最喜欢的某门学科,课程设置以语数英中的某一学科为主,接受系统具体的学习和教育实践活动,绝大多数学生在选择学科时也出于获取教师资格证的目的,在学校学习和资格证获取方面选择同一门学科,以便日后能够从事该学科的教学工作。分科培养模式虽然有明确的学科方向,学生能从中获得某一学科基本的知识,但相比于汉语言、数学、英语等师范专业的学生而言,知识的深度相差甚远,分科教学并不能让学生获得该专业深层次的学科知识,学生专业课程的教学和研究能力的提升也是一个较大的挑战。

我国全科型小学教师是指由具备相应资质教师教育机构专门培养的、掌握教育教学基本知识和技能、学科知识和能力结构合理、能承担小学阶段国家规定的各门课程教学工作、从事小学教育教学研究与管理的教师,按照这个定义,全科型小学教师具有"知识博、基础实、素质高、能力强、适应广"的特征[3]。但采用分科培养的小学教师,他们的知识结构较单一,只对自己所学的学科有一定了解,对除此之外的知识涉猎较少,很难适应农村小学全科教师要承担两到三门多学科教学的实际需求,同时分科的培养模式也难以培养出新课程改革中对"全能型""综合型"教师的新要求。再者,采用分科培养方式的师范生在入职后并没有在学术方面显示出自己的专业优势,相反,在教师的整体素质和专业情意以及教学能力等方面则显得较为薄弱。我国传统的本、专科院校或综合性大学都是采用分科培养的方式,尤其是高校抛弃了综合培养的传统,努力向分

---

[1] 于书娟.小学全科型卓越教师培养的主要国际经验[J].教育科学研究,2015,(12):16.
[2] Les normes de compétence professionnelle des enseignants des écoles primaires et secondaires, 2007[EB/OL].[2015-3-13].http://www.education.gouv.fr/.
[3] 周德义,李纪武,邓士煌,等.关于全科型小学教师培养的思考[J].教师教育研究,2007(9):55.

科靠拢,以突出"高校化""专业化"的特点,如湖南招收的定向培养本科小学教师免费师范生,虽然在招生文件中明确指出是"小学教育专业",按理也应该"综合培养",但培养院校的培养模式仍为"综合培养,分向发展",结果还是走了分科培养的老路[1]。在《关于实施卓越教师培养计划的意见》颁布后,教育部把培养全科卓越小学教师作为此次教师培养改革的重要任务。但在实际实施过程中依然面临困难,在以地方教育部门主导的教师招聘体制下,要求聘收的是分科教师;小学教师的职称晋升制度也是以学科教学为基础的,这些都阻碍全科型小学教师培养改革的深入实行。

二、课程体系设置不合理

在美国、德国等发达国家,他们在全科小学教师培养方面有着丰富的实践经验,在课程体系的设置上更强调多样化、综合性,学生在通过四年的本科学习后能够胜任全科小学教师的工作。如美国的通识教育课程,相当于我国的公共基础课程,其中涉及的学科相当广泛,数学与母语是基础,人文知识、自然科学知识都广泛涉猎,提供给学生很大的选择空间,希望把小学教师培养成通才型人才;在德国,尽管要求教师至少必须具备执教两门相关学科的能力,但在修业阶段还是要广泛学习所选专业和社会科学等方面的知识[2]。相反在我国关于全科小学教师的培养一直采用的是分科培养的方式,学生在知识的范围和深度上确实和美国、德国等其他发达国家存在差距,想要弥补这一差距首先需要在课程设置上做出改变,但就目前我国在培养全科型小学教师的现状来看,各培养高校、单位一直存在课程方面的困扰,如何设置适合小学教育专业的课程是我国当前培养全科型小学教师的关键所在。

(一)课程内容零碎,各类课程占比差距大

目前我国高校广泛培养全科型小学教师的主要专业是小学教育专业。该专业的课程主要包括三类,一是为师范生从教提供广博综合性文化知识的公共基础课和学科专业课程,如政治、英语、体育、计算机、语文、数学等;二是为师范生从教提供必需的教育理论和技能的教育专业课

---

[1] 张松祥.老中师综合培养模式对乡村全科小学教师培养的启示[J].教育发展研究,2012(5):54.
[2] 韩蕾,左光霞.发达国家本科层次小学教师培养经验及启示[J].教育与职业,2011(26):64.

第三章　云南省全科型小学教师培养模式存在问题的原因

程,如教育学、心理学、各学科教学法等;三是为师范生从教提供教育教学实践能力的教育实习实践课程[①]。在美国、德国等发达国家三类课程的占比相当,注重均衡发展;但在我国情况则不同,三类课程占比差距较大,特别强调学科专业和教育专业课程,而教育实习实践课程所占比例甚少。

美国学校通识课程的开设范围广泛,主题丰富多样,学生可根据自己的兴趣选择想要学习的科目,在课程设置方面重视不同学科的交叉和相互联系,这样不仅能为日后成为全科小学教师打下坚实的综合文化知识基础,还能为以后处理教学中实际出现的问题提供多学科思考的角度和方法。相比于美国的通识课程而言,我国学校的公共基础课程内容相对狭窄,主要包括政治、英语、体育等必修基础课程,学生没有多余课程选择的空间。由于这类必修基础课程往往只强调考试时学分的获得,学生对此类课程的学习兴趣不高,因此经常出现学生逃课现象;加之高校教师对此类课程常采取应付、敷衍的态度,课堂氛围压抑,教学活动单一,念课本、课件的现象经常发生,这些现象从侧面加剧了学生们对公共基础课程的抵制态度,反而挫伤了学生励志成为一名优秀全科小学教师的积极性。再者由于这些公共基础课程教材都是由国家统一编制和印发的,强调的是普适性,即适合绝大多数的专业;反而没有考虑到培养全科小学教师的实际需求,即全科小学教师更多是在农村贫困学校的岗位工作,如何让这些刚刚进入校园的大学生真正从心里热爱农村同时热爱教师这份职业,这都需要通过各种公共基础课程来实现,这对本来就处于探索阶段全科小学教师的培养工作来说又是一巨大挑战。高校学科专业课程所占比例较大,注重对单一专业知识的学习,很少能够做到不同学科知识间的相互联系与融合,这导致培养出来的全科教师只精通自己的所学科目,而对于其他科目的知识完全是"门外汉",根本原因是由于我国一直以来在全科小学教师上所采用"分科培养"的方式。高校在学科专业课程方面的设置,不能局限于只选择一门专业知识的学习,这是目前我国在培养全科型小学教师时所采用的主要培养方式,即分科培养的方式。这样所培养出来的全科型教师不符合"知识博"的特征,因而在面对小学各学科的教学任务时,难免会力不从心,这就无法担负起全科型小学教师的责任。另外,在培养全科型小学教师的学科专业课程设置上,不能因为掌握的科目较多而降低学科专业知识的学习深度,所学学科知识的难度和深度不应

---

① 周德义,李纪武,邓士煌,等.关于全科型小学教师培养的思考[J].教师教育研究,2007(9):58.

局限于课程标准的要求,而是要结合当地小学的实际情况,高校对学科专业知识的难度和深度进行适当调整,使之培养出来的全科型小学教师更能适应当地小学的实际需求,对当地小学的教师发展起一定促进作用,同时能进一步提高当地教师队伍水平的专业水平。

教育专业课程是小学教育专业最重要的课程内容,同时也是成为一名全科小学教师所需的必备专业知识。这些教育理论知识不仅是整个学习阶段的重要内容,更是衡量是否能够成为一名合格全科小学教师的标准。为满足师范生教学知识与技能的需要,高校一般会开设比例较高的教育专业课程,但各个学校在教育专业课程上所选教材五花八门,甚至一个学校的不同年级所选的教材也不一样,容易在课程设置上出现杂、乱、繁的现象,最终影响全科型小学教师的培养效果。再者教师在进行教学时缺乏不同科目间知识的整合,有些教师的课程内容从一而终,一直一个样子上到现在,没有结合当前的发展对内容进行创新,如互联网、信息技术等观念没有融入小学全科教师的培养中,难以满足信息化社会对全科教师的发展需求。专业课程过度分化,采用分科培养的方式,学生只能根据所选择的学科专业学习该门教学法,忽视其他学科教学法的学习,教育综合类课程设置较少,这对以后适应全科型的教学任务起到一定的阻碍作用,同时师范生综合素质的培养也无法得到体现。

教育实践课程一直是我国师范类专业的一大难题,如果这一问题不解决将会直接影响到全科小学教师的培养质量,不利于教师的专业化成长。发达国家对于教师教学实践能力的培养尤其重视,如美国小学教育专业的实习在整个课程设置中占很大的比例,在教育专业学习的两年期间每学期都要在小学实习,前三个学期要分别从学前班、幼儿园一直实习到五年级,师范生一周有两天时间都在小学,最后整个学期选一个年级实习;实习期间非常正规,几乎与正式教师一样,要准时到校、统一着装、参加家长会等;而德国的小学教师在完成理论学习后通过国家统一考试合格后才能申请进入到见习阶段,见习阶段时间很长,而且有非常严格的考核制度[①]。目前我国高校的教育实践课程所占比例在10%左右,主要由见习和实习两部分组成。见习安排时间较短,一般为一到两周,由老师带队到小学进行观摩课的学习,同时配备专门的小学指导老师对学生的见习进行指导,但在实际情况中由于师范生人数较多,七八个人甚至十几个人挤在统一教室听课,不仅影响小学课堂的真实效果,而且大多数师范生觉

---

① 韩蕾,左光霞.发达国家本科层次小学教师培养经验及启示[J].教育与职业,2011(26):64-65.

第三章　云南省全科型小学教师培养模式存在问题的原因

得无聊,没有学习到教师必备的教学技能;实习相较于见习时间较长,通常为整个上学期或整个下学期,目的是让师范生接触真实的课堂,并将所学习的各种理论知识运用在实际课堂中,掌握必备的教学技能,以便为日后走上教师职业做铺垫。但在高校的教育实习中存在很多问题,如实习时间与毕业时间相冲突,如何找到教育实习、撰写毕业论文和找工作三者之间的平衡点,是很多师范毕业生所面临的大挑战。而学校在教育实习的管理上没有明确要求和统一安排,以至于有些学生没有实习的经历,再者学校对学生的实习没有科学的考核方式,使得实习制度只是名义上的存在。我国的大部分高校在最后一个学期进行为期一个学期的教学实习,但在实习期间学生只有教育实践课没有理论课的学习,一旦学生在教学实习过程中在教学技能或其他方面出现漏洞的时候,不能通过学习教育专业课以弥补教学理论上的不足;针对这种情况我国高校可以在学生的教学实习期间,根据实际需要开设一些课程,以补充学生实习过程中理论上的不足[①]。

(二)课程资源开发不足

由于我国全科型小学教师的培养还处于探索时期,课程设置还存在很多需要改进的地方,而对于全科型小学教师的课程资源开发更是有待思考和探索。多数高校全科小学教师的课程资源开发是根据其他师范专业课程资源的开发模式,但全科小学教师有不同于其他师范专业的鲜明特点,这也就说明全科小学教师的课程资源开发与其他的课程资源开发是不同的。由于全科小学教师广泛存在于农村小学,如何培养适应农村的全科小学教师成为解决农村教育的关键举措。由于城市与乡镇的课程资源存在较大差别,如果在培养全科小学教师时,仅仅现有的课程是无法适应农村教育现状的,课程开发要紧紧围绕农村的实际,否则就会出现课程开发与实际不相符的情况。此外教材资源的单一性,教材内容的陈旧,不能结合该课程的最新主张,缺乏开阔的视野来看待该课程,久而久之狭窄的课程视野导致课程内容局限于狭窄视野下的课程资源,由此便不能脱离课程内容陈旧与单一的牢笼[②]。培养全科小学教师的课程资源无法满足农村教育的实际需求,这在很大程度上是因为高校对课程资源,尤其是适合农村当地的特色课程资源开发不足的原因。

---

① 苗雪刚.美国全科型小学教师职前培养模式研究——以密歇根州立大学为例[D].石家庄:河北师范大学,2015.
② 王小芳,郭飞君,杨娇.高师院校全科教师培养的资源建设体系策略研究[J].赤峰学院学报(自然科学版),2015,31(9):228.

三、教学管理方式单一

全科型小学教师的培养应立足于解决农村贫困地区的教育问题,这就需要培养单位创新培养方式,适时摒弃原有的单一的教学培养模式,结合当地教育的实际情况,培养出真正能够扎根农村的全科型小学教师。但目前我国在培养全科型小学教师的实际中,确实存在教学管理方式单一等问题,教师仍采用讲授的方法进行理论内容的学习,所讲的内容一成不变,没有结合当今教育教学发展的最新事例进行创新,将最新的教育情况融入课堂中。在这样的课堂,不仅教师的专业发展得不到进步和提升,而且学生也无法了解最新的教育信息,难以跟上教育发展的大潮流。多数教师愿意采用自己一成不变的教学风格,十几年来没有发生过变化,这是绝大多数教师的真实想法。他们认为课堂教学就是教师向学生讲述清楚授课内容即可,不需要使用多元丰富的教学方式,仅靠一张嘴就可以实现这一点。教师一成不变的教学方式无法满足新时代学生的学习方式,实践性课堂的缺乏,导致教学和学生双方的矛盾越来越激化,最终使得教师与学生无法实现共同进步。教师是培养全科型小学教师进程中的主力军,是与学生接触最多的一类主体,教师的向师性、教学行为与教学方式必然会影响着下一代教师的教学习惯。因此,以知识的单一讲授为主的教学显然不适应未来教学发展。随着时代的发展,学生们的审美风格也在发生着改变,以往严肃、古板的教师授课风格已不再成为学生所追捧的。相反,学生们更倾向于幽默、自然的教师授课风格,显然,目前的教师对教学方式方法的改善还不到位[1]。学生的课堂反应也是影响教师教学效果的重要条件之一。当前学生受互联网等外界媒体的影响,对知识渴求程度和探索精神相比于以往大大降低,教师和学生之间的课堂良性互动减少,往往发展为教师"单口相声"课堂,长此以往必然出现教学方式的单一现象。学生所使用的教材多是旧版本的,不能彰显创新性和时代性相结合的特色。教材的单一,不仅限制教师的专业发展,而且对于教师对学生的学习、了解并致力于教师这门职业有不利影响。学生获得知识的来源仅限于教师教材,缺乏从实践中获得知识的机会,使得学生们所学的理论内容和教育实际中的问题出现分歧,最终其难以将所学应用到现实的教学课堂实际中。

---

[1] 王小芳.高师院校"全科型"教师培养机制构建研究[D].长春:长春师范大学,2016.

第三章　云南省全科型小学教师培养模式存在问题的原因

高校教师在全科型小学教师的培养方面虽然有较强的专业素养,但还是缺乏在一线小学教学的经验,而一线的教学经验是培养全科型小学教师重要的资源。只有让在校学生真实地感受到一线教学,他们才能在学校学习中掌握更多适合一线教学的方式和方法。全科型小学教师的培养对高校教师也提出了更高的要求,不仅需要本院教师的教学,还需要高校内部不同院系教师的相互协助。可见全科型小学教师的培养需要不同跨学科专业教师的支持和帮助。但在实际的高校中,由于高校教师的教学和科研压力,他们外出接触一线教学的机会较少,更无暇提升自己的专业技能,使得在培养这些新教师时有些力不从心;另一方面,高校院系之间的"争斗"使得不同领域的教师很难实现合作,尤其在当前多元化人才需求加大的改革进程中,单一领域的教师难以胜任全科型师范生的综合类培养工作,需要教师教学资源的整合,优劣互补,不仅需引进小学一线教师也要协同其他高校教师合作培养全科型教师,打造人才培养联盟,弥补现有师资素养的不足[①]。

第三节　教师自身因素

作为学生正式意义的启蒙教师,小学教师自身的性格特征和教学能力必然会影响学生的成长和发展。云南省特殊的地理环境和经济发展使得该地区农村教育落后于同类地区,偏远贫困地区的教育更是远远低于全国平均水平。对于云南省偏远贫困地区的学生而言,绝大多数是留守儿童,他们从小就经历了与父母长期分离的生活,更是没有享受过来自父母的关心和爱护,相比于其他孩子他们更需要得到教师的呵护和温暖,可见全科型小学教师所承担的责任更为艰巨。教师不仅要完成常规管理和规定的教学任务,还要了解每一位学生的家庭情况,细心倾听他们的心声,并及时帮助他们解决生活和学习上的困难,进而才能努力成为一名合格的全科型小学教师。这对教师们的教学能力和专业情感提出了更高的要求,加上云南农村环境的艰苦性和农村教师特殊性,这就要求云南省全科型小学教师要比我国其他地区教师具备更崇高的奉献精神和更为全面的专业能力。当师范生们接受了学校理论知识的学习后,真正走上全科

---

① 王小芳.高师院校"全科型"教师培养机制构建研究[D].长春:长春师范大学,2016.

型小学教师的岗位时,繁杂的日常事务和复杂的心理时常会影响他们的初心,甚至会改变当初一心从教的信念,使教师出现自我发展意识淡薄、专业情感不深厚等问题,因而不利于云南农村小学教育事业的持续发展。

一、工作动机不强,自我发展意识淡薄

由于全科型小学教师承担的责任比一般教师更为艰巨,因此他们更容易出现自我发展意识不足的现象,如一部分全科型小学教师对于目前的教学现状较为满意,缺乏积极进取的意识和不断奋斗的动力,对国家的各项教育改革政策和学校组织的各类课程改革活动存在抵触心理,不积极参加各种提高自身专业能力的培训,一直按照自己原有的教学方式、方法组织教学,这不仅无法调动学生的课堂积极性,反而会使自己出现倦怠教学的状况。教师工作动机是指为满足教师工作的需要,推动其完成教书育人这一特定目标的稳定的心理倾向性,教师工作动机的强弱直接影响着其从事教学工作的积极性,进而影响教师的专业发展[1]。由于云南地区全科型小学教师的工作任务更艰巨、工作环境更艰苦,在日常的教育教学过程中要花费大量的时间和精力,大多数人的普遍想法是按时完成规定的教学任务,从这一点来看,全科型小学教师的工作动机不强,没有较强的工作动机,对于如何提升自己的专业能力,促进自我发展方面的事情也就无暇顾及。

近年来云南省针对如何提升教师队伍建设等一系列问题,提出多项支持计划,如2015年出台《云南省乡村教师支持计划2015—2020》,指出要结合云南省实际情况,同时遵照国务院的要求,从总体要求、主要措施和保障实施三个方面出发,以"下得去、留得住、教得好"为中心,提出乡村教师要从思想政治素质、师德建设、乡村教师补充渠道、生活待遇、编制标准、职称评定、交流制度等八个方面提高教师素质,提升教师队伍建设质量,减小城乡教育差距,促进教育公平[2]。但对于全科型小学教师而言,他们往往是"被全科",本来自己的专业能力就不全面,却还要任教自己没有接触过的学科,导致工作热情丧失,巨大的工作压力使得这些教师们对教学上的创新很少关心,同时也很少有课余时间去研究怎样提高课堂效率,如何让学生们掌握更多的知识,他们反而会认为一成不变、安于现状的工作就是最好的。在这种想法的影响下,教师们往往只考虑到眼

---

[1] 辛朋涛.教师工作动机研究[D].兰州:西北师范大学,2007.
[2] 张晓文,张旭.从颁布到落地:32份《乡村教师支持计划》文本分析[J].现代教育管理,2017(2):69.

第三章 云南省全科型小学教师培养模式存在问题的原因

前的利益,忽略了学生的发展和长远的利益诉求。更是有些老教师态度强硬,拒绝参加任何有助于自身专业发展的教研活动,不仅对学校教学活动的顺利实施产生消极影响,而且不利于全校教师队伍的专业发展。

全科型小学教师是为解决农村师资短缺等现实问题而适时出现的一种培养模式,相比于城市地区的教师,农村贫困地区的全科型小学教师工作动机不强,自我发展意识淡薄,他们普遍认为钻研教学改革、提升教学能力是城市地区所属学校教师们要考虑的事情,和他们这些农村教师的关系不大。再者农村的全科型小学教师多是中专或高中毕业,自身专业能力有限加上当地教育培训机会少,接触的信息有限,他们很难跟上教育改革和发展的步伐。有些新入职的教师刚开始还抱有一腔热血,准备将自己的一生奉献给教育事业,但看到农村小学教育的实际情况后,心中不免有几丝酸楚;此外新教师往往会受到老教师的打压和抑制,即使有较强的自我培养意识,长期处于压抑的工作氛围中也会渐渐失去提升自我的动力。没有教师的自我专业发展意识,教师就会缺乏专业发展动机,进而对自己的教育教学工作缺少热情,正如叶澜教授所言,教师的专业发展意识会对教师自身的发展路线起到很好的规划调节作用,才能使得教师的自主发展呈现一个动态的良性循环,并能保证发展方向的正确性[①]。

二、专业情感不深厚

而在实际中,全科型小学教师不仅需要承担多门学科的教学,同时还要负责班级的日常事务管理和对个别学生的辅导等工作,从工作时间和工作难度来看,全科型小学教师比一般教师要承担更多的责任,这就对全科教师的专业情感提出了更高的要求,需要他们更多的奉献精神和责任感。综合来说,全科型小学教师的专业情感主要表现在以下几个方面:一是具有崇高的职业精神和敬业精神,热爱小学教育事业,具有高尚的教育观;二是为人师表,教书育人,具有正确的教师观;三是关爱学生,平等对待每一位学生,具有"以人为本"的学生观;四是不断进取,促进自我专业的发展等。在本书中,将这些教师专业情感的具体表现总结为:一是对教师职业的认同感,二是对农村教育事业的情怀。因此,云南省全科型小学教师专业情感不深厚主要表现在以上两方面。

---

① 华晓妮.全科型小学教师专业发展的调查与研究——以青岛市李沧区为例[D].青岛:青岛大学,2017.

(一)教师职业角色认同较低

教师职业认同是教师主体与教师职业客体之间的一种相互关系,作为主体的教师在职业认同这一动态关系中处于主体地位,因而教师主体作用的发挥与教师对职业本身的认识密切相关[①]。全科型小学教师的职业角色认同是指全科教师对自己所从事教师职业的认可和接受程度。农村全科型小学教师还是一个较新的概念,对于师范生们来说,尤其是对自己职业的认同和看法会直接影响他们以后的从业方向和择业选择。

绝大多数师范生在选择专业时并不是出于自身对教师行业的热爱,而是听从了父母的建议,认为教师是一份稳定且收入有保障的工作。这种想法会在学校学习和教学工作中慢慢滋生为一种消极情绪,导致师范生们迷失自我,缺乏对教师职业角色的正确认识,从而阻碍了自我发展。师范生们缺乏职业认同,在学习过程中就会失去学习的目标,久而久之就会失去学习的动力。他们对教师职业角色没有深刻的认识,即便是日后走上教师行业,对自己是否终身从教,能否将自己的一生奉献给教育事业等都会成为他们优先考虑的问题,一旦出现这种心理,教师自身的人生规划和专业发展难免会面临巨大的挑战。当一名师范生经过多年的理论知识学习,终于成为一名真正的全科型小学教师时,却因为自己对教师职业角色的认同感较低,当教师只是为了满足父母的愿望,而自己本身根本就不喜欢教师。一旦新手型教师出现这种心理,他们很难真正全身心投入到工作岗位中,更无心钻研教学,时间一长,便会出现职业倦怠现象,以致于对教师专业发展产生不良影响,甚至会使一部分教师离开现有工作岗位而从事其他非教育工作。

无论是新教师还是老教师,都不可避免会受职称评定、岗位晋升等因素的影响,这些外在因素通常能够指引教师的发展,以至于部分教师盲目地追求晋升和职称评定等,而对教学、教材的研究会大大减少,这在一定程度上会影响教师对自身职业角色的认同度,最终会决定教师是否能正确认识其自身职业角色,能否投身于全科型小学教师的队伍中为小学教育事业的发展贡献一己之力。全科型小学教师要承担多门教学科目,还要负责班级的日常事务管理,沉重的教学任务使得教师们难以抽出学习的时间,同事间相互学习的机会也减少,在这种教学压力下,会使全科型小学教师身心疲倦,时间一长,会导致职业倦怠。教师对其职业的认识和

---

① 华晓妮.全科型小学教师专业发展的调查与研究——以青岛市李沧区为例[D].青岛:青岛大学,2017.

看法以及对该职业的价值认同是专业发展意识形成的前提,如果仅仅把教师看作是国家教育方针、教育政策的执行者,盲目按照社会规范和社会准则教书育人,就会使教师失去对自身职业的认同,也就不会获得职业幸福感;教师在教育教学中便会失去工作动力,也就无法实现提升和丰富自身生命意义的目标[①]。

(二)缺乏农村教育情怀

"教育是一项基于信念的事业,也就意味着教师的行为更多的应该是自发的、真诚的、内源性的,而不是出于外在强制和纯粹基于个人私利的;是高度自觉的,而不是盲目的;是基于生命的灵动与热力,而不是机械、麻木与冷漠"[②]。"即使有最完善的法案,最英明的指令,最好的教科书,而负责去实施的人没有饱满的热情,对自己的使命不是满腔热忱,对事业不付出激情和信仰……那么一切都是枉然的"[③]。如果一名全科型小学教师缺乏对农村教育深厚的情感就做不好农村小学教育工作,就不可能热爱农村小学教育事业,更不可能扎根农村、献身农村教育。小学阶段所经历的事情对其以后的发展将产生重要影响,作为具有启蒙意义的全科型小学教师对学生的身心将会产生不同程度的影响。全科型小学教师要承担比一般教师更多的责任,不仅承担多门学科的教学任务,而且是班级的日常管理者和学生的倾诉者、倾听者。繁重的工作对全科型小学教师的专业情感提出更高的要求,特别强调对农村教育事业的责任感和使命感。但培养对农村教育事业的情怀在高校理论学习中是学不到的,即使师范生们在实习实践期间,接触到真实的农村,在和学生的朝夕相处中感受到教师崇高的责任感,但当这些全科型小学教师真正到达自己的工作岗位时,面对各种"问题"学生和沉重的教学负担很难实现作为一名教师的使命和责任。在实习过程中,师范生只是作为弥补师资不足的手段,帮助其所在学校完成规定的教学任务,并没有专门的指导教师为其提供主动研究和探索农村教育的机会,师范生们无法体会农村全科型小学教师的责任和义务;再者,只是通过与当地小学生的简单交流并不能了解他们的生活状态和对知识、未来的渴望,也就无法培养师范生们对

[①] 华晓妮.全科型小学教师专业发展的调查与研究——以青岛市李沧区为例[D].青岛:青岛大学,2017.
[②] 肖川.教育:基于信念的事业[J].湖南师范大学教育科学学报,2015(1):32.
[③] 郭元祥.综合实践活动课程设计与实施[M].北京:首都师范大学出版社,2001.

农村的真情实感[①]。

云南省的全科型小学教师多在农村且较贫困的学校任职,农村的经济发展对全科小学教师教育情怀也产生一定的影响。这些刚刚毕业的大学生只身来到农村,满怀期待与渴望,准备将自己所学习到的知识毫无保留地交给学生们,但往往事与愿违。大多数毕业生看到交通不便、环境恶劣、经济落后的农村,一时难以接受理想与现实的巨大落差而选择离开,这说明他们在学校没有专门的课程帮助其建立扎根农村小学教育事业的深厚情感,一旦到了真实的农村,也就无法产生扎根于基层教育事业的决心。更有些新入职的教师抱有"试试"的心态,认为只要待几年后就会习惯,但随着时间流逝,这种"试试"心态逐渐发展成一种消极的"抱怨",本来就对农村教育没有太多深厚的感情,加上长期的消极心态,势必会对教师行业产生越来越多的反感,最终会离开教师岗位。

三、教学反思少,没有养成终身学习的意识

反思性教学指教师通过行动研究,探索与解决自身和教学目的以及教学工具等方面的问题,把"学会学习"和"学会教学"结合在一起,并努力提升教学实践的合理性,不断使自己成为学者型教师的过程[②]。作为一名教师应该具备教学反思意识,及时发现教学过程中的问题,不断改进教学行为,从而提升自己的教学能力,这不仅是教师学习和进步的重要途径,更是符合我国所倡导的终身学习思想。由于全科型小学教师要承担更多的教学任务和管理日常班级事务,虽然他们也知道教学反思有利于提高自己的教学能力,但由于时间紧、任务重,加上所在学校的教师队伍整体质量较差,即使发现了教学过程中出现的新问题,也难以寻求到帮助。尤其是新入职的教师,他们本身教学经验就不足,刚毕业就要承担如此多的责任,难以在保证教学质量的前提下,通过教学反思提升教学经验。此外,云南省全科型小学教师学习共同体的交流机会较少,哪怕是在同一所学校的全科型教师他们相互间交流经验的机会也很少,年轻教师很难有机会学习到不同的教学经验,更不用说是通过开展教学反思会提升自己的专业能力了。这些教师们认为反思就是在脑海里想一想,没有进行专门的教师反思交流会,因而对他们来说,这种"反思"缺乏对教学问题深入分析,更无法促进教师的专业成长和发展。

---

① 郭军英.基于需求导向的农村小学全科教师培养问题研究[D].烟台:鲁东大学,2018.
② 庞国彬.小学教师专业发展[M].北京:高等教育出版社,2013.

第三章　云南省全科型小学教师培养模式存在问题的原因

教师通过教学反思,相互间交流不同的教学经验,在这一过程中逐渐养成终身学习的意识,这也是当前国际教育改革和发展的新趋势,要求教师要有终身学习的意识,从而不断完善其自身的专业发展。全科教师要具备多学科的知识和进行多学科教学的能力,因而对教师的学习能力有更高的需求,这就需要教师拥有不断学习、终身学习的能力,这种能力是一种持续的学习过程,即培养教师养成主动的、不断探索的、自我更新的、学以致用的和优化知识的良好习惯[1]。终身学习拓宽了教师专业发展的生涯,使得教师在教学中也能不断学习,有利于调动教师的自觉性和主动性,从而不断提升专业发展能力。但在实际教学中,这些全科型小学教师们很难做到一边教学,一边学习,终身学习更是难以达到的。有些年纪较大的教师甚至认为自己已经教学这么多年了,教学经验比较丰富,足以完成多学科的教学任务;但当今知识更新的速度加快,且有关教育的信息越来越丰富,如何辨别这些知识和信息,怎样才能结合最新的教育理念帮助学生更好地学习和成长,这都是作为一名全科型小学教师需要掌握的知识,因此全科型教师也应不断学习新知识,在学习中和教学中实现自己的专业发展。

---

[1] 华晓妮.全科型小学教师专业发展的调查与研究——以青岛市李沧区为例[D].青岛:青岛大学,2017.

第四章 云南省全科型小学教师培养模式构建的策略

第一节 国家及政府方面

一、加强支持力度

(一)健全相关政策法规

当前世界各国基础教育发展势头较好,衍生出了包班制和小班化教学,并一度成为发达国家基础教育阶段主要的教学组织形式,这种教学组织形式使得全科型教师的培养成为世界教育发展的必然选择。相比于美国、德国等教育发达的国家,我国的教育立法较晚,因此在加强教育立法的同时还要健全相关政策法规以保证我国教育事业的良好发展。如《中华人民共和国教师法》的颁布为约束教师行为和保障教师权益提供了法律依据。基于我国当前基础教育的发展现状和提高乡村教育质量的任务,全科型小学教师的培养是我国在基础教育阶段建设高质量教师队伍的关键内容,为此国家颁布了一系列政策,如 2012 年教育部颁布《关于大力推进农村义务教育教师队伍建设的意见》,提出为农村学校定向培养并补充"下得去、留得住、干得好"高素质教师;采取定向委托培养等特殊招生方式,扩大学校中的双语教师和音乐、体育、美术等紧缺薄弱学科及小学全科教师的培养规模;2014 年教育部颁布《关于实施卓越教师培养计划的意见》,指出针对小学教育的实际需求,重点探索小学全科教师培养模式,培养一批热爱小学教育事业、知识面广、能力全面、能够胜任小学多学科教育教学需要的卓越小学教师;2015 年国务院办公厅印发《乡村教师支持计划(2015—2020)》指出到 2020 年努力培养一批高素质、勇于奉献、愿意扎根在乡村的教师队伍,鼓励地方政府和师范院校根据当地农村

第四章 云南省全科型小学教师培养模式构建的策略

的基础教育的实际情况,采取多种方式定向培养"一专多能"的乡村教师。在深化改革发展教师教育的大背景下,国家相继出台了有关教师教育的文件,从政策上提出要培养一批能够胜任小学阶段多学科教学任务的卓越的小学教师,采取多种方式定向培养"一专多能"的乡村教师等。但目前我国关于全科型小学教师培养的法律法规尚不健全,缺乏对全科型小学教师培养的中长期发展规划。这些政策和文件只能给当地政府提供一个行动上的引导和指南,并不能真正地给出全科型小学教师培养的具体路径,还是需要各省政府结合本省小学教师队伍的具体情况探索一条适合本地实际的培养全科型小学教师的道路。

任何教育改革的发展都需要有宏观政策的引导和支持,同样在推行培养全科型小学教师项目之时,更需要国家的政策支持和当地政府的具体规划,只有这样才能确保全科型小学教师培养模式项目的更好落实和实施。云南省基础教育的发展受地理、资金、资源等条件的限制,交通闭塞、发展落后的许多地区小学教师"被全科"现象严重,云南省教育主管部门应在国家政策的指引下,根据本地小学教师队伍的现状培养"一专多能"的全科型小学教师,从而促进云南省基础教育的发展和教育公平的实现。在《乡村教师支持计划(2015—2020)》的指导下,2016 年 1 月,云南省政府出台了《云南省乡村教师支持计划 2015—2020》,结合云南省教师队伍建设的实际情况,遵照国务院要求,从总体要求、主要措施和保障实施三个方面呈现,以"下得去、留得住、教得好"为中心,提出了加强乡村教师师德建设,创新乡村教师培养模式,拓展乡村教师补充渠道,提高乡村教师生活待遇,深化乡村教师管理改革,提升乡村教师能力素质,完善乡村教师激励机制,强化各级政府责任八项措施来加强教师队伍建设[1]。在出台《云南省乡村教师支持计划 2015—2020》后,各学者结合云南省实际情况加以补充,如创新乡村教师培养模式,培养小学全科教师;鼓励师范院校培养双科学生,提高教师工资收入,调整教师的教龄补贴[2]。在实施国家政策和政府文件的过程中,当地各级政府要对落实到高校的教育政策有完善的监督和指导,各部门之间相互合作,具体到高校方面:要依据政策的导向和办学条件,适时扩大招生规模,不要一味地强调数量与形式上的发展,更要注重质量与内涵层面的建设,这是影响全科型

---

[1] 云南省政府.云南省乡村教师支持计划(2015—2020 年).2016.
[2] 成巧云,施涌.云南省义务教育教师队伍结构的城乡差距及对策[J].大理学院学报,2015(5):87-88.

小学教师教育实效性的重要因素①。

  教师资格证制度使得从事教师职业变得简单易行,师范生只要能够通过普通话测试便可以获得教师资格证书;而近几年更是资格证考取的"狂热年",非师范生只要可以通过全国统考的综合素质和教育知识与能力两门科目,并获得普通话二级乙等以上就可以取得教师资格证书,教师门槛的低化使得越来越多的非师范生走入教师队伍。这些非师范生之前没有接受过系统的理论学习和教育实践,在面对教学时常出现心有余而力不足的情况,更不要说非师范生在成为全科型小学教师后所面对的各种困难。因此,要对教师资格证的获取进行改革,设置专门适合全科型小学教师的考核方式,真正使全科型教师具备"知识博、基础实、素质高、能力强、适应广"的特征。通过严格筛选获得资格证人群,努力做到从源头上提高全科型小学教师的整体素质和质量。同时针对全科型小学教师的特殊之处,建立科学的聘任制度,解决不合格教师的在岗任教问题;关于教师的考核评定、聘任期限、聘任方法要尽快建立明确的法律法规,为培养全科型小学教师提供健全的法律保障②。

(二)增加资金投入

  经费投入是开展全科型教师培养工作和确保培养质量的前提和保障,正如湖南省在准备实施农村小学教师培养时,就计划"十一五"期间由省财政安排专项经费2亿元,为全省农村特别是边远贫困地区乡镇以下小学定向培养小学教师1万人,省财政厅直接将经费划拨到培养学校,全额用于定向师范生的培养,培养对象不仅免缴学、杂费,而且还可享受一定生活费补助③。从湖南省的做法可以看出:只有把资金真正落实到全科型教师的培养工作上,才能解决当前我国贫困地区小学教育的发展问题。资金是农村贫困地区教育发展的重要因素,只有拥有足够的资金支持,才能为农村地区的教师和学生提供更好的物质条件和生活环境。国家应更注重对偏远地区教育的投入,同时也要鼓励和支持社会各界对贫困山区地区的教育事业的捐赠和投入。政府和相关教育部门可以为全科型小学教师的培养提供专项发展资金,从而保证探索全科型教师培养工

---

① 王小芳.高师院校"全科型"教师培养机制构建研究[D].长春:长春师范大学,2016.
② 韩蕾,左光霞.发达国家本科层次小学教师培养经验及启示[J].教育与职业,2011(26):65.
③ 周宁之,周赞梅.全科型小学教师的"全科化"培养研究[J].湖南师范大学教育科学学报,2016(6):99.

第四章 云南省全科型小学教师培养模式构建的策略

作有良好的资金支持。如在学科专业建设和师资队伍建设等方面加大投资力度,为培养"知识博"的全科型教师提供学科专业资源和师资资源,以确保培养工作的顺利实施。只有政府及社会各界加大对山区教育事业的投入,才能够逐渐改善学校危房、早已破败不堪的课桌椅以及陈旧、无法阅读的图书等,才能把提升教师的工资变为现实,孩子们才能够在明亮、安全的教室里学习知识[1]。在确保国家和政府的资金真正发挥作用的过程中,还需要教育各部门间相互监督,避免出现挪用资金和贪污受贿的腐败现象。资金的支持不仅促进了全科型教师培养工作的顺利开展,还使得教师的工资得到提升,学生的学习环境得到改善;更是促进了贫困地区教育事业的发展,有利于缩小我国不同地区的教育差距,最终促进我国教育事业的整体进步。

二、多渠道招生选拔,定向培养优秀初中毕业生

教育部在《关于实施卓越教师培养计划的意见》中提出"推进多元化招生选拔改革——通过自主招生、入校后二次选拔、设立面试环节等多样化的方式,遴选乐教适教的优秀学生攻读师范专业。这给自主招生的院校充分的自主权,通过自主招生筛选掉一些成绩较低的生源;在入校后的二次选拔中,选拔条件更高,往往是不同学校根据本校的特点自行组织选拔测试;在最终的面试环节中,不仅考察学生的综合素质,还考察学生的心理素质和对教师行业的态度,最终通过三层甚至更多层的筛选和测试,选拔出高质量的生源。非自主招生的高校也可学习这种方式,在凭中考或高考成绩录取的同时,在学生们入校学习一段时间后,进行二次选拔,通过二次选拔可以真正选取那些有资质且乐教适教,有教师行业有坚定的职业志向和对农村小学教育有深厚情感并愿意扎根农村的优秀学生进行培养。这样不仅为全科型教师的培养选拔出更适宜的学生,还帮助一些在父母逼迫下选择师范类专业的学生及时更改专业,找到自己感兴趣的专业,以免在日后的学习中因不喜欢师范类专业而丧失学习兴趣和学习动机。从事教师职业必须要打心底里喜欢,并且能做到"敬业乐群",这样的教师才能真正地传授学生知识,同时奉献教育事业。

各省市关于全科型教师培养的招生对象大致分为两种:一种是以初中优秀毕业生为招生对象,代表省有湖南省;一种是以高中优秀毕业生为招生对象,代表省区有广东省、广西省、重庆等;以初中优秀毕业生为

---

[1] 周淑卿.课程发展与教师专业[M].北京:北京九州出版社,2006.

招生对象的省市培养的是专科层次的全科型小学教师,而以高中优秀毕业生为招生对象的省市则是培养本科层次的全科型小学教师[①]。从常理上讲,高中毕业生在综合素质和能力各方面都优于初中毕业生,但从湖南省探索全科教师的历程来看,高中毕业生的整体素质在降低,且随着高等教育的大众化,高中毕业生的生源质量普遍降低,这给全科型教师的培养带来巨大的困难。据调查,初中优秀毕业生的可塑性比高中优秀毕业生较强,主要原因是高中毕业时的年龄已在17、18周岁,这个时候身体的各项发育程度已初步达到成人状态,倘若再对他们进行艺术类课程的培养,无论是在心理还是身体上都已错过最佳培育期,很难达到培养全科型教师的目标。再者经过高中三年的分科学习,文科和理科所接受的课程完全不同,已经出现偏科现象,这与培养全科型教师的目标是相违背的。

湖南、广东、重庆等省市已采用定向培养优秀初中毕业生的方式,且取得了较好的成果。定向培养是指以县区的招生计划为需求,招收本县区优秀的初中应届毕业生,由高校进行培养,并与当地县区教育局签订协议,毕业后回县区及乡镇以下的小学完成所规定的服务年限。定向培养对象免交学杂费,并给予适当的生活费补助,这吸引了大量优秀农村初中毕业生,为全科型教师的培养筛选了优质的生源。这些本来就在农村生活的初中毕业生具有更强的可塑性,一是年龄较小,且具有一定的向师性,便于进行日常的教学和生活管理。二是初中生正是人生观、世界观、价值观形成的关键时期,对很多事情还是拿不定主意,较为依赖家长和教师,更愿意听从长辈们的意见。只要继续加强教育,使他们形成正确的人生观、世界观、价值观,从而有助于学生们树立投身偏远地区教育事业的信念和信心。此外,这些初中毕业生多是来自较为贫困的家庭,对农村的生活环境和生活方式早就习以为常,完全可以适应当地农村的生活。对农村的深厚感情和对教育事业的坚定信念使得这些优秀初中毕业生成为培养全科型教师的最佳人选。

三、顺应新时代的发展,调整学制培养

据《"国培计划"实施中农村小学教师的培训需求分析》显示,在2012年将重庆市40个区县308名农村小学教师作为调查对象并发放问卷,调查结果表明,当前重庆市农村小学队伍中,获大专学历的农村小学

---

① 李俊颖.农村全科型本科层次小学教师培养模式研究[D].重庆:重庆师范大学,2014.

第四章　云南省全科型小学教师培养模式构建的策略

教师占总人数的59%，获本科或同等学历的教师占32.2%，相比2010年增长了5个百分点。通过调查得出：农村小学教师学历趋于本科化[①]。随着我国高等教育的大众化和普及化，以及农村教育的发展，全科型教师的培养有更高的学历要求，结合新时代教育改革和发展的需要，将学制调整为六年以适应时代的需求。

首先，我国对农村教育的重视度提高，基础教育的发展需要更高学历的人才。高学历人才在知识的广度和教学能力等方面都优于专科学历，会给农村的基础教育事业带来更多发展的机会。其次，优秀初中毕业生经过六年的系统学习获得本科文凭，时间短、费用低。以往的专科文凭已经难以满足我国农村地区小学教育的发展，因此，时间短、费用低的六年制本科文凭更适合培养全科型小学教师。相比于那些初中毕业进入高中，通过高中三年的学习，经过残酷的"千军万马过独木桥"的高考，进入大学接受四年的本科学习，最终获得本科文凭，这一过程需要整整七年的时间，而且还要经历最残酷的高考，这对学生来说无疑是耗时又耗力。倘若高考失利，还要花费一年的时间再次经历"黑色高考"，这对学生本人和家庭来说无疑又是一场身心耗竭的"战争"。而六年制的学习不仅可以避免参加高考，还节省了一年的时间，此外各县区教育局对全科型教师的培养计划实行"两免一补"政策，即免除学生的学费和住宿费，提供适当的生活补助，这大大减少了六年的教育费用，尤其是对贫困家庭来说是改变现状的最好机会。截止到目前，我国多个省份已采用此计划进行全科型教师的培养，很多优秀初中毕业生也在农村这片土地上找到了自己终身奋斗的目标，他们更愿意投身于农村的教育事业。不管是学业年限的减少还是优惠的教育费用都吸引了大量的优秀初中毕业生投身到基础教育事业中。再次，有利于小学教师专业情感的养成，尤其是对农村的深厚感情。前文已经提到，全科型小学教师，尤其是贫困农村地区的教师，他们要承担比一般教师更多的责任。不仅是繁多的教学任务和日常班级事务管理，还是学生成长道路上的指引者和倾听者，更要能够适应艰辛恶劣的生活和工作环境，这些都需要有对教师行业的坚定信念和对农村生活的深厚情感。优秀初中生多是来自家庭较贫困的农村，他们本身都已习惯了农村的生活环境，在六年的学习时间中适时培养他们对农村教育和小学教师的坚定信念，对于他们投身艰苦的农村实现教书育人目标有很大的推动作用。教师职业道德是教师在职业生活中，调解和处理与他人、

---

① 李俊颖.农村全科型本科层次小学教师培养模式研究[D].重庆：重庆师范大学，2014.

社会、集体、职业工作关系所遵守基本行为规范和行为准则以及在这基础上所表现出来的观念意识和行为品质[①]。通过六年的系统学习,不断培养他们对教师行业的职业道德,以便为日后成为一名全科小学教师奠定思想基础。对于世界观、价值观、人生观、职业认同感、神圣感、奉献精神等并不是一朝一夕就能培养出来的,需要较长的时间去感化和教育,才能够培养出具有奉献精神以及正确的世界观、人生观、价值观的农村地区全科型小学教师[②]。最后,有利于提升教师的综合素养和获取系统的知识。随着全球经济的迅速发展,作为一名全科型小学教师,不仅要把学科知识传授给学生,还要掌握更多的艺术类科目的知识,例如科学、自然、美术、音乐等课程,能写会画、能歌善舞[③]。这就需要可塑性更强的学生才能达到多才多艺的目标,因此初中毕业生可以成为最佳人选。

在六年的系统学习中,不仅学习公开基础知识和学科专业知识、教育理论知识,更能通过教育实习实践课程掌握成为一名合格小学教师的各种技能,这样才能达到农村地区对全科型教师的要求。课堂理论知识的学习只有深入教育实习实践中,才能获得丰富的课堂教学的经验和教学技能,从而有助于系统知识的掌握。

四、完善教师培训体系

全科型教师在学科基础知识方面,改变了以往的单科知识结构,拥有综合的学科基础知识结构,并且知识结构具有灵活性和发展性,即学科知识的广度和深度是随着教育阶段的提高和教育对象的特点而逐渐变化的,并不是一成不变的[④]。所以全科型教师的知识结构是由其所承担的责任决定的。正因为小学教育具有基础性和启蒙性的特点,所以全科型小学教师的知识面要足够广博,同时要掌握各学科的基础知识和讲授这些知识的能力,因此对于全科型小学教师的培训更加注重知识的全面性和综合性。当地教育行政部门在为全科教师选择培训员的时候,应注重培训员具备以下素养:首先对于全科型教师的培养要有指导思想,其次,要确定好全科型教师的培养目标,明白全科型教师应该具备什么样的知识

---

① 于淑云,黄友安.教师职业道德、心理健康和专业发展[M].北京:首都师范大学出版社,2007.
② 李玉峰.澳大利亚迪肯大学小学教育专业课程设置对全科教师培养的启示[J].教育论坛,2015(9):39-42.
③ 廖庆生.农村地区本科层次小学全科教师培养模式探究[J].湖南第一师范学院学报,2016(8):11-13.
④ 黄玉楠.全科型教师培养研究:基于课程的视角[D].开封:河南大学,2014.

第四章　云南省全科型小学教师培养模式构建的策略

与能力,这些知识与能力通过什么样的方式才能获得;具备这方面素养的培训员才是当地教育行政部门在为全科教师选择培训对象时优先要选择的,只有明确全科教育的特点,培训才能区分全科教学培训与分科教学培训,这样的培训才更加具有针对性[1]。

随着《云南省乡村教师支持计划2015—2020》的出台,云南省政府和各级教育部门对教师教育越来越重视,只有本地区的教育事业得到发展,才能促进各方面的进步。关于教师培训的方式也越来越多,培训项目也涉及教师教学的各方面,更多的教师也希望通过培训提升自己的专业技能,尤其是农村贫困地区的教师更应该积极参加多种形式的培训,学习新知识,创新教学方式,从而提升本地区的教育水平。各级教育部门应针对新教师开展多种形式的入职培训,为教师进入全科型教师岗位做好充分的准备。首先,由教学经验丰富的全科教师或教学能手为新教师提供经验,让新教师们对以后的工作有一个整体的了解;同时针对贫困地区全科型教师的工作和生活环境作简要介绍,以便日后顺利开展教学工作。此外,培训时要特别突出全科型教师的专业情感,即对农村教育事业的奉献精神,为新教师树立坚定的职业信念。当然与教师相关的政策、法律法规也要进行讲解,目的是让新教师明确自己所要遵守的职业道德规范,做一名合格的全科型小学教师。其次,针对农村学生常出现的教学问题或紧急事件,通过经验丰富教师的演示,让新教师们对类似事件的发生作出及时有效的反馈,培养他们对紧急事件的应变能力,以便在日后的教学中能正确应对此类事件的发生。

教师的在职培训应多样化,不应只是流于形式的存在,而要真正能够为教师的专业发展带来益处。针对全科型教师的在职培训,应以基础教育课程改革为核心内容,有效整合不同学科间的知识,做到不同学科知识的融会贯通,从而制订出合理且有效的培训计划。对于不同学校的不同情况,要以本校的实际情况为主,选择适合自己的培训形式,如观摩、研讨、专门的教育培训机构等,或是几个学校间的培训。在学校内部,经常聘请教师教育培训专家或全科型模范教师组织集中的培训,通过建立校本培训机制,采用主题设计、案例教学等多种形式对不同学科课程进行探索,提高不同学科课程的实施能力;不定期地选派全科型教师到其他学校进行交流与学习,参加各种进修、培训、会议、研讨等,使教师不断更新专业知识,扩展专业领域,弥补单科教师所存在知识结构的"短板"的

---

[1] 华晓妮.全科型小学教师专业发展的调查与研究——以青岛市李沧区为例[D].青岛:青岛大学,2017.

缺陷①。适时将参加培训、进修情况作为聘任和晋升的重要条件,有利于激发教师的积极性和进取心。借助高校的教育实习实践课程,不同学校间定期开展观摩课的交流活动,不同教师间相互交流心得和体会,学习他人的长处和优点,改进自己的教学,从而提升自身的专业能力。此外,通过县区内的集中培训,由专家介绍新颖的教学方法或教学活动,教师和专家共同探索和创新,为课堂教学增添新动力。全科型教师的培养是一个系统而漫长的过程,并不是说成为一名全科型教师后这个培养过程就结束了,这个过程渗透在各个教师的日常工作中。由于全科型教师的特殊性,其知识的广博度和时代性是很重要的。随着信息社会的不断发展,终身学习的理念已渗透到人们生活的各方面,对全科型教师来说更应该把终身学习的理念贯穿到日常工作中,在经验中不断学习,从反思中不断成长。全科型教师只有具备自我发展、自我培养的意识,不断更新教育理念,广泛学习各种知识,才能应对社会和教育的不断发展,才能为学生描绘精彩的未来。

五、深入落实"三位一体"的协同培养机制

经过长时间的探索,世界各国对小学教师的培养由最初的非专门化到现如今的专门化模式,且在专门化模式的基础下朝着更为开放多元化的方向发展,随着信息化时代的发展,社会各界对教师提出了更高的要求,不仅需要高学历的高水平教师,而且更强调教师学科知识的综合性②。在教师教育的新发展机遇下,以往封闭单一的院校培养模式已经无法满足新型教师的专业需求,各国开始寻找新途径和新方法以能满足教师的各种需求。高校的理论知识和综合素质培养与当地小学的教学实践相结合的培养方式,由高校等相关学校和教育部门组成多方位培养,同时由小学辅助练习的培养模式,吸引了更多的人参与到小学教育事业中。

教育实习实践对于师范生教学能力的形成至关重要。"三位一体"协同培养机制,即政府、高校和小学之间形成合作互赢的机制,联合培养全科型教师,不仅为师范生提供了实习实践的场地,而且为全科小学教师的职后发展提供了保障。

当地政府和教育行政部门应根据本地区小学教育的实际情况制订有

---

① 潘琰,郭飞君,包文泉.培养全科型教师是义务教育均衡发展的基本条件[J].长春师范学院学报(自然科学版),2014,33(1):172.
② 李俊颖.农村全科型本科层次小学教师培养模式研究[D].重庆:重庆师范大学,2014.

第四章 云南省全科型小学教师培养模式构建的策略

关全科型教师培养的计划,从政策上为全科型教师的发展指明方向,同时为本地区全科型小学教师的培养绘制发展蓝图。在政策所引导的方向下,各级教育行政部门要加强与当地高校的交流与合作。根据该地区小学教育发展的实际和基础教育改革发展的趋势,以及针对当前全科型小学教师的实际需求,出台相关政策和法规,同时加大资金投入力度,以保证全科型教育培养工作的有序开展。此外,当地教育部门还需要与本地小学建立监督检查机制,不定期检查小学的各项教学工作的开展情况。在此基础上,鼓励小学参与到全科型教师的培养中,积极与高校建立合作关系,做高校的教育实习实践或教师进修培训的基地,保持小学与高校的良好联系。学生的人身安全也是当地教育部门所要承担的责任,只有实习单位的环境和安全得到保障,才能促成三者的合作关系。教育行政部门是衔接小学与高校之间的重要部门,与此同时,该部门可以去高校了解人才培养模式以及课程设置等情况,根据合作的基础,最终建立与高校的合作机制与人才培养方案,形成小学、高校、有关教育行政部门三位一体的师范生培养机制[①]。

高校作为联系政府和小学之间的纽带,具有组织当地政府和教育行政部门与小学共同参与制定全科型小学教师的培养方案等一系列责任,同时作为高校自身而言,最重要的一点是发挥科研的动能,要加强对全科型小学教师培养的理论研究和实践探索。高效不仅要集中精力负责学生教育理论知识的学习,更应该与当地教育行政部门合作,为师范生选择合适的教育实习实践单位。这些实习实践地点的选择要体现全科型小学教师的特点,即对农村的深厚感情,因此应多选择农村地区的小学,让师范生们提前适应农村的生活环境,为投身我国农村小学教育事业做好充分的思想准备。教育实习实践对于师范生教学能力的提升至关重要,因此高校在组织师范生进行实习实践时,应提出明确的考核评价要求,真正把实习实践当作一门学习的课程,避免出现敷衍了事的现象。高校还可以邀请培养单位的优秀教师参与全科型小学教师的培养中,指导师范生练习讲课,指出缺点,提出建议;高校教师带领师范生们到小学进行见习等活动,促进高校与当地小学的交流与合作,从而培养更适合当地小学教育发展的全科型教师。

小学作为提供教育实习实践的场所,要保证场域内的安全,为师范生提供良好的实践基地。同时小学作为师范生以后的工作岗位,应该参与

---

① 袁丹.基于能力标准的小学全科教师培养课程体系架构[J].课程·教材·教法,2016(36):109-111.

到全科型教师的培养中,提供一些具体性建议,包括了解高校的培养目标和课程设置等基本情况,介绍当前农村小学教育的实际需求和发展情况,以便高校制定合理的培养目标,改进和完善全科型小学教师的培养计划。高校和小学可以建立"双导师"制,即由高校内部的教师与实习小学的教师共同作为指导教师。高校内部的教师负责师范生的日常理论课的学习和毕业论文的指导以及生活等方面的具体事情,而实习小学的教师负责师范生在小学的实习见习课程的指导。通过高校与实习教师的双向指导,将师范生在学校所学习的理论课程与实习见习课程相联系,做到理论与实践相结合,更好地投身小学教师的岗位。

第二节　高师院校方面(培养单位方面)

一、采用"综合培养、有所专长"的培养方式

美国、德国等西方发达国家在培养全科型教师方面普遍采用综合培养的模式。这种模式最早起源于英国,由于当时的经济发展及儿童身心发展的需要,英国政府提出在小学阶段进行全科教育,而培养具备跨学科教学能力的小学教师,是一种政策导向和自上而下的培养策略[1]。在我国,小学全科教师的成长正好相反,它是由农村小学教师严重缺乏的现实需求所产生的,具有被动性、被迫性[2]。采用综合培养的方式培养小学教师更符合小学教育的特质,不仅能促进师范生对小学课程的地位、内容、结构及功能的整体把握,而且可以帮助他们在以后的工作岗位上更为科学地施行小学教育,从而最终提高国民的基本文化素质[3]。

全科型教师中的"全"是指为"乡村教学点定向培养热爱教育事业、基础知识宽厚、专业技能扎实、德智体美全面发展、综合素质高、具有实施素质教育和一定教育教学研究及管理能力的、胜任多门学科教学的、'下得去、留得住、教得好'的农村小学全科教师[4]。因此采用"综合培养、有所

---

[1] 李彬彬.我国全科型小学教师培养依据的研究综述[J].教育观察,2017(384):5.
[2] 田振华.全科型小学教师的内涵、价值及培养路径[J].教育评论,2015(4):83-85.
[3] 徐雁.全科型本科小学教师培养模式研究[J].湖南第一师范学院学报,2011,11(4):8-10.
[4] 河南省教育厅关于印发《河南省农村小学全科教师培养工作实施方案(试行)》的通知(教师(2015)881号).

第四章　云南省全科型小学教师培养模式构建的策略

专长"的方式培养出来的小学教师更能承担起农村小学教育的责任,促进基础教育的不断发展。农村的经济水平和教师短缺的实际情况,更需要全科型教师。近年来,我国各省份都在探索适合农村偏远小学的教师培养工作,全科型教师成为解决农村教育困境的一根"稻草"。在实际的探索中,湖南省在全科型教师的培养工作上取得重要突破,通过探索培养全科型教师途径,促进了湖南省贫困地区的小学教育的发展。

在以往的培养模式中,采用"分科培养"的教师专业知识结构单一,且只能从事一门学科的教学,难以承担农村小学的多学科教学任务,适应能力较差;而"综合培养"的教师的知识广博,对不同学科都有一定的了解,能够进行多学科的教学,适应能力较强。从小学教育的基础性、启蒙性和综合性来看,对教师的综合素质有更高的要求,因此小学教育更需要具备多学科知识的人才。"综合培养"是指加强师范生的公共知识教育和掌握小学各学科内容的知识,简而言之就是加强师范生综合素质的培养。这是以当前农村小学教育发展的实际情况为依据的,通过"综合培养"的师范生在整体素质方面更为全面、突出,对各学科的内容都有较为深刻的理解,具备多学科知识,因而也具有较强的社会适应性,能够从事不同学科的教学,更符合全科型小学教师的培养目标。这种具备多学科知识的人才正是农村小学教育所迫切需要的,可以解决农村教师短缺的问题。"有所专长"是指在综合培养的基础上,通过设置选修课的形式,让师范生根据自己的兴趣爱好并结合当前小学教师的现实需求进行选修,使得学生在具备良好综合素质的同时又有一门专长。选修课多以音体美信课程为主,这是根据农村极度缺乏此类教师而设置的,能在一定程度上弥补农村音体美信课程的缺失,为学生提供丰富的课程和业余活动,做到劳逸结合。

二、构建合理的课程体系

培养全科型小学教师的关键问题是:学校所设置的课程能否满足当前我国全科型小学教师的实际需求。丰富的课程设置是培养全科型小学教师的基础,学生只有通过实际的课程才能学习到如何成为一名真正的全科小学教师。在我国,将全科小学教师普遍定义为具有"知识博、基础实、素质高、能力强、适应广"特征的教育工作者,从侧面对全科小学教师提出了要求,即全科小学教师要有广泛的知识面,各方面的基础足以承担全科小学教师的任务需求,各方面素质都较高,能力较强且能有较强的适应力,能够适应不同地区环境,最终能够高质量地完成教学任务。

(一)整合课程内容,合理开设各类课程

从我国现阶段基础教育的发展状况来看,培养全科型的小学教师不仅要丰富他们的专业知识,更要提升他们的专业技能,教育理论与实习实践相结合才能够培养出德才兼备并且具有较高综合素质的农村地区小学教师[1]。就我国高校的课程设置而言,应合理开设各类课程,提高学科专业课程的开设比例,重视教育实习实践课程的开设。

西方发达国家普遍重视通识教育课程,他们认为广博的知识是未来教师从事教学的必要条件[2]。而在我国也认为公共基础课程的设置目的是为全科型小学教师打下广博的综合文化知识的基础。小学生的认知与年龄特点使得他们对教师有一种天然的向师性,"亲其师,信其道",可见,教师对小学生的影响与教育是全面而深远的[3]。因此,公共基础课程的设置应呈现多样化的特点,课程内容的设置要包含人文科学和自然科学的有关知识,除必修课外,其他可以设置成选修课的形式,让学生根据自己的兴趣和爱好自主选择,不仅帮助学生增强综合能力的发展,而且提高了学生们的学习兴趣,减少了因学生不喜欢某门课程的逃课率。虽然是选修课程,但也要制定规范的考核方式,以提升该类课程的学习效果。教育是在特有的文化历史中产生的,根据地域特色,适当加入一些融合当地文化历史的内容,以提升未来的全科型小学教师对地方文化的灵敏度、关注度、熟悉度,从而最大可能地提升其综合素养[4]。学科专业课程开设的目的是为全科型小学教师打下坚实的学科专业知识基础。在分科培养模式下,学科专业课程所占的比例较大,尤其偏重语文、数学和英语,而忽视了其他学科,这是对全科型教师的一种误解。作为小学教师从事学科教学的知识基础,学科专业知识虽然很重要,但是对全科型小学教师的学科专业知识而言不需要太精深,反而强调对学科专业基础知识全面、准确地理解和把握,以及最终如何把这些知识传授给小学生[5]。

分科培养的模式证明,将学科专业课程开设称汉语言文学或数学这样专业的课程是错误的,而全科型教师更强调学科专业课程的综合设置。

---

[1] 李奇勇.小学教育呼唤全科教师[N].中国教师报,2014-03-14.
[2] 周德义,李纪武,邓士煌,等.关于全科型小学教师培养的思考[J].教师教育研究,2007(9):58.
[3] 王莉.本科层次全科型小学教师培养:必要性及应对策略[J].教育理论与实践,2016(8):32.
[4] 张艳芬.农村全科型小学教师培养模式构建研究[J].当代教研论丛,2015(5):92.
[5] 张艳芬.农村全科型小学教师培养模式构建研究[J].当代教研论丛,2015(5):91.

第四章　云南省全科型小学教师培养模式构建的策略

在开设学科专业课程时应根据不同的学科特点,加入最新学科发展成果,有助于掌握更全面的学科基础知识。

英国、德国、法国、美国等发达国家教育专业课程达到了总课时的20%～35%,而在我国原有的招收初中毕业生进行五年一贯制大专层次小学教师培养的课程体系中,教育专业课程(含教育实习)仅占总课时的16%[①]。教育专业课程的设置有助于引导全科型教师因材施教,对不同的学生选取不同的教学方式,以实现传授知识的目的。改变课程设置中过于重视教育理论知识的倾向,不只是教师的讲授,应根据教材内容选择适合的教学方式,提倡运用讨论、参与、案例等不同的教学方式和方法,引导学生思考问题并通过自己和他人的努力解决问题。在学习教育专业课程时,由于只是理论的学习,多多少少会感觉枯燥无味,教师可以适时加入教育见习的实践课程,让学生在教师的引导下,运用所学的教育学和心理学等多方面的理论知识解决课堂中的教学实践问题。这样不仅将所学的理论应用到实践中,而且提高了自己的思考和解决问题的能力,进而提升了他们的教学技能和专业素质。在不同的学科教学法课程的学习中,教师应以新课程标准为出发点,以新课程改革的基本理念和基本目标、主要内容为重点,注重培养他们运用各种教学资源、熟悉小学教材的知识结构体系和内容、掌握小学课堂教学技能和班队工作技能[②]。

教育实践课程是思想教育、文化知识、教育理论和教师职业技能训练的综合课程,教育专业知识(条件性知识)与学科专业知识(本体性知识)必须由实践性知识(即教育教学活动中解决具体问题的知识)来整合,才能内化为从事教育教学工作的实际能力[③]。而我国的全科型教师是面向农村地区的教育情况来培养的,因此师范生只有了解农村小学教育发展的现状,在实际课堂中锻炼自己各方面的能力,才能在以后的教师岗位中发挥自己的光和热。高校应重视教育见习实习课程,确保学生能够参与到小学的课堂教学中,以对农村教育教学工作有真切地感受与体验,以便能够准确把握全科型教师这一角色。加强对教育实践课程的监督和管理,保持与当地小学的联系,以便了解每一位学生在当地小学的真实情况。在见习、实习过程中,高校应制定合理的评价机制,以便增强学生对这一实践课程的重视程度,避免出现随便应付或其他不良事件的发生。关于

---

① 湖南省教育委员会.关于颁发《湖南省培养大学专科程度小学教师教学计划(修改稿)》的通知[Z].1997.
② 张莲.农村全科型小学教师培养模式探究[J].教学与管理,2014(2):9.
③ 周德义,李纪武,邓士煌,等.关于全科型小学教师培养的思考[J].教师教育研究,2007(9):59.

时间的安排,建议在学习教育理论课程期间就适当增加见习的机会,且随着年级的增长,见习机会也应逐渐增多,在实践中运用自己所学的各种理论知识,同时可以发现问题并及时制定改进的措施,不断提升自己的专业能力。多数高校将师范生的实习期安排在大四下学期,但由于这一学期学生忙于毕业论文的写作和找工作等各种事宜,实在没有多余的时间和精力来安排自己的实习,往往达不到锻炼自己专业技能的目的。高校应适当将实习安排在大三学期,这一学年学生们的理论知识已经学习了很多,迫切希望把这些知识运用在实践中,因此在这时安排实习工作,可以调动学生参与农村教育工作的积极性,从而有助于提升专业素养。

(二)开发特色课程资源

全科型教师在一定程度上缓解了农村教师短缺的现状,只有当全科型教师真正以农村小学教育的实际困难为出发点进行教育教学工作时,才能为农村基础教育的发展出一份力。因此,在进行全科型小学教师的培养时,要精选课程内容,充分挖掘并利用当地特色本土资源,开发当地校本课程,以保证学生能够接触到农村的实际情况,从而促进对课程内容的深入理解。高校教师不只是关注教材和教育时事,更应该走进农村小学,接触农村教学的一线,并与一线教师进行交流和探讨,以便了解农村小学教育的真实情况,这样才能培养出满足农村基础教育需求的全科型小学教师。将课程的开发紧紧围绕农村教育的现实需求,针对云南农村的实际情况,高校教师应与当地小学教师加强合作,共同编制教材,适当加入对当地文化和风土人情的描写,帮助学生更深入地了解家乡,增强对家乡对农村的感情,为以后的岗位生活奠定情感基础。

三、创新教学管理方式

以往单一的教学方式尤其对强调实践性的全科型小学教师来说,很难为培养全科型教师提供实用方式方法。通过创新教学管理的方式,寻找适合培养全科型教师的新手段,以确保培养出来的全科教师能够胜任农村小学教育的实际情况。首先,营造和谐的校园文化氛围。校园文化作为学校发展的软实力,在一定程度上影响学生们的精神风貌和学习习惯。因此要营造温馨和谐的校园,为师范生提供适宜的学习空间。同时校园文化也具有教育和激励的功能,高校应充分发挥校园文化的这两种功能。在走廊和教室张贴农村优秀教师的事例,或是有关励志教育事业的楷模,在潜移默化中影响师范生们的心理,不仅能激发他们投身农村小学教育事业的信心和志向,还能成为他们实现理想的动力。其次,组织丰富多彩的校园活动和教学技能大赛。积极引导师范生参加各种文艺汇演、演讲、辩论赛等活动,不仅锻炼师范生的综合素质,还可以激发他们的能力,从而更好地适应将来的岗位工作。通过各种多样的教学技能大赛,师范生们锻炼自己的勇气和能力,将学习的理论知识用到教学实践中,真正做到理论与实践相结合;同时邀请一线教师作为评委,指出需要改进的地方并提出建议,这样师范生们不仅自己进行了教学,而且在教学的同时也学习一些更实用的教学方法。同时也可以邀请一线优秀教师进行讲座或座谈会,让师范生们多了解真正的小学课堂,在积累经验的同时,学习优秀教师的优点,从而有助于自身的成长和发展。最后,宣传优秀师范生事迹,通过榜样的力量使更多师范生投身到小学教育的工作中,促进他们的个性发展,培养与小学生沟通和交流的能力,塑造完美人格。

高校教师以往单一的课堂表演无法调动师范生们的积极性,在课堂教学中应更强调实践性教学。通过丰富的教学问题和教学案例激发学生兴趣,学生们自由分组讨论,针对某一具体教学问题进行交流和研讨,这种方法将师范生真正放在一名全科教师的角度思考和解决问题,而且教师也能更顺利完成自己的教学任务。师生互换位置,由师范生体验当一名全科型教师的经历,体会教师的酸甜苦辣,从而坚定自己的职业信念。在教材的选用方面,要结合时代发展,选择适合师范生的合格教材。借助互联网等技术手段创新课堂教学,激发师范生们的学习兴趣,逐渐引导他们回归课堂。此外,全科型教师的培养需要不同领域、不同学科的高校教师的相互合作,因此高校教师应互相帮助,避免为一己私利的明争暗斗。只有高校教师间共同协作,心往一处想,劲往一处使,才能加快培养全科型教师的进程。

第三节 教师方面

一、提高工作内驱力,增强自我发展意识

教师专业化的本质是教师个体专业持续发展的过程,是教师自主追求自身专业成长,不断实现自我的过程,要求教师具备自我发展的意识和能力,这也是《专业标准》的基本理念要求①。从中我们可以看出,教师的自我发展意识是促进其专业成长的重要内驱力。拥有较高自我发展意识的教师,往往对工作充满热情和动力,他们愿意花费更多的时间来提升自己的专业能力;相反拥有较低自我发展意识的教师,往往对工作缺乏动力和信心,且会以一种得过且过的态度对待工作,很难提升对工作的热情和动力,长此以往难免会出现高强度的职业倦怠现象。

当全科型教师处于较低自我发展意识时,应该帮助其重新树立正确的职业观,对教师行业有一个更为全面综合的认识,这样才能使之更好地投入到日常教学工作中。教师不只是"传道,授业,解惑",更是学生的好朋友。尤其是对贫困偏远地区的留守儿童来说,教师不仅给他们带来各方面的知识和接触外界的机会,更带给他们家的温暖和快乐。从这一方面来说,教师是一份崇高的且带有使命感的职业。从自身而言,只有提高工作内驱力,积极热情地对待工作,才能产生自我培养和提升自身能力的意识。随着社会的进步和各国基础教育的改革与发展,对教师提出了更高的要求,而全科型教师所承担的责任决定了其需要不断充实自己,否则将会被教育发展的步伐所抛弃。因此,教师们要增强自我发展意识,学习各方面的知识,不断提高自身的专业能力,这样才能适应不断变化发展的教育生涯。同时也学会利用互联网等新形式进行学习,抓住学校培训和进修的机会提升自身能力;也要向优秀教师学习经验,相互交流教学有关问题,努力提升自己,争取成为一名"知识博、基础实、素质高、能力强、适应广"全科型小学教师。

作为一名全科型小学教师需要对小学教育工作充满期待,具有较强的工作动力和高度的工作热情;同时还要有坚定的信念,在教育教学中不断成长,提升专业能力,从而促进自我的专业发展。教师自我发展的最终目标是促进其专业发展,但教师的专业发展不是一时能够达到的,而是一个不断成长,从量变到质变的发展过程,这就需要教师制订自己的职业生涯规划,针对自己的需求获取不同的知识和能力,以达到自身专业成长。在师范生阶段,教师们就要将自己的职业生涯规划与日后的实际教学相结合,不断培养自己的自我发展意识,促进自身能力的发展和理论知识的学习。此外,全科型小学教师要将自身的发展和小学教育的实际需求联系起来,在实现专业发展的同时促进小学教育的健康持续发展。

---

① 高闰青.论农村小学全科教师培养的着力点[J].教育研究与实验,2018(1):64.

第四章　云南省全科型小学教师培养模式构建的策略

二、培养深厚的专业情感

"小学阶段,尤其需要高水平的教师,需要尊重、关爱学生,善于发现孩子的差异和潜能,愿意付出自己的宝贵时间和精力,用自己善良的心灵、聪慧的才智和教育的艺术与孩子们一起创造幸福、快乐的童年生活和有意义的学校生活的好教师"[①]。这样的全科型小学教师拥有深厚的专业情感,即有较高的教师职业角色认同和农村教育情怀。全科型教师只有对教师角色有其正确的认同,才能在工作时充满动力;只有对农村教育有较深的感情,才能将自己的全部精力奉献给农村小学教育,这样的全科型小学教师才是我们所需要的。

（一）提高教师职业角色认同

教师的职业角色是社会大众对教师在教育教学中的角色期待,是教师在教育系统内的身份、地位、职责及其相应的行为模式[②]。新课程改革赋予教师新的身份和角色,强调教师是一个学习者,同时也是学生学习的指导者、合作者和促进者。这就要求全科型教师正确认识自己的职业角色,树立合格的教师职业形象,促进每一位学生的成长。教师的职业形象是教师在教育教学活动中内外所体现的言行举止,是其内在和外在行为方式的整体反映,具体表现为道德形象、文化形象和人格形象三方面[③]。全科型小学教师只有具备正确的职业角色、良好的职业形象和较高的专业能力,才能最终促进教师的专业化发展,因此要培养师范生正确构建职业角色认同的意识,逐步提高对教师角色的崇高感情,只有这样才能成为一名合格的全科型小学教师。

师范生们的职业角色认同是决定其能否从事教师行业,能否做到终身从教,扎根于全科教育事业的重要原因。一些师范生们在最初选择专业时,并不是根据自己的兴趣和爱好,而是听从了父母的建议选择了教师行业。由于自身对从事教师职业没有兴趣和积极性,这些师范生在学校学习过程中难免会产生消极的厌恶心理,甚至是抵触,因此师范生们要加强对教师行业的了解,提高自身修养,通过多种途径和方式了解全科型教师的职业角色和职业性质,以及成为一名全科型小学教师的责任,不断提

---

① 叶澜等.教育理论与学校实践[M].北京:高等教育出版社,2000.
② 颜应应.新课程背景下全科型小学教师培养的思考[J].教育参考,2016(2):110.
③ 同上.

高对全科型小学教师的认识,增强对教师职业自我认同感和职业信念,为日后成为一名全科型小学教师奠定深厚的情感基础,立志服务于广大农村学校,为农村小学教育贡献自己的全部。此外,在实习见习的过程中,师范生自身要具有主动性和自觉性,积极了解当前农村小学教育的现实和国家对全科型小学教师的各种优惠政策,深入接触农村小学生,用心感受农村教育,增加自身对农村小学教学的兴趣,提高参与农村教育的积极性,以促进对教师行业的热情,逐步培养其对农村的感情,从而提高对全科教师职业角色的认同,培养深厚的职业情感,立志成为全科型小学教师队伍中的一员。此外,师范生们要多和一线教师面对面交流,以激发自身的从教积极性,从而为日后成为全科型小学教师奠定思想基础。在教师职业生涯的发展过程中,教师们难免会受一些外在因素的影响而改变当初从教的初心,如职称评定、晋升岗位等。这种盲目追求职称和晋升的思想,在一定程度上会影响教师对职业角色的认同,从而不利于教师自身主体价值的实现,对教师的专业发展产生消极影响。针对这种现象,教师自身要全面了解全科型小学教师的职责和教师行业的背景,不断提高教师的职业角色认同,提升精神境界,促进自身专业的发展。

全科型小学教师的职责相比一般教师而言更多、更细小,不仅需要承担多门学科的教学,还要负责班级的日常管理,如各种活动的指导、辅导个别学生等具体工作,从这些具体的工作来看,全科型小学教师的工作难度和工作量都在增加,这就对全科小学教师的职业角色认同提出了更高的要求,即教师对小学教育事业的高度忠诚和责任。全科型小学教师只有热爱教师工作,能够在感性认知和理性自觉上做到高度统一,才有可能在长期的、复杂的、繁琐和劳累的日常职业活动中体验到自我的效能感和成就感,从而减轻和消除由于待遇不公、晋升困难等教师工作本身所具有的现实劣势,在积极的职业意义中感受到追求卓越、提升能力、修养品性的自我更新要求和自我成长动力,从而不断提升专业化水平[1]。教师自身对该职业的价值判断和角色认同,不仅能促使全科型小学教师高效完成教学工作和班级日常管理事务,而且能促进其自觉主动地向专业化发展靠近,从而提升各方面的专业能力。此外,全科型小学教师要与时俱进,结合新课程改革所倡导的理念,重新定位小学教师的职业角色:教师要通过传授系统的科学文化知识,引导学生树立科学的人生观、世界观和价值观;教师要指导学生积极主动、有效地进行学习,从而促进学生健康、

---

[1] 殷素梅,王晶晶.论专业化发展背景下的全科型小学教师培养[J].科技展望,2016:308-309.

第四章　云南省全科型小学教师培养模式构建的策略

快速地成长；教师要教会学生如何发现和理解知识；教师是学生发展的促进者,学生学习的合作者、引导者和参与者等[①]。这些都需要全科型小学教师思考职业角色的定位,只要重新定位全科型小学教师的职业角色,才能更好地迎接各项挑战,不断促进小学教育的发展。

(二)增强农村教育情怀

师范生对农村教育的情怀关系着其是否能够成为一名合格的全科型小学教师。而这种情怀是难以在学习过程中培养的,因此全科师范生要主动接触农村,有意识地了解农村小学的现状,在接触农村的过程中感受情感教育,从而培养其对农村的感情,以便毕业后能更快地融入农村生活中,坚定热爱农村教育,更愿意奉献于农村的教育事业。作为全科型小学教师,要热爱农村教育事业,具有献身农村教育的热情和信心,牢记自己作为教师的职责和使命,把自身的成长、个人的进步同农村教育事业的发展和美丽乡村建设紧密联系在一起,为农村儿童的健康成长,以及农村教育事业的发展做出贡献[②]。

全科型小学教师要理解农村小学教育工作的意义,热爱农村小学教育事业,有主动为农村教育事业贡献力量的信念；要高度认同全科型小学教师工作的价值和独特性,即全科型小学教师不仅教授知识,更是学生的指导者和引路人,同时还是农村文化发展的奠基者和引领者；在促进小学教育事业的不断发展的同时实现职业价值[③]。只有这样的全科型小学教师才能对农村教育有深厚的情感,才有可能改变农村的教育现状,才能自觉主动地投身于农村小学教育事业中去。全科型小学教师还要树立正确的学生观。在课堂教学中和日常班级事务管理中,要充分尊重每一位学生,公平对待学生,不歧视个别学生；不管是学习成绩好的学生还是学习成绩落后的学生都给予同样的关心和爱护；善于发现学生身上的优点和长处,经常鼓励学生,帮助他们共同进步。只有当教师真正融入班集体中,和每一位学生成为朋友,关心他们的成长,解决他们的困难,这时才能体会到一名人民教师的崇高使命。教师要把学生看作是自己的孩子,和学生打成一片,时刻愿意奉献自己,相信这样的教师对学生肯定有一颗热

---

① 颜应应.新课程背景下全科型小学教师培养的思考[J].教育参考,2016(2):108.
② 高闰青.论农村小学全科教师培养的着力点[J].教育研究与实验,2018(1):61.
③ 周晔,赵明仁.农村小学全科型教师的素养结构及培养方略[J].教师教育研究,2018,30(4):20.

忧的心和深爱之情。教师还要拥有一双善于发现美的眼睛,不仅发现学生的可爱之处,更发现农村生活的快乐。日出而作,日落而息,这样的农村生活也是快乐的;和天真的学生们待在一起,享受大自然的风光,时常告诉自己"我是幸福的",你便会更加热爱这些无忧无虑的孩子和这片辛勤的土地。

三、加强教学反思,树立终身学习理念

自我反思是教师发现和解决问题的关键,也是教师继续学习的支持点,不仅能帮助农村小学全科教师完成自我的演化,建构教师专业认同,同时也是教师专业能力不断成长的重要动力来源[1]。教师的教学反思主要是其在教育教学过程中所遇到的难题和困难,这些难题可大可小,通过教师的自我反思能顺利解决这些难题,提高教学效率。教师作为教学反思的主体,反思的成效主要是由教师在教学反思中的积极性和主动性决定,因此,农村全科型小学教师首先要提高对教学反思的认识,这是进行教学反思的前提[2]。其次,作为一名全科型小学教师,其具有多学科的知识,因而进行教学反思的同时要注重不同学科间的相互联系,采用多种方式进行教学反思,如教师互相评价、组织专家学习、写教学日记等,提高全科教师的综合素质和专业能力。此外,教师的自我反思很难做到深刻且全面,要加强同事之间的对话和交流,认真听取来自他人的意见,以便对自己所出现的问题有更全面、更深刻的了解,真正将教学反思作为提高专业发展的重要途径。教师在反思的过程中,不断更新自己的知识,结合最新的教育政策,加强学习各方面的知识,掌握多学科的知识,从而为全科教学打下坚实的知识基础。"只有善于分析自己工作的教师,才能成为得力的有经验的教师"[3]。同样的道理,只有善于反思自己教育教学的教师,才能成为一个综合素质高,专业能力强的优秀全科型小学教师。但教师教学反思能力的培养不是一朝一夕的事,需要长时间的积累,因此,作为教师自身要有主动进行教学反思的心向,这样才能加快其专业化发展的速度,提升其专业化发展的质量。

全科型小学教师在进行教学反思的过程,也是一个贯彻终身学习理念的过程。教师作为知识的传授者,首先自己要有渊博的知识,而全科型教师对掌握的知识有更高要求,即需要多门不同学科的知识,因此,全科

---

[1] 蔡嘉,崔素雅.教师专业成长之探究[J].科教导刊,2010(10):122.
[2] 朱琳.农村小学全科教师知识需求的调查研究[D].重庆:西南大学,2016.
[3] 苏霍姆林斯基.给教师的建议[M].北京:教育科学出版社,1984.

第四章 云南省全科型小学教师培养模式构建的策略

型小学教师更需要通过不断学习,掌握更多的知识,只有这样才能承担得起全科教师的责任。当今社会的飞速发展,使得知识更新的速度不断加快,全科型小学教师要与时俱进,紧跟知识更新的速度,通过各种形式,如参加网上学习等,不断扩充自己的知识体系,学会将新知识与课堂教学联系起来,提高学生参与课堂的积极性,在提高教学效率的同时,促进自身专业化的发展。教师的专业发展不是一时的,它伴随着教师的整个职业生涯,是一个持续发展的过程,是一个终身学习的过程,因此,全科型小学教师的培养要以终身学习、终身发展为其最终旨趣[①]。

---

① 高闰青.小学全科教师培养路径探析[J].当代教育与文化,2018,10(2):70.

附录一

**国务院办公厅关于印发乡村教师
支持计划（2015—2020 年）的通知国办发
〔2015〕43 号**

国务院办公厅
2015 年 6 月 1 日

乡村教师支持计划（2015—2020 年）

　　为深入推进全面建成小康社会、全面深化改革、全面依法治国、全面从严治党"四个全面"战略布局，认真贯彻党中央、国务院关于加强教师队伍建设的部署和要求，采取切实措施加强老少边穷岛等边远贫困地区乡村教师队伍建设，明显缩小城乡师资水平差距，让每个乡村孩子都能接受公平、有质量的教育，特制定乡村教师（包括全国乡中心区、村庄学校教师，下同）支持计划。

一、重要意义

　　到 2020 年全面建成小康社会、基本实现教育现代化，薄弱环节和短板在乡村，在中西部老少边穷岛等边远贫困地区。发展乡村教育，帮助乡村孩子学习成才，阻止贫困现象代际传递，是功在当代、利在千秋的大事。发展乡村教育，教师是关键，必须把乡村教师队伍建设摆在优先发展的战略地位。党和国家历来高度重视乡村教师队伍建设，在稳定和扩大规模、提高待遇水平、加强培养培训等方面采取了一系列政策举措，乡村教师队伍面貌发生了巨大变化，乡村教育质量得到了显著提高，广大乡村教师为中国乡村教育发展做出了历史性的贡献。但受城乡发展不平衡、交通地理条件不便、学校办学条件欠账多等因素影响，当前乡村教师队伍仍面临职业吸引力不强、补充渠道不畅、优质资源配置不足、结构不尽合理、整体素质不高等突出问题，制约了乡村教育持续健康发展。实施乡村教师支持计划，对于解决当前乡村教师队伍建设领域存在的突出问题，吸引优秀人才到乡村学校任教,稳定乡村教师队伍,带动和促进教师队伍整体水平提高,促进教育公平、推动城乡一体化建设、推进社会主义新农村建设、实现中华民族伟大复兴的中国梦具有十分重要的意义。

二、总体要求

(一)基本原则。

——师德为先,以德化人。着力提升乡村教师思想政治素质和职业道德水平,引导乡村教师带头践行社会主义核心价值观,加强乡村教师对中国特色社会主义的思想认同、理论认同和情感认同。重视发挥乡村教师以德化人、言传身教的作用,教育学生热爱祖国、热爱人民、热爱中国共产党,形成正确的世界观、人生观、价值观,确保乡村教育正确导向。

——规模适当,结构合理。合理规划乡村教师队伍规模,集中人财物资源,制定实施优惠倾斜政策,加大工作支持力度,加强乡村地区优质教师资源配置,有效解决乡村教师短缺问题,优化乡村教师队伍结构。

——提升质量,提高待遇。立足国情,聚焦乡村教师队伍建设最关键领域、最紧迫任务,打出组合拳,多措并举,定向施策,精准发力,标本兼治,加强培养补充,提升专业素质,提高地位待遇,不断改善乡村教师的工作生活条件。

——改革机制,激发活力。坚持问题导向,深化体制机制改革,拓宽乡村教师来源,鼓励有志青年投身乡村教育事业,畅通高校毕业生、城镇教师到乡村学校任教的通道,逐步形成"越往基层、越是艰苦,地位待遇越高"的激励机制,以及充满活力的乡村教师使用机制。通过实施乡村教师支持计划,带动建立相关制度,形成可持续发展的长效机制。

(二)工作目标。

到 2017 年,力争使乡村学校优质教师来源得到多渠道扩充,乡村教师资源配置得到改善,教育教学能力水平稳步提升,各方面合理待遇依法得到较好保障,职业吸引力明显增强,逐步形成"下得去、留得住、教得好"的局面。到 2020 年,努力造就一支素质优良、甘于奉献、扎根乡村的教师队伍,为基本实现教育现代化提供坚强有力的师资保障。

三、主要举措

(一)全面提高乡村教师思想政治素质和师德水平。坚持不懈地用中国特色社会主义理论体系武装乡村教师头脑,进一步建立健全乡村教师政治理论学习制度,增强思想政治工作的针对性和实效性,不断提高教师的理论素养和思想政治素质。切实加强乡村教师队伍党建工作,基层党组织要充分发挥政治核心作用,进一步关心教育乡村教师,适度加大发展党员力度。开展多种形式的师德教育,把教师职业理想、职业道德、法治教育、心理健康教育等融入职前培养、准入、职后培训和管理的全过程。落实教育、宣传、考核、监督与奖惩相结合的师德建设长效机制。

(二)拓展乡村教师补充渠道。鼓励省级人民政府建立统筹规划、统一选拔的乡村教师补充机制,为乡村学校持续输送大批优秀高校毕业生。扩大农村教师特岗计划实施规模,重点支持中西部老少边穷岛等贫困地区补充乡村教师,适时提高特岗教师工资性补助标准。鼓励地方政府和师范院校根据当地乡村教育实际需求加强本土化培养,采取多种方式定向培养"一专多能"的乡村教师。高校毕业生取得教师资格并到乡村学校任教一定期限,按有关规定享受学费补偿和国家助学贷款代偿政策。各地要采取有效措施鼓励城镇退休的特级教师、高级教师到乡村学校支教讲学,中央财政比照边远贫困地区、边疆民族地区和革命老区人才支持计划教师专项计划给予适当支持。

(三)提高乡村教师生活待遇。全面落实集中连片特困地区乡村教师生活补助政策,依据学校艰苦边远程度实行差别化的补助标准,中央财政继续给予综合奖补。各地要依法依规落实乡村教师工资待遇政策,依法为教师缴纳住房公积金和各项社会保险费。在现行制度架构内,做好乡村教师重大疾病救助工作。加快实施边远艰苦地区乡村学校教师周转宿舍建设。各地要按规定将符合条件的乡村教师住房纳入当地住房保障范围,统筹予以解决。

(四)统一城乡教职工编制标准。乡村中小学教职工编制按照城市标准统一核定,其中村小学、教学点编制按照生师比和班师比相结合的方式核定。县级教育部门在核定的编制总额内,按照班额、生源等情况统筹分配各校教职工编制,并报同级机构编制部门和财政部门备案。通过调剂编制、加强人员配备等方式进一步向人口稀少的教学点、村小学倾斜,重点解决教师全覆盖问题,确保乡村学校开足开齐国家规定课程。严禁在有合格教师来源的情况下"有编不补"、长期使用临聘人员,严禁任何部门和单位以任何理由、任何形式占用或变相占用乡村中小学教职工编制。

(五)职称(职务)评聘向乡村学校倾斜。各地要研究完善乡村教师职称(职务)评聘条件和程序办法,实现县域内城乡学校教师岗位结构比例总体平衡,切实向乡村教师倾斜。乡村教师评聘职称(职务)时不作外语成绩(外语教师除外)、发表论文的刚性要求,坚持育人为本、德育为先,注重师德素养,注重教育教学工作业绩,注重教育教学方法,注重教育教学一线实践经历。城市中小学教师晋升高级教师职称(职务),应有在乡村学校或薄弱学校任教一年以上的经历。

(六)推动城镇优秀教师向乡村学校流动。全面推进义务教育教师队伍"县管校聘"管理体制改革,为组织城市教师到乡村学校任教提供制度保障。各地要采取定期交流、跨校竞聘、学区一体化管理、学校联盟、对口支援、乡镇中心学校教师走教等多种途径和方式,重点引导优秀校长和骨干教师向乡村学校流动。县域内重点推动县城学校教师到乡村学校交流轮岗,乡镇范围内重点推动中心学校教师到村小学、教学点交流轮岗。采取有效措施,保持乡村优秀教师相对稳定。

(七)全面提升乡村教师能力素质。到2020年前,对全体乡村教师校长进行360学时的培训。要把乡村教师培训纳入基本公共服务体系,保障经费投入,确保乡村教师培训时间和质量。省级人民政府要统筹规划和支持全员培训,市、县级人民政府要切实履行实施主体责任。整合高等学校、县级教师发展中心和中小学校优质资源,建立乡村教师校长专业发展支持服务体系。将师德教育作为乡村教师培训的首要内容,推动师德教育进教材、进课堂、进头脑,贯穿培训全过程。全面提升乡村教师信息技术应用能力,积极利用远程教学、数字化课程等信息技术手段,破解乡村优质教学资源不足的难题,同时建立支持学校、教师使用相关设备的激励机制并提供必要的保障经费。加强乡村学校音体美等师资紧缺学科教师和民族地区双语教师培训。按照乡村教师的实际需求改进培训方式,采取顶岗置换、网络研修、送教下乡、专家指导、校本研修等多种形式,增强培训的针对性和实效性。从2015年起,"国培计划"集中支持中西部地区乡村教师校长培训。鼓励乡村教师在职学习深造,提高学历层次。

(八)建立乡村教师荣誉制度。国家对在乡村学校从教30年以上的教师按照有关规定颁发荣誉证书。省(区、市)、县(市、区、旗)要分别对在乡村学校从教20年以上、10年以上的教师给予鼓励。各省级人民政府可按照国家有关规定对在乡村学校长期从教的教师予以表彰。鼓励和引导社会力量建立专项基金,对长期在乡村学校任教的优秀教师给予物质奖励。在评选表彰教育系统先进集体和先进个人等方面要向乡村教师倾斜。广泛宣传乡村教师坚守岗位、默默奉献的崇高精神,在全社会大力营造关心支持乡村教师和乡村教育的浓厚氛围。

四、组织实施

（一）明确责任主体。地方各级人民政府是实施乡村教师支持计划的责任主体。要加强组织领导,把实施工作列入重要议事日程,实行一把手负责制,细化任务分工,分解责任,推进各部门密切配合、形成合力,切实将计划落到实处。要将实施乡村教师支持计划情况纳入地方政府工作考核指标体系,加强考核和监督。教育行政部门要加强对乡村教师队伍建设的统筹管理、规划和指导。发展改革、财政、编制、人力资源社会保障部门要按照职责分工主动履职,切实承担责任。要着力改革体制,鼓励和引导社会力量参与支持乡村教师队伍建设。对在乡村教师队伍建设工作方面改革创新、积极推进、成绩突出的基层教育部门,有关部门要加强总结、及时推广经验做法并按照国家有关规定予以表彰。

（二）加强经费保障。中央财政通过相关政策和资金渠道,重点支持中西部乡村教师队伍建设。地方各级人民政府要积极调整财政支出结构,加大投入力度,大力支持乡村教师队伍建设。要把资金和投入用在乡村教师队伍建设最薄弱、最迫切需要的领域,切实用好每一笔经费,提高资金使用效益,促进教育资源均衡配置。要制定严格的经费监管制度,规范经费使用,加强经费管理,强化监督检查,坚决杜绝截留、克扣、虚报、冒领等违法违规行为的发生。

（三）开展督导检查。地方各级人民政府教育督导机构要会同有关部门,每年对乡村教师支持计划实施情况进行专项督导,及时通报督导情况并适时公布。国家有关部门要组织开展对乡村教师支持计划实施情况的专项督导检查。对实施不到位、成效不明显的,要追究相关负责人的领导责任。

省、市、县、乡各级人民政府要制订实施办法,把准支持重点,因地制宜提出符合乡村教育实际的支持政策和有效措施,将本计划的要求进一步明确化、具体化。请各省（区、市）于2015年底前,将本省（区、市）的实施办法报教育部备案,同时向社会公布,接受社会监督。

附录二

教育部关于实施卓越教师培养计划的意见
教师〔2018〕13号

各省、自治区、直辖市教育厅(教委),新疆生产建设兵团教育局,有关部门(单位)教育司(局),部属有关高等学校,部省合建各高等学校:

为贯彻《中共中央国务院关于全面深化新时代教师队伍建设改革的意见》决策部署,落实《教育部等5部门关于印发〈教师教育振兴行动计划〉(2018—2022年)的通知》(教师〔2018〕2号)工作要求,根据《教育部关于加快建设高水平本科教育全面提高人才培养能力的意见》,现就实施卓越教师培养计划提出如下意见。

一、总体思路

围绕全面推进教育现代化的时代新要求,立足全面落实立德树人根本任务的时代新使命,坚定办学方向,坚持服务需求,创新机制模式,深化协同育人,贯通职前职后,建设一流师范院校和一流师范专业,全面引领教师教育改革发展。通过实施卓越教师培养,在师范院校办学特色上发挥排头兵作用,在师范专业培养能力提升上发挥领头雁作用,在师范人才培养上发挥风向标作用,培养造就一批教育情怀深厚、专业基础扎实、勇于创新教学、善于综合育人和具有终身学习发展能力的高素质专业化创新型中小学(含幼儿园、中等职业学校、特殊教育学校,下同)教师。

二、目标要求

经过五年左右的努力,办好一批高水平、有特色的教师教育院校和师范专业,师德教育的针对性和实效性显著增强,课程体系和教学内容显著更新,以师范生为中心的教育教学新形态基本形成,实践教学质量显著提高,协同培养机制基本健全,教师教育师资队伍明显优化,教师教育质量文化基本建立。到2035年,师范生的综合素质、专业化水平和创新能力显著提升,为培养造就数以百万计的骨干教师、数以十万计的卓越教师、数以万计的教育家型教师奠定坚实基础。

三、改革任务和重要举措

（一）全面开展师德养成教育。将学习贯彻习近平总书记对教师的殷切希望和要求作为师范生师德教育的首要任务和重点内容，将"四有"好老师标准、四个"引路人"、四个"相统一"和"四个服务"等要求细化落实到教师培养全过程。加强师范特色校园、学院文化建设，着力培养"学高为师、身正为范"的卓越教师。通过实施导师制、书院制等形式，建立师生学习、生活和成长共同体，充分发挥导师在学生品德提升、学业进步和人生规划方面的作用。通过开展实习支教、邀请名师名校长与师范生对话交流等形式，切实培养师范生的职业认同和社会责任感。通过组织经典诵读、开设专门课程、组织专题讲座等形式，推动师范生汲取中华优秀传统文化精髓，传承中华师道，涵养教育情怀，做到知行合一。

（二）分类推进培养模式改革。适应五类教育发展需求，分类推进卓越中学、小学、幼儿园、中等职业学校和特殊教育学校教师培养改革。面向培养专业突出、底蕴深厚的卓越中学教师，重点探索本科和教育硕士研究生阶段整体设计、分段考核、有机衔接的培养模式，积极支持高水平综合大学参与。面向培养素养全面、专长发展的卓越小学教师，重点探索借鉴国际小学全科教师培养经验，继承我国养成教育传统的培养模式。面向培养幼儿为本、擅长保教的卓越幼儿园教师，重点探索幼儿园教师融合培养模式，积极开展初中毕业起点五年制专科层次幼儿园教师培养。面向培养理实一体、德业双修的卓越中职教师，重点探索校企合作"双师型"教师培养模式，主动对接战略新兴产业发展需要，开展教育硕士（职业技术教育领域）研究生培养工作。面向培养富有爱心、具有复合型知识技能的卓越特教教师，重点探索师范院校特殊教育知识技能与学科教育教学融合培养、师范院校与医学院校联合培养模式。

（三）深化信息技术助推教育教学改革。推动人工智能、智慧学习环境等新技术与教师教育课程全方位融合，充分利用虚拟现实、增强现实和混合现实等，建设开发一批交互性、情境化的教师教育课程资源。及时吸收基础教育、职业教育改革发展最新成果，开设模块化的教师教育课程，精选中小学教育教学和教师培训优秀案例，建立短小实用的微视频和结构化、能够进行深度分析的课例库。建设200门国家教师教育精品在线开放课程，推广翻转课堂、混合式教学等新型教学模式，形成线上教学与线下教学有机结合、深度融通的自主、合作、探究学习模式。创新在线学习学分管理、学籍管理、学业成绩评价等制度,大力支持名师名课等优质资源共享。利用大数据、云计算等技术,对课程教学实施情况进行监测,有效诊断评价师范生学习状况和教学质量,为教师、教学管理人员等进行教学决策、改善教学计划、提高教学质量、保证教学效果提供参考依据。

(四)着力提高实践教学质量。设置数量充足、内容丰富的实践课程,建立健全贯穿培养全程的实践教学体系,确保实践教学前后衔接、阶梯递进,实践教学与理论教学有机结合、相互促进。全面落实高校教师与优秀中小学教师共同指导教育实践的"双导师制",为师范生提供全方位、及时有效的实践指导。推进师范专业教学实验室、师范生教育教学技能实训教室和师范生自主研训与考核数字化平台建设,强化师范生教学基本功和教学技能训练与考核。建设教育实践管理信息系统平台,推进教育实践全过程管理,做到实习前有明确要求、实习中有监督指导、实习后有考核评价。遴选建设一批优质教育实践和企业实践基地,在师范生教育实践和专业实践、教师教育师资兼职任教等方面建立合作共赢长效机制。

(五)完善全方位协同培养机制。支持建设一批省级政府统筹,高等学校与中小学协同开展培养培训、职前与职后相互衔接的教师教育改革实验区,着力推进培养规模结构、培养目标、课程设置、资源建设、教学团队、实践基地、职后培训、质量评价、管理机制等全流程协同育人。鼓励支持高校之间交流合作,通过交换培养、教师互聘、课程互选、同步课堂、学分互认等方式,使师范生能够共享优质教育资源。积极推动医教联合培养特教教师,高校与行业企业、中等职业学校联合培养中职教师。大力支持高校开展教师教育管理体制改革,构建教师培养校内协同机制和协同文化,鼓励有条件的高校依托现有资源组建实体化的教师教育学院,加强办公空间与场所、设施与设备、人员与信息等资源的优化与整合,聚力教师教育资源,彰显教师教育文化,促进教师培养、培训、研究和服务一体化。

(六)建强优化教师教育师资队伍。推动高校配足配优符合卓越教师培养需要的教师教育师资队伍,在岗位聘用、绩效工资分配等方面,对学科课程与教学论教师实行倾斜政策。加大学科课程与教学论博士生培养力度和教师教育师资国内访学支持力度,通过组织集中培训、校本教研、见习观摩等,提高教师教育师资的专业化水平。加强教师教育学科建设,指导高校建立符合教师教育特点的教师考核评价机制,引导和推动教师教育师资特别是学科课程与教学论教师开展基础教育、职业教育研究。通过共建中小学名师名校长工作室、特级教师流动站、企业导师人才库等,建设一支长期稳定、深度参与教师培养的兼职教师教育师资队伍。指导推动各地开展高等学校与中小学师资互聘,建立健全高校与中小学等双向交流长效机制。

(七)深化教师教育国际交流与合作。加强与境外高水平院校的交流与合作,共享优质教师教育资源,积极推进双方联合培养、学生互换、课程互选、学分互认。提高师范生赴境外观摩学习比例,采取赴境外高校交流、赴境外中小学见习实习等多种形式,拓展师范生国际视野。积极参与国际教师教育创新研究,加大教师教育师资国外访学支持力度,学习借鉴国际先进教育理念经验,扩大中国教育的国际影响。

(八)构建追求卓越的质量保障体系。落实《普通高等学校师范类专业认证实施办法》,构建中国特色、世界水平的教师教育质量监测认证体系,分级分类开展师范类专业认证,全面保障、持续提升师范类专业人才培养质量。推动高校充分利用信息技术等多种手段,建立完善基于证据的教师培养质量全程监控与持续改进机制和师范毕业生持续跟踪反馈机制以及中小学、教育行政部门等利益相关方参与的多元社会评价机制,定期对校内外的评价结果进行综合分析并应用于教学,推动师范生培养质量的持续改进和提高,形成追求卓越的质量文化。

四、保障机制

(一)构建三级实施体系。教育部统筹计划的组织实施工作,做好总体规划。各省(区、市)教育行政部门要结合实际情况,制定实施省级"卓越教师培养计划"。各高校要结合本校实际,制定落实计划的具体实施方案,纳入学校整体发展规划。

(二)加强政策支持。优先支持计划实施高校学生参与国际合作交流、教师教育师资国内访学和出国进修;对计划实施高校适度增加教育硕士招生计划,加强教师教育学科建设,完善学位授权点布局,教育硕士、教育博士授予单位及授权点向师范院校倾斜。推进教育硕士专业学位研究生培养与教师职业资格的有机衔接。将卓越教师培养实施情况特别是培养指导师范生情况作为高校教师考核评价和职称晋升、中小学工作考核评价和特色评选、中小学教师评优和职称晋升、中小学特级教师和学科带头人评选、名师名校长遴选培养的重要依据。

(三)加大经费保障。中央高校应统筹利用中央高校教育教学改革专项等中央高校预算拨款和其他各类资源,结合学校实际,支持计划的实施。各省(区、市)加大经费投入力度,统筹地方财政高等教育、教师队伍建设资金和中央支持地方高校改革发展资金,支持计划实施高校。

（四）强化监督检查。成立"卓越教师培养计划"专家委员会，负责计划的指导、咨询服务等工作。实行动态调整，专家组将通过查阅学校进展报告、实地调研等形式对计划实施情况进行定期检查。对完成培养任务、实施成效显著的，予以相关倾斜支持；对检查不合格的，取消"卓越教师培养计划 2.0"改革项目承担资格。

教育部
2018 年 9 月 17 日

附录三

教育部等五部门关于印发
《教师教育振兴行动计划(2018—2022年)》的通知
教师〔2018〕2号

各省、自治区、直辖市教育厅(教委)、发展改革委、财政厅(局)、人力资源和社会保障厅(局)、编办,新疆生产建设兵团教育局、发展改革委、财政局、人事局、劳动和社会保障局、编办:

现将《教师教育振兴行动计划(2018—2022年)》印发给你们,请结合实际认真贯彻执行。

教育部 国家发展改革委
财政部 人力资源社会保障部 中央编办
2018年2月11日

教师教育振兴行动计划
(2018—2022年)

教师教育是教育事业的工作母机,是提升教育质量的动力源泉。为深入认真贯彻习近平新时代中国特色社会主义思想和党的十九大精神,根据《中共中央 国务院关于全面深化新时代教师队伍建设改革的意见》(中发〔2018〕4号)的决策部署,按照国民经济和社会发展第十三个五年规划纲要及国家教育事业发展"十三五"规划工作要求,采取切实措施建强做优教师教育,推动教师教育改革发展,全面提升教师素质能力,努力建设一支高素质专业化创新型教师队伍,特制定教师教育振兴行动计划。

一、指导思想

以习近平新时代中国特色社会主义思想为指导,全面学习贯彻党的十九大精神,紧紧围绕统筹推进"五位一体"总体布局和协调推进"四个全面"战略布局,坚持和加强党的全面领导,坚持以人民为中心的发展思想,坚持全面深化改革,牢固树立新发展理念,全面贯彻党的教育方针,坚持社会主义办学方向,落实立德树人根本任务,主动适应教育现代化对教师队伍的新要求,遵循教育规律和教师成长发展规律,着眼长远,立足当前,以提升教师教育质量为核心,以加强教师教育体系建设为支撑,以教师教育供给侧结构性改革为动力,推进教师教育创新、协调、绿色、开放、共享发展,从源头上加强教师队伍建设,着力培养造就党和人民满意的师德高尚、业务精湛、结构合理、充满活力的教师队伍。

二、目标任务

经过5年左右努力,办好一批高水平、有特色的教师教育院校和师范类专业,教师培养培训体系基本健全,为我国教师教育的长期可持续发展奠定坚实基础。师德教育显著加强,教师培养培训的内容方式不断优化,教师综合素质、专业化水平和创新能力显著提升,为发展更高质量更加公平的教育提供强有力的师资保障和人才支撑。

——落实师德教育新要求,增强师德教育实效性。将学习贯彻习近平总书记对教师的殷切希望和要求作为教师师德教育的首要任务和重点内容。加强师德养成教育,用"四有好老师"标准、"四个引路人""四个相统一"和"四个服务"等要求,统领教师成长发展,细化落实到教师教育课程,引导教师以德立身、以德立学、以德施教、以德育德。

——提升培养规格层次,夯实国民教育保障基础。全面提高师范生的综合素养与能力水平。根据各地实际,为义务教育学校培养更多接受过高质量教师教育的素质全面、业务见长的本科层次教师,为普通高中培养更多专业突出、底蕴深厚的研究生层次教师,为中等职业学校(含技工学校,下同)大幅增加培养具有精湛实践技能的"双师型"专业课教师,为幼儿园培养一大批关爱幼儿、擅长保教的学前教育专业专科以上学历教师,教师培养规格层次满足保障国民教育和创新人才培养的需要。

——改善教师资源供给,促进教育公平发展。加强中西部地区和乡村学校教师培养,重点为边远、贫困、民族地区教育精准扶贫提供师资保障。支持中西部地区提升师范专业办学能力。推进本土化培养,面向师资补充困难地区逐步扩大乡村教师公费定向培养规模,为乡村学校培养"下得去、留得住、教得好、有发展"的合格教师。建立健全乡村教师成长发展的支持服务体系,高质量开展乡村教师全员培训,培训的针对性和实效性不断提高。

——创新教师教育模式,培养未来卓越教师。吸引优秀人才从教,师范生生源质量显著提高,用优秀的人去培养更优秀的人。注重协同育人,注重教学基本功训练和实践教学,注重课程内容不断更新,注重信息技术应用能力,教师教育新形态基本形成。师范生与在职教师的社会责任感、创新精神和实践能力不断增强。

——发挥师范院校主体作用,加强教师教育体系建设。加大对师范院校的支持力度,不断优化教师教育布局结构,基本形成以国家教师教育基地为引领、师范院校为主体、高水平综合大学参与、教师发展机构为纽带、优质中小学为实践基地的开放、协同、联动的现代教师教育体系。

三、主要措施

(一)师德养成教育全面推进行动。研制出台在教师培养培训中加强师德教育的文件和师德修养教师培训课程指导标准。将师德教育贯穿教师教育全过程,作为师范生培养和教师培训课程的必修模块。培育和践行社会主义核心价值观,引导教师全面落实到教育教学实践中。制订教师法治培训大纲,开展法治教育,提升教师法治素养和依法执教能力。在师范生和在职教师中广泛开展中华优秀传统文化教育,注重通过中华优秀传统文化涵养师德,通过经典诵读、开设专门课程、组织专题培训等形式,汲取文化精髓,传承中华师道。将教书育人楷模、一线优秀教师校长请进课堂,采取组织公益支教、志愿服务等方式,着力培育师范生的教师职业认同和社会责任感。借助新闻媒体平台,组织开展师范生"师德第一课"系列活动。每年利用教师节后一周时间开展"师德活动周"活动。发掘师德先进典型,弘扬当代教师风采,大力宣传阳光美丽、爱岗敬业、默默奉献的新时代优秀教师形象。

(二)教师培养层次提升行动。引导支持办好师范类本科专业,加大义务教育阶段学校本科层次教师培养力度。按照有关程序办法,增加一批教育硕士专业学位授权点。引导鼓励有关高校扩大教育硕士招生规模,对教师教育院校研究生推免指标予以统筹支持。支持探索普通高中、中等职业学校教师本科和教育硕士研究生阶段整体设计、分段考核、有机衔接的培养模式。适当增加教育博士专业学位授权点,引导鼓励有关高校扩大教育博士招生规模,面向基础教育、职业教育教师校长,完善教育博士选拔培养方案。办好一批幼儿师范高等专科学校和若干所幼儿师范学院。各地根据学前教育发展的实际需求,扩大专科以上层次幼儿园教师培养规模。支持师范院校扩大特殊教育专业招生规模,加大特殊教育领域教育硕士培养力度。

(三)乡村教师素质提高行动。各地要以集中连片特困地区县和国家级贫困县为重点,通过公费定向培养、到岗退费等多种方式,为乡村小学培养补充全科教师,为乡村初中培养补充"一专多能"教师,优先满足老少边穷岛等边远贫困地区教师补充需要。加大紧缺薄弱学科教师和民族地区双语教师培养力度。加强县区乡村教师专业发展支持服务体系建设,强化县级教师发展机构在培训乡村教师方面的作用。培训内容针对教育教学实际需要,注重新课标新教材和教育观念、教学方法培训,赋予乡村教师更多选择权,提升乡村教师培训实效。推进乡村教师到城镇学校跟岗学习,鼓励引导师范生到乡村学校进行教育实践。"国培计划"集中支持中西部乡村教师校长培训。

（四）师范生生源质量改善行动。依法保障和提高教师的地位待遇,通过多种方式吸引优质生源报考师范专业。改进完善教育部直属师范大学师范生免费教育政策,将"免费师范生"改称为"公费师范生",履约任教服务期调整为6年。推进地方积极开展师范生公费教育工作。积极推行初中毕业起点五年制专科层次幼儿园教师培养。部分办学条件好、教学质量高的高校师范专业实行提前批次录取。加大入校后二次选拔力度,鼓励设立面试考核环节,考察学生的综合素养和从教潜质,招收乐教适教善教的优秀学生就读师范专业。鼓励高水平综合性大学成立教师教育学院,设立师范类专业,招收学科知识扎实、专业能力突出、具有教育情怀的学生,重点培养教育硕士,适度培养教育博士。建立健全符合教育行业特点的教师招聘办法,畅通优秀师范毕业生就业渠道。

（五）"互联网+教师教育"创新行动。充分利用云计算、大数据、虚拟现实、人工智能等新技术,推进教师教育信息化教学服务平台建设和应用,推动以自主、合作、探究为主要特征的教学方式变革。启动实施教师教育在线开放课程建设计划,遴选认定200门教师教育国家精品在线开放课程,推动在线开放课程广泛应用共享。实施新一周期中小学教师信息技术应用能力提升工程,引领带动中小学教师校长将现代信息技术有效运用于教育教学和学校管理。研究制定师范生信息技术应用能力标准,提高师范生信息素养和信息化教学能力。依托全国教师管理信息系统,加强在职教师培训信息化管理,建设教师专业发展"学分银行"。

（六）教师教育改革实验区建设行动。支持建设一批由地方政府统筹,教育、发展改革、财政、人力资源社会保障、编制等部门密切配合,高校与中小学协同开展教师培养培训、职前与职后相互衔接的教师教育改革实验区,带动区域教师教育综合改革,全面提升教师培养培训质量。深入实施"卓越教师培养计划",建设一流师范院校和一流师范专业,分类推进教师培养模式改革。推动实践导向的教师教育课程内容改革和以师范生为中心的教学方法变革。发挥"国培计划"示范引领作用,加强教师培训需求诊断,优化培训内容,推动信息技术与教师培训的有机融合,实行线上线下相结合的混合式培训。实施新一周期职业院校教师素质提高计划,引领带动高层次"双师型"教师队伍建设。实施中小学名师名校长领航工程,培养造就一批具有较大社会影响力、能够在基础教育领域发挥示范引领作用的领军人才。加强教育行政部门对新教师入职教育的统筹规划,推行集中培训和跟岗实践相结合的新教师入职教育模式。

(七)高水平教师教育基地建设行动。综合考虑区域布局、层次结构、师范生招生规模、校内教师教育资源整合、办学水平等因素,重点建设一批师范教育基地,发挥高水平、有特色教师教育院校的示范引领作用。加强教师教育院校师范生教育教学技能实训平台建设。国家和地方有关重大项目充分考虑教师教育院校特色,在规划建设方面予以倾斜。推动高校有效整合校内资源,鼓励有条件的高校依托现有资源组建实体化的教师教育学院。制定县级教师发展中心建设标准。以优质市县教师发展机构为引领,推动整合教师培训机构、教研室、教科所(室)、电教馆的职能和资源,按照精简、统一、效能原则建设研训一体的市县教师发展机构,更好地为区域教师专业发展服务。高校与地方教育行政部门依托优质中小学,开展师范生见习实习、教师跟岗培训和教研教改工作。

(八)教师教育师资队伍优化行动。国家和省级教育行政部门加大对教师教育师资国内外访学支持力度。引导支持高校加大学科课程与教学论博士生培养力度。高校对教师教育师资的工作量计算、业绩考核等评价与管理,应充分体现教师教育工作特点。在岗位聘用、绩效工资分配等方面,对学科课程与教学论教师实行倾斜政策。推进职业学校、高等学校与大中型企业共建共享师资,允许职业学校、高等学校依法依规自主聘请兼职教师,支持有条件的地方探索产业导师特设岗位计划。推进高校与中小学教师、企业人员双向交流。高校与中小学、高校与企业采取双向挂职、兼职等方式,建立教师教育师资共同体。实施骨干培训者队伍建设工程,开展万名专兼职教师培训者培训能力提升专项培训。组建中小学名师工作室、特级教师流动站、企业导师人才库,充分发挥教研员、学科带头人、特级教师、高技能人才在师范生培养和在职教师常态化研修中的重要作用。

(九)教师教育学科专业建设行动。建立健全教师教育本专科和研究生培养的学科专业体系。鼓励支持有条件的高校自主设置"教师教育学"

二级学科,国家定期公布高校在教育学一级学科设立"教师教育学"二级学科情况,加强教师教育的学术研究和人才培养。明确教育实践的目标任务,构建全方位教育实践内容体系,与基础教育、职业教育课程教学改革相衔接,强化"三字一话"等师范生教学基本功训练。修订《教师教育课程标准》,组织编写或精选推荐一批主干课教材和精品课程资源。发布《中小学幼儿园教师培训课程指导标准》。开发中等职业学校教师教育课程和特殊教育课程资源。鼓励高校针对有从教意愿的非师范类专业学生开设教师教育课程,协助参加必要的教育实践。建设公益性教师教育在线学习中心,提供教师教育核心课程资源,供非师范类专业学生及社会人士修习。

（十）教师教育质量保障体系构建行动。建设全国教师教育基本状态数据库,建立教师培养培训质量监测机制,发布《中国教师教育质量年度报告》。出台《普通高等学校师范类专业认证标准》,启动开展师范类专业认证,将认证结果作为师范类专业准入、质量评价和教师资格认定的重要依据,并向社会公布。建立高校教师教育质量自我评估制度。建立健全教育专业学位认证评估制度和动态调整机制,推动完善教育硕士培养方案,聚焦中小学教师培养,逐步实现教育硕士培养与教师资格认定相衔接。建立健全教师培训质量评估制度。高校教学、学科评估要考虑教师教育院校的实际,将教师培养培训工作纳入评估体系,体现激励导向。

四、组织实施

（一）明确责任主体。要加强组织领导,把振兴教师教育作为全面深化新时代教师队伍建设改革的重大举措,列入重要议事日程,切实将计划落到实处。教育行政部门要加强对教师教育工作的统筹管理和指导,发展改革、财政、人力资源社会保障、编制部门要密切配合、主动履职尽责,共同为教师教育振兴发展营造良好的法治和政策环境。成立国家教师教育咨询专家委员会,为教师教育重大决策提供有力支撑。

（二）加强经费保障。要加大教师教育财政经费投入力度,提升教师教育保障水平。根据教师教育发展以及财力状况,适时提高师范生生均拨款标准。教师培训经费要列入财政预算。幼儿园、中小学和中等职业学校按照年度公用经费预算总额的5%安排教师培训经费。中央财政通过现行政策和资金渠道对教师教育加大支持力度。在相关重大教育发展项目中将教师培养培训作为资金使用的重要方向。积极争取社会支持,建立多元化筹资渠道。

（三）开展督导检查。建立教师教育项目实施情况的跟踪、督导机制。国家有关部门组织开展对教师教育振兴行动计划实施情况的专项督导检查,确保各项政策举措落到实处。按照国家有关规定对先进典型予以表彰奖励,对实施不到位、敷衍塞责的,要追究相关部门负责人的领导责任。

附录

附录四

**云南省人民政府办公厅关于印发云南省乡村教师支持计划
（2015—2020 年）的通知**

各州、市人民政府，省直各委、办、厅、局：

《云南省乡村教师支持计划（2015—2020 年）》已经省人民政府同意，现印发给你们，请认真贯彻执行。

云南省人民政府办公厅
2015 年 12 月 31 日

云南省乡村教师支持计划（2015—2020 年）

根据《国务院办公厅关于印发乡村教师支持计划（2015—2020 年）的通知》（国办发〔2015〕43 号）要求，结合云南省实际，制定本计划。

一、加强乡村教师师德建设

（一）坚持立德树人，开展多种形式的师德教育，将师德表现作为教师年度工作考核、职称评审、岗位聘用、资格定期注册、评优奖励的重要内容，落实教育、宣传、考核、监督与奖惩相结合的师德建设长效机制。充分发挥乡镇中心学校党组织和党员教师的作用，丰富乡村教师精神文化生活，重视乡村教师特别是青年教师心理健康疏导工作，增强教师对自身职业的认同感和幸福感。（省教育厅牵头；省委组织部、宣传部、团省委、省人力资源社会保障厅配合）

二、创新乡村教师培养模式

（二）在教师培养、准入、培训、管理、考核等方面，执行各级各类学校教师专业标准。实行师范类专业培养质量定期评估制度，鼓励师范院校聘请中小学、幼儿园优秀教师到学校为师范生授课。（省教育厅牵头；省人力资源社会保障厅配合）

（三）整合当地教研训资源，推动师范院校与各级政府、中小学校共建教师专业发展中心。建立师范生全学段学习实践制度。鼓励师范院校每年派遣高年级师范生到乡村学校实习1个学期,置换出乡村教师到优质中小学、幼儿园进行跟岗研修。(省教育厅牵头;各州、市人民政府配合)

(四)加大乡村教师培养力度,从2016年起,设立定向免费师范生专项招生计划,用于支持高等学校与各级政府、中小学、幼儿园、各类企业联合推进免费师范生培养模式改革,根据各地需求、岗位空缺情况和乡村学校实际需要,采取"定向培养、定向就业"的方式专门培养本专科层次的小学全科、"民汉双语"、初中"一专多能"、特殊教育"双证书"、农村职业教育"双师型"等教师。财政部门要加大对定向免费师范生培养工作的支持力度,鼓励各地多渠道筹资支持该项工作。(省教育厅牵头;省编办、财政厅、人力资源社会保障厅、民族宗教委,各州、市人民政府配合)

(五)在部分省属高校建立"民汉双语"教师培养培训基地,在具备条件的中等职业学校探索建立定向或委托培养"民汉双语"幼儿教师的机制。(省教育厅牵头;省财政厅、人力资源社会保障厅、民族宗教委配合)

三、拓展乡村教师补充渠道

(六)扩大"特岗计划"实施规模,重点为乡村学校补充紧缺学科教师,确保特岗教师与在职在编教师享受同等待遇;鼓励和支持各地自主实施以补充乡村幼儿园教师为主的当地"特岗计划"。(省教育厅牵头;省财政厅、人力资源社会保障厅、编办,各州、市人民政府配合)

(七)普通高校毕业生赴边境县和3个藏区县、市乡村学校任教满3年的,按照我省有关规定,享受学费补助和国家助学贷款代偿政策。(省财政厅牵头;省教育厅、人力资源社会保障厅配合)

(八)招聘教师优先保障乡村学校紧缺学科教师需求,坚持分类指导原则,由县级教育行政部门根据乡村学校实际需求,提出招聘岗位的条件及要求,经同级人力资源社会保障部门核准后,组织分学科考试、考核,确保招聘人员"人岗相适",招聘计划可向本地生源倾斜。(省教育厅牵头;省人力资源社会保障厅,各州、市人民政府配合)

(九)鼓励县及县以上具有中级及以上职称的教师,自愿到乡村学校任教,到乡村学校连续服务满2年以上(含2年)的,从到乡村学校服务之日起,省财政给予每人每年1万元的工作岗位补贴。(省人力资源社会保障厅牵头;省财政厅、教育厅,各州、市人民政府配合)

(十)各地要创新方式,鼓励城镇退休的特级教师、高级教师到乡村学校支教讲学。省财政统筹资金,比照边远贫困地区、边疆民族地区和革命老区人才支持计划教师专项计划给予适当支持。鼓励乡村学校联合聘用或单独招聘符合条件的音体美专业社会人士担任兼职教师。(省教育厅牵头；省财政厅、人力资源社会保障厅，各州、市人民政府配合)

四、提高乡村教师生活待遇

(十一)全面落实集中连片特困地区乡村教师生活补助政策，各州、市、县、区人民政府根据学校艰苦边远程度，按照"以岗定补、在岗享有、离岗取消、实名发放、动态管理"的办法，实行乡村教师差别化生活补助，重点向条件艰苦地区、村小及教学点倾斜。差别化政策的范围、对象、档次及标准等具体办法，由各州、市、县、区自行确定。各地不得将乡镇工作岗位补贴充抵乡村教师生活补助。省财政统筹资金，对落实差别化生活补助政策较好的地区予以综合奖补。(省教育厅牵头；各州、市人民政府，省财政厅、人力资源社会保障厅配合)

(十二)依法依规落实乡村教师工资待遇政策，依法为教师缴纳住房公积金和各项社会保险费。在现行制度架构内，做好乡村教师重大疾病救助工作。关心教师健康，每年为乡镇及以下学校教职工提供1次免费常规体检。(省教育厅牵头；省财政厅、人力资源社会保障厅、卫生计生委，各州、市人民政府配合)

(十三)加快实施乡村教师周转宿舍建设，按规定将符合条件的乡村教师住房纳入当地住房保障范围，统筹予以解决，并优先向乡村女教师倾斜。把改善乡村教师住宿、食堂、办公条件与实施全面改善贫困地区义务教育薄弱学校基本办学条件等工程相结合，因地制宜，整体推进。(省教育厅牵头；省发展改革委、财政厅、住房城乡建设厅，各州、市人民政府配合)

五、深化乡村教师管理改革

(十四)优化编制结构，强化编制管理，优先保障乡村学校需求。定期清理学校在编不在岗人员，严禁占用或变相占用教职工编制。严禁在有合格教师来源的情况下"有编不补"、长期使用临聘人员。村小、教学点教职工编制按照生师比和班师比相结合的方式核定。县级教育行政部门在核定的编制总额内，按照班额、生源等情况统筹分配各校教职工编制，并报同级机构编制部门和财政部门备案。(省教育厅牵头；省编办、财政厅、人力资源社会保障厅，各州、市人民政府配合)

(十五)全面推进中小学教师职称制度改革，建立统一的中小学教师职称系列并设立正高级教师职称。完善符合乡村教师实际的职称评价标准,规范乡村教师职称评聘条件。中、高级岗位设置向乡村学校倾斜。城市中小学教师晋升高级教师职称(职务),应有在乡村学校或薄弱学校任教一年以上的经历。(省教育厅牵头;省人力资源社会保障厅配合)

(十六)推进中小学教师资格考试制度改革,严格考试标准,改革考试内容及方式。以师德表现、工作成效和在职学习培训结果为基本依据,试行5年一周期中小学教师资格定期注册制度。(省教育厅负责)

(十七)按照学校规模,在核定编制总额内,配备必要的专职心理健康教育教师,加强对寄宿制学校和农村留守儿童集中的学校的心理健康教育工作。(省教育厅牵头;省编办、团省委配合)

(十八)深化中小学校后勤服务改革,减轻乡村教师额外工作负担。鼓励各州、市、县、区人民政府加大资金统筹力度,采取政府购买服务方式,按照师生规模,为中小学、幼儿园配备工勤人员和安保人员。(省教育厅牵头;省人力资源社会保障厅、财政厅,各州、市人民政府配合)

(十九)完善"以县为主、县管校聘"体制,推进县域内义务教育学校校长、教师交流轮岗,每年有15%的优秀校长和10%的骨干教师在城乡学校之间、优质学校与薄弱学校之间交流轮岗。(省教育厅牵头;省编办、人力资源社会保障厅,各州、市人民政府配合)

六、提升乡村教师能力素质

(二十)开展全省中小学、幼儿园教师全员培训,到2020年,对全体乡村教师和校(园)长进行不少于360学时的专业化培训。完善乡村教师专业发展支持服务体系,统筹各级各类培训项目,加大送培下乡、乡村教师访名校、教师工作坊、信息技术能力应用等培训模式的实施力度,着力提升乡村教师学科教学能力。立足于中小学、幼儿园教师队伍整体素质提高,全面实施"名校(园)长名师工作室建设工程",建立50个名校(园)长工作室和200个省级名师工作室,充分发挥优秀校(园)长和教师的示范、引领、辐射作用;实施"县级教师发展中心建设工程",推动县级教师进修学校向县级教师发展中心转型升级,充分发挥其在县域教师队伍专业发展中的重要作用;实施"中小学、幼儿园骨干教师和校(园)长培训基地建设工程",鼓励各地遴选建设一批乡村教师、校长培训基地学校。引导乡村学校根据教师个体专业发展的需要,实施校本研修模式改革。(省教育厅牵头;省财政厅配合)

(二十一)建立教师培训经费保障的长效机制,各州、市人民政府要切实承担责任,根据国家和我省相关要求,按照教师工资总额的 2% 和教育费附加 5% 的比例安排教师培训经费。中小学校按照不低于学校年度公用经费预算总额 5% 的比例安排教师培训经费。(省财政厅牵头;各州、市人民政府,省教育厅配合)

(二十二)建立以政府为主导的义务教育均衡发展保障机制,鼓励校际合作,推广并完善"强弱携手"、"教育发展协作区"等模式,为乡村学校培养一批教学能手。鼓励企业、社会、个人多方参与,加快乡村学校教育信息化进程。探索建立一批教师网络研修社区,为乡村教师提供优质教学资源,促进乡村教师自主学习、终身学习。(省教育厅牵头;省财政厅、工业和信息化委,各州、市人民政府配合)

(二十三)落实国家和我省关于基层人才培养的各项政策规定,优先安排乡村教师参加各级各类人才培养项目。(省委组织部牵头;省教育厅、财政厅、人力资源社会保障厅配合)

七、完善乡村教师激励机制

(二十四)建立师德、能力、业绩、贡献并重的乡村教师考核评价标准,将"教得好"作为乡村教师获得表彰的重要指标。省人民政府对长期在艰苦边远地区乡村学校和教学点任教、贡献突出的教师进行表彰,对在乡村学校连续从教 20 年以上的乡村教师颁发荣誉证书,。县、市、区人民政府对在乡村学校连续从教 10 年以上的乡村教师给予鼓励。教育系统先进集体、先进个人评选表彰活动对乡村学校、乡村教师予以倾斜。(省教育厅牵头;省委宣传部、省财政厅、人力资源社会保障厅,各州、市人民政府配合)

(二十五)完善基础教育领域云岭教学名师、各级学科带头人、各级骨干教师梯级培养、选拔和管理办法,对乡村教师给予计划单列。(省教育厅牵头;省财政厅、人力资源社会保障厅配合)

(二十六)鼓励和引导社会力量建立专项基金,对长期在乡村学校任教的优秀教师给予物质奖励。(省教育厅牵头;省委宣传部配合)

(二十七)广泛深入宣传乡村教师先进事迹,在全社会大力营造关心支持乡村教师和乡村教育的浓厚氛围。(省委宣传部牵头;省教育厅配合)

八、强化各级政府责任

(二十八)各级政府是实施乡村教师支持计划的责任主体,要实行一把手负责制,要将实施乡村教师支持计划情况纳入当地政府工作考核指标体系。要积极调整财政支出结构、加大投入力度,支持乡村教师队伍建设。教育行政部门要加强对乡村教师队伍建设的统筹管理、规划和指导。发展改革、财政、机构编制、住房城乡建设、人力资源社会保障、卫生计生、民族宗教等部门要按照职责分工主动履职,切实落实工作责任。要鼓励和引导社会力量参与支持乡村教师队伍建设。省政府教育督导机构要会同有关部门每年开展乡村教师支持计划实施情况的专项督导,公布专项督导评估结果,对工作成效显著、成绩突出的予以表扬,对实施不到位、成效不明显的,要追究相关责任人的责任。

(二十九)各级政府要研究制定本计划的实施办法,找准支持重点,因地制宜提出符合当地乡村教师队伍建设实际的支持政策和有效措施,将本计划的要求进一步明确化、具体化。请各州、市人民政府须于2016年7月前,将本州市的实施办法报省教育厅备案,同时向社会公布,接受社会监督。

附录五

云南省小学全科和初中一专多能公费师范生培养方案编制指导意见(试行)

为了贯彻落实《云南省乡村教师支持计划(2015—2020年)》和《云南省师范生公费教育实施办法》,有效推进公费师范生培养工作,省教育厅制定公费师范生培养指导意见如下,请各承担培养任务的高等学校遵照执行。

一、目标任务

深入推进师范教育改革,为我省乡村义务教育学校培养具有较强适应性和"下得去、留得住、教得好"的教师,提高乡村义务教育质量,促进全省义务教育均衡发展。

二、基本要求

1. 云南省公费师范生培养分小学、初中两个学段实施。培养规格为4年制本科,授予相关学科学士学位。

2. 小学教师培养分普通学科与专门学科两类。普通学科,又称为小学教育综合学科,整合语文、数学、科学、品德与生活(社会)等方面的内容建构。专门学科指音乐、体育、美术和英语学科。初中教师培养对应初中教育的学科实施。小学专门学科及初中学科教师培养按照一专多能要求实施,每个培养对象在主修本学科专业基础上,须辅修不少于1个其他学科专业的基础课程。

3. 专业培养方案应体现厚基础、宽口径的特点。要充分体现当前学科整合及基础教育课程整合的改革要求,特别要体现我省乡村学校对教师承担多学科课程教学、组织实施多种教育教学活动的需求。

表1 小学普通学科教师培养课程体系建构要求

维度	模块	课程	修习形式	学时(约)	学分(约)	约占比例%	备注
学科知识	语文 数学 科学 品德与生活(社会)	学校自主设置	必修选修结合	学校自定	学校自定	48	各类课程中，实践教学内容所占比例不低于40%
通识知识	大学公共必修课程 音乐、体育、美术、书法基本知识与技能	学校自主设置	必修选修结合	学校自定	学校自定	22	
教师专业理念与师德	职业理解与认识 学生知识与情感 教育态度与行为 教师修养与礼仪	学校自主设置	必修选修结合	学校自定	学校自定	8	
教师专业知识与能力	教学知识 班级管理与教育活动 教育教学评价 研究与发展	学校自主设置	必修选修结合	学校自定	学校自定	10	
教学实践能力	教育教学实践	学校自主设置	必修	教育部规定	学校自定	12	
总计				2 800	155		

表2 小学专门学科教师培养课程建构框架要求

维度	模块	课程	修习形式	学时(约)	学分(约)	约占比例%	备注
学科知识	主修学科 辅修学科1 辅修学科2	学校自主设置	必修选修结合	学校自定	学校自定	48	各类课程中，实践教学内容所占比例不低于40%
通识知识	大学公共必修课程 书法、音乐、体育、美术基本知识与技能(与主、辅修学科相同的不开设)	学校自主设置	必修选修结合	学校自定	学校自定	22	
教师专业理念与师德	职业理解与认识 学生知识与情感 教育态度与行为 教师修养与礼仪	学校自主设置	必修选修结合	学校自定	学校自定	8	
教师专业知识与能力	教学知识 班级管理与教育活动 教育教学评价 研究与发展	学校自主设置	必修选修结合	学校自定	学校自定	10	
教学实践能力	教育教学实践	学校自主设置	必修	教育部规定	学校自定	12	
总计				2 800	155		

表3 初中教师培养课程建构框架要求

维度	模块	课程	修习形式	学时	学分(约)	约占比例%	备注
学科知识	主修学科 辅修学科1 辅修学科2	学校自主设置	必修选修结合	学校自定	学校自定	48	各类课程中，实践教学内容所占比例不低于40%
通识知识	大学公共必修课程 音乐、体育、美术、书法基本知识与技能(与主、辅修学科相同的不开设)	学校自主设置	必修选修结合	学校自定	学校自定	22	
教师专业理念与师德	职业理解与认识 学生知识与情感 教育态度与行为 教师修养与礼仪	学校自主设置	必修选修结合	学校自定	学校自定	8	
教师专业知识与能力	教学知识 班级管理与教育活动 教育教学评价 研究与发展	学校自主设置	必修选修结合	学校自定	学校自定	10	
教学实践能力	教育教学实践	学校自主设置	必修	教育部规定	学校自定	12	
总计				2 800	155		

4. 要将学科学术性与教师专业性有机结合。学科学术知识和能力以够用为度，不片面追求难度；教师专业性方面应强化理论素养、实践能力和教学研究能力培养，特别要注重三者之间的有机衔接与转换，特别要注重与学科专业知识的深度融合。

5. 学科专业课程体系应与目标任务保持高度一致性，课程之间应具有内在逻辑联系；课程资源要以先进的理论为支撑，以鲜活的社会实践及教学实践为主要内容。

学科专业课程体系中,各类实践及应用性教学内容所占比例原则上不少于40%。实践与应用教学应贯穿培养全过程,教育实践应于第二学期开始实施。

小学专门学科课程体系中,人文学科课程总量(含主辅修课程,下同)不少于10%,自然科学课程总量不少于8%。初中人文学科专业课程体系中,自然科学课程总量不少于15%,数学及其他理科类专业课程体系中,人文学科课程总量不少于20%。

6. 承担培养任务的高等学校要建立和完善高校、政府、中小学"三位一体"的协同培养机制,创新培养模式。

7. 教学团队组建要开放化、多元化。义务教育学校一线优秀教师、教研员在教学团队中的比例不少于20%。每学期邀请省内外高水平专家学者开设相关专题讲座不少于3次。

8. 承担培养任务的高等学校应加强公费师范生培养研究工作,建立激励机制,支持教师深入乡村义务教育学校,研究基础教育教学,不断产出较高水平的基础教育教学研究成果并形成应用案例。

9. 承担培养任务的高等学校要树立以学生为主体的理念,充分尊重学生基于乡村学校职业发展需求提出的合理学习要求和选择,为学生提供优良的学习和生活条件。要与地方相关教育行政部门密切联系,建立严格的学生管理制度并付诸实施。

10. 承担培养任务的高等学校要建立职前培养与职后培训一体化的管理体制与机制,将职后培训成果反哺职前培养;建立健全相关教学管理制度,重点建立相关教育质量监测与评估机制,规范化实施培养工作,确保教育质量。

三、培养方案

(一)小学普通学科教师培养方案

1. 培养目标。培养有社会主义核心价值观、有教师专业理想信念和职业道德、有宽厚扎实的学识、有先进教育理念和仁爱之心,能够较好适应乡村小学多门主干课程教育教学、研究和创新的小学教师。

2. 培养要求。以师德为核心开展教育,使学生达到综合学科和教育教学本科层次学术水平,拥有多学科课程教育教学(含心理健康教育)、班级组织管理、学生活动指导、教学研究、学习发展等5项能力,具备演讲、写作、写字、乐器、唱歌、绘画、社会实践、活动编创、信息技术、体育运动等

10项基本功。

3. 小学普通学科教师培养课程体系建构要求(见表1)。

(二)小学专门学科教师培养方案

1. 培养目标。培养有社会主义核心价值观、有教师专业理想信念和职业道德、有宽厚扎实的学识、有先进教育理念和仁爱之心,能够较好承担小学1门学科课程并兼任其他1门学科课程教育教学,具备相关学科研究能力和创新能力的小学教师。

2. 培养要求。以师德为核心开展教育,使学生达到本学科和教育教学本科层次学术水平,一般性掌握其他不少于1个学科专业的基本知识,拥有教育教学(含心理健康教育)、班级组织管理、学生活动指导、教学研究、学习发展等5项能力,具备演讲、写作、写字、社会实践、活动编创、信息技术等6项基本功,以及本学科专业之外唱歌、乐器、绘画、体育运动方面任意1项特长。

3. 小学专门学科教师培养课程建构框架要求(见表2)。

(三)初中"一专多能"教师培养方案

1. 培养目标。培养有社会主义核心价值观、有教师专业理想信念和职业道德、有宽厚扎实的学识、有先进教育理念和仁爱之心,能够较好承担初中1门学科课程并兼任其他1门学科课程教育教学,具备相关学科研究能力和创新能力的初中教师。

2. 培养要求。以师德为核心开展教育,使学生达到本学科和教育教学本科层次学术水平,一般性掌握其他不少于1个学科专业的基本知识,具备贯通和整合相关相近学科知识、开展教育教学研究、实施跨学科教学、进行学生学业指导、组织管理学生活动、从事社区服务等6项基本功,拥有本学科专业之外唱歌、乐器、绘画、体育运动方面任意1项特长。

3. 初中教师培养课程建构框架要求(见表3)。

附录六

中共云南省委 云南省人民政府
关于深化新时代中小学教师队伍建设改革的实施意见

云发〔2018〕21号
（2018年8月26日）

为贯彻落实《中共中央、国务院关于全面深化新时代教师队伍建设改革的意见》（中发〔2018〕4号）精神，全面深化我省新时代中小学（含普通中小学、幼儿园、特殊教育学校、中等职业学校）教师队伍建设改革，现提出如下实施意见。

一、提升思想政治素质

以习近平新时代中国特色社会主义思想为指导，深入贯彻落实党的十九大精神，按照"四有"好教师标准建设高素质、专业化教师队伍。加强党的领导，全面贯彻党的教育方针，坚持社会主义办学方向，落实立德树人根本任务。加强理想信念教育，坚定中国特色社会主义道路自信、理论自信、制度自信、文化自信，带头践行社会主义核心价值观。加强师德师风建设，弘扬高尚师德，传承优良师风，全心全意做学生的引路人。到2020年，实现中小学党的基层组织"应建尽建"，党支部书记分级培训全覆盖，党支部达标创建全覆盖（其中不低于25%建成示范党支部）。（牵头单位：省教育厅；责任单位：省委组织部、省委宣传部，各州市党委、政府）

二、补充学前教育教师队伍

提高学前教育师资保障水平，2018—2020年，各州（市）、县（市、区）政府在配齐现有0.12万名公办幼儿园教职工空编人数的基础上，每年通过调剂编制、购买服务等方式新增补充公办幼儿园教师1.35万名；加大对民办幼儿园支持力度，引导民办幼儿园每年补充3万名保教人员。建立幼儿园教师全员培训制度，切实提升科学保教能力。创新培养模式，加快补充学前教育教师队伍,提高乡村特别是边疆民族地区保障水平,确保2020年全省学前教育3年毛入园率达到85%。(牵头单位:各州市政府;责任单位:各县市区政府)

三、配齐义务教育教师队伍

严格执行中小学教师配备标准,2018—2020年,各级政府通过补齐空编、调剂编制、购买服务、压缩非教学人员编制等多种方式,每年新增补充0.83万名义务教育教职工。落实城乡统一的中小学教职工编制标准,新增教师向紧缺地区和农村学校倾斜,促进义务教育城乡一体化发展,确保2020年前全省129个县(市、区)全部实现义务教育基本均衡发展。采取教师编制配备和购买工勤服务相结合的方式,满足教育快速发展需求。(牵头单位:省委编办;责任单位:省教育厅、省财政厅、省人力资源社会保障厅,各级政府)

四、稳定特岗计划教师队伍

充分发挥特岗计划主渠道作用,从2019年起,符合实施特岗计划条件的所有县(市、区),通过该计划招聘教师的占比不低于90%。特岗教师3年服务期内,与当地在编在岗教师同等享受政策性增资、乡镇岗位补贴、乡村教师差别化生活补助等待遇,参加养老保险、医疗保险、工伤保险、生育保险、失业保险、住房公积金等社会保障,依法缴费并享受权益。特岗教师3年服务期计入工龄和教龄。(牵头单位:省教育厅;责任单位:省委编办、省财政厅、省人力资源社会保障厅,各州市、县市区政府)

五、补足高中阶段教师队伍

2018—2020年,各州(市)、县(市、区)政府在配齐0.24万名现有普通高中教职工空编人数的基础上,每年新增补充0.27万名公办普通高中教职工,引导民办普通高中每年增加补充0.02万名教职工;在配齐0.08万名现有中等职业学校教职工空编人数的基础上,每年通过调剂编制、购买服务、厂校结合聘请实习指导教师等多种形式,新增补充0.58万名教职工,引导民办中等职业学校每年增加补充0.2万名教职工。通过补足、优化高中阶段教师队伍,确保2020年全省高中阶段毛入学率达到90%。(牵头单位:各州市政府;责任单位:各县市区政府)

六、优化中小学教师队伍配置

落实中小学教职工编制总量核准和统筹使用报备制度。在现有编制总量内,加大省级统筹力度,盘活存量,优化结构,通过跨地区、跨层级、跨行业、跨部门、跨学段动态调剂事业编制,向中小学教师队伍和缺口较大地区倾斜。各地区根据核定的教师编制数,及时招聘、补充教师,严禁挤占、挪用、截留中小学教师编制,严禁长期空编、有编不补。完善中小学教师招聘办法,由县级教育行政部门向同级人力资源社会保障部门提出招聘数量及具体的岗位需求,由县级人力资源社会保障部门统一组织招聘,县级教育行政部门组织专业人员参与面试遴选,确保"人岗相适"。全面实行义务教育教师"县管校聘",县级机构编制部门核定编制总量,县级人力资源社会保障部门核定岗位总量,县级教育行政部门在总量内按照均衡配置教师资源、促进基础教育均衡发展的要求,统筹分配各学校的编制数、统筹设置各学校岗位数并向县级编制管理和人力资源社会保障部门报备。实行教师聘期制、校长任期制管理,推进义务教育学校教师、校长交流轮岗,实行学区(乡镇)内走教制度。鼓励支持乐于奉献、身体健康的退休优秀教师到乡村和基层学校支教讲学。(牵头单位:省教育厅;责任单位:省委编办、省财政厅、省人力资源社会保障厅,各州市、县市区政府)

七、实施"万名校长培训计划"

加强中小学校长队伍建设,2018—2022年,每年遴选2000名综合素质好、教育教学水平高、有一定管理能力、热爱教育事业的中青年校长、副校长、骨干教师,以集中研修、案例教学、实地观摩、名师指导等方式,开展为期半年的系统培训,重点学习党的教育方针、教育思想、教育政策,学习现代教育理念和方法,学习中外教育发展历史、现状及趋势,学习教育学、心理学等核心基础学科,学习先进教育教学及管理理论和方法,提升落实方针政策、规划学校发展、深化课程改革、创新学校管理等方面的领导力和执行力。通过5年努力,培训1万名优秀中小学校长,努力造就一支政治过硬、品德高尚、业务精湛、治校有方的校长队伍。整合国培计划和中小学教师培训经费统筹实施。(牵头单位:省教育厅;责任单位:省委组织部、省财政厅,各州市、县市区政府)

八、完善教师待遇保障机制

健全中小学教师工资长效联动机制,核定绩效工资总量时统筹考虑当地公务员实际收入水平,确保中小学教师平均工资收入水平不低于或高于当地公务员平均工资收入水平。班主任工作量按照一个教师工作量的 50% 计算,作为增加核定中小学绩效工资总量和中小学校内考核分配绩效工资的因素。核定中小学绩效工资总量,向特殊教育学校和承担"随班就读"工作任务的普通中小学倾斜;普通中小学校内考核分配绩效工资,向承担"随班就读"工作任务的教师倾斜。依法保障非在编教职工权益,足额缴纳"五险一金"等社会保险费,非在编教职工在业务培训、职务聘任、教龄工龄计算、表彰奖励、科研立项等方面享有与在编教职工同等权利。(牵头单位:省人力资源社会保障厅;责任单位:省教育厅、省财政厅,各州市、县市区政府)

九、深化教师评聘制度改革

将思想政治素质和师德表现作为职称评聘的首要条件,提高教师教育教学业绩在评聘中的比重。适当提高中小学中级、高级教师岗位比例,县级教育行政部门在批准的岗位总量内统筹并向农村学校和一线教师倾斜。完善符合中小学特点的岗位管理制度。加强教师聘后管理,健全校内绩效考核制度并严格应用考核结果,在岗位聘用和严格管理中实现人员能上能下。推行中小学校长职级制度改革,拓展职业发展空间,建设专业化校长队伍。推动固定岗和流动岗相结合的中等职业学校教师人事管理制度改革,大力引进行业企业一流人才兼职任教。(牵头单位:省教育厅;责任单位:省人力资源社会保障厅,各州市、县市区政府)

十、鼓励乡村教师长期从教、终身从教

从 2018 年起,每年在乡村学校从教 20 年以上的在职教师中,遴选 500 名作出突出贡献的优秀教师,给予每人 10 万元奖励,鼓励优秀教师扎根乡村、终身从教,成长为人民教育家。鼓励各州(市)、县(市、区)因地制宜、多种方式奖励乡村教师,关心支持乡村教育,营造全社会尊师重教良好风尚。(牵头单位:省教育厅;责任单位:省委宣传部、省财政厅、省人力资源社会保障厅,各州市、县市区政府)

附 录

各级党委和政府要提高政治站位,实行一把手负责制,切实加强对本地区教师队伍建设改革的组织领导和经费保障,定期分析、研判教师队伍建设重大问题,找准支持重点,按期完成目标任务。省级各有关部门要主动履职,加强统筹协调,通过教师工作联席会议制度,研究解决教师队伍建设改革的重大问题。省委、省政府建立教师队伍建设改革督查工作机制,列入对各级党委和政府督查督导工作重点内容,并将结果作为党政领导班子和有关领导干部综合考核评价、奖惩任免的重要参考。各州(市)要进一步细化分解任务,确定路线图、任务书、时间表和责任人,于2018年11月30日前将本州(市)工作方案报省教师工作联席会议制度办公室备案。

(此件公开发布)

附录七

教育部关于大力推进教师教育课程改革的意见
教师〔2011〕6号

各省、自治区、直辖市教育厅（教委），新疆生产建设兵团教育局，部属师范大学：

为贯彻落实教育规划纲要，深化教师教育改革，全面提高教师培养质量，建设高素质专业化教师队伍，现就推进教师教育课程改革和实施《教师教育课程标准（试行）》提出如下意见。

一、创新教师教育课程理念。教师教育课程在中小学和幼儿园教师培养中发挥着重要作用，是提高教师教育质量的关键环节。要围绕培养造就高素质专业化教师的目标，坚持育人为本、实践取向、终身学习的理念，实施《教师教育课程标准（试行）》，创新教师培养模式，强化实践环节，加强师德修养和教育教学能力训练，着力培养师范生的社会责任感、创新精神和实践能力。

二、优化教师教育课程结构。以"三个面向"为指导，构建体现先进教育思想、开放兼容的教师教育课程体系。适应基础教育改革发展，遵循教师成长规律，科学设置师范教育类专业公共基础课程、学科专业课程和教师教育课程，学科理论与教育实践紧密结合，教育实践课程不少于一个学期。按照《教师教育课程标准（试行）》的学习领域、建议模块和学分要求，制订有针对性的幼儿园、小学和中学教师教育课程方案，保证新入职教师基本适应基础教育新课程的需要。

三、改革课程教学内容。把社会主义核心价值体系有机融入课程教材中，精选对培养优秀教师有重要价值的课程内容，将学科前沿知识、教育改革和教育研究最新成果充实到教学内容中，特别应及时吸收儿童研究、学习科学、心理科学、信息技术的新成果。要将优秀中小学教学案例作为教师教育课程的重要内容。加强信息技术课程建设，提升师范生信息素养和利用信息技术促进教学的能力。

四、开发优质课程资源。实施"教师教育国家精品课程建设计划"，通过科研立项、遴选评优和海外引进等途径，构建丰富多彩、高质量的教师教育国家精品课程资源库。大力推广和使用"国家精品课程",共享优质课程资源。

五、改进教学方法和手段。把教学改革作为教师教育课程改革的核心环节,使基础教育课程改革精神落实到师范生培养过程中,全面提高新教师实施新课程的能力。在学科教学中,要注重培养师范生对学科知识的理解和学科思想的感悟。充分利用模拟课堂、现场教学、情境教学、案例分析等多样化的教学方式,增强师范生学习兴趣,提高教学效率,着力提高师范生的学习能力、实践能力和创新能力。加强以信息技术为基础的现代教育技术开发和应用,将现代教育技术渗透、运用到教学中。

六、强化教育实践环节。加强师范生职业基本技能训练,加强教育见习,提供更多观摩名师讲课的机会。师范生到中小学和幼儿园教育实践不少于一个学期。支持建立一批教师教育改革创新试验区,建设长期稳定的中小学和幼儿园教育实习基地。高校和中小学要选派工作责任心强、经验丰富的教师担任师范生实习指导教师。大力开展教育实践活动,深入农村中小学,引导和教育师范生树立强烈的社会责任感和使命感。积极开展师范生实习支教和置换培训,服务农村教育。

七、加强教师养成教育。注重未来教师气质的培养,营造良好教育文化氛围,激发师范生的教育实践兴趣,树立长期从教、终身从教信念。邀请优秀中小学校长、教师对师范生言传身教,感受名师人生追求和教师职业精神。开展丰富多彩师范生素质培养和竞赛活动,重视塑造未来教师人格魅力。加强教师职业道德教育,将《中小学教师职业道德规范》列为教师教育必修课程。

八、建设高水平师资队伍。采取有效措施,吸引和激励高水平教师承担教育类课程教学任务。支持高校教师积极开展中小学教育教学改革试验,担任教育类课程的教师要有中小学教育服务工作经历。聘任中小学和幼儿园名师为兼职教师,占教育类课程教学教师人数不少于20%。形成高校与中小学教师共同指导师范生的机制,实行双导师制。

九、建立课程管理和质量评估制度。开展师范教育类专业评估,确保教师培养质量。将师范生培养质量情况作为衡量有关高校办学水平的重要指标。要将师范生培养情况纳入高等学校教学基本状态数据年度统计和公布制度。加强教师教育课程和教材管理。

十、加强组织领导和条件保障。各地教育行政部门要统筹规划、协调指导、积极支持教师教育课程改革工作。高校把教师教育课程教学改革和实施《教师教育课程标准(试行)》列入学校发展整体计划,集中精力,精心组织,抓紧抓好。要建立和完善强有力的师范生培养教学管理组织体系。加大教师教育经费投入力度,确保教师教育课程改革工作所需的各项经费。

附件:教师教育课程标准(试行)

中华人民共和国教育部
2011 年 10 月 8 日

附录

附录八

教师教育课程标准（试行）

为落实教育规划纲要，深化教师教育改革，规范和引导教师教育课程与教学，培养造就高素质专业化教师队伍，特制定《教师教育课程标准（试行）》。

教师教育课程广义上包括教师教育机构为培养和培训幼儿园、小学和中学教师所开设的公共基础课程、学科专业课程和教育类课程。本课程标准专指教育类课程。

教师教育课程标准体现国家对教师教育机构设置教师教育课程的基本要求，是制定教师教育课程方案、开发教材与课程资源、开展教学与评价，以及认定教师资格的重要依据。

一、基本理念

（一）育人为本

教师是幼儿、中小学学生发展的促进者，在研究和帮助学生健康成长的过程中实现专业发展。教师教育课程应反映社会主义核心价值观，吸收研究新成果，体现社会进步对幼儿、中小学学生发展的新要求。教师教育课程应引导未来教师树立正确的儿童观、学生观、教师观与教育观，掌握必备的教育知识与能力，参与教育实践，丰富专业体验；引导未来教师因材施教，关心和帮助每个幼儿、中小学学生逐步树立正确的世界观、人生观、价值观，培养社会责任感、创新精神和实践能力。

（二）实践取向

教师是反思性实践者，在研究自身经验和改进教育教学行为的过程中实现专业发展。教师教育课程应强化实践意识，关注现实问题，体现教育改革与发展对教师的新要求。教师教育课程应引导未来教师参与和研究基础教育改革，主动建构教育知识，发展实践能力；引导未来教师发现和解决实际问题，创新教育教学模式，形成个人的教学风格和实践智慧。

(三)终身学习

教师是终身学习者,在持续学习和不断完善自身素质的过程中实现专业发展。教师教育课程应实现职前教育与在职教育的一体化,增强适应性和开放性,体现学习型社会对个体的新要求。教师教育课程应引导未来教师树立正确的专业理想,掌握必备的知识与技能,养成独立思考和自主学习的习惯;引导教师加深专业理解,更新知识结构,形成终身学习和应对挑战的能力。

二、教师教育课程目标与课程设置

(一)幼儿园职前教师教育课程目标与课程设置

幼儿园职前教师教育课程要帮助未来教师充分认识幼儿阶段的特性和价值,理解"保教结合"的重要性,学会按幼儿的成长特点进行科学的保育和教育;理解幼儿的认知特点和学习方式,学会把教育寓于幼儿的生活和游戏中,创设适宜的教育环境,保护与发展幼儿探究、创造的兴趣,让幼儿在愉快的幼儿园生活中健康地成长。

1. 课程目标

目标领域	目标	基本要求
1 教育信念与责任	1.1 具有正确的儿童观和相应的行为	1.1.1 理解幼儿阶段在人生发展中的独特地位和价值,认识健康愉快的幼儿园生活对幼儿发展的意义。 1.1.2 尊重和维护幼儿的人格和权利,保护幼儿的好奇心和自信心。 1.1.3 尊重幼儿的个体差异,相信幼儿具有发展的潜力,乐于为幼儿创造发展的条件和机会。
	1.2 具有正确的教师观和相应的行为	1.2.1 理解教师是幼儿学习的引导者和支持者,相信教师工作的意义在于帮助幼儿健康成长。 1.2.2 了解幼儿园教师的职业特点和专业要求,自觉提高自身的科学与人文素养,形成终身学习的意愿。 1.2.3 了解教师的权利和责任,遵守教师职业道德。
	1.3 具有正确的教育观和相应的行为	1.3.1 理解教育对幼儿成长、教师自身发展和社会进步的重要意义,相信教育充满了创造的乐趣,愿意从事幼儿教育事业。 1.3.2 了解幼儿教育的历史、现状和发展趋势,认同素质教育理念,理解并参与教育改革。 1.3.3 形成正确的教育质量观,对与幼儿教育相关的现象进行专业思考与判断。

附 录

续表

目标领域	目标	基本要求
2 教育知识与能力	2.1 具有理解幼儿的知识和能力	2.1.1 了解儿童发展的主要理论和儿童研究的最新成果。 2.1.2 了解儿童身心发展的一般规律和影响因素，熟悉幼儿年龄阶段特征和个体发展的差异性。 2.1.3 了解幼儿认知发展、学习方式的特点及影响因素，熟悉幼儿建构知识、获得技能的过程。 2.1.4 了解幼儿情感、社会性发展的特点，熟悉幼儿品德和行为习惯形成的过程和规律。 2.1.5 掌握观察、谈话、倾听、作品分析等基本方法，理解幼儿发展的需要。 2.1.6 了解幼儿期常见疾病、发展障碍、学习障碍的基础知识和应对方法。 2.1.7 了解我国教育的政策法规，熟悉关于儿童权利的内容以及维护儿童合法权益的途径。
	2.2 具有教育幼儿的知识和能力	2.2.1 了解我国幼儿园教育的目标和任务，熟悉健康、语言、社会、科学、艺术等各领域的教育目标，学会以此指导自己的学习和实践。 2.2.2 了解幼儿教育的基本原理，理解整合各领域的内容、综合地实施教育活动的重要性，学会设计和实施幼儿教育活动。 2.2.3 了解幼儿的生活经验，学会利用实践机会，积累引导幼儿在游戏等活动中建构知识、发展创造力的经验。 2.2.4 掌握照顾幼儿健康地、安全地生活的基本方法和技能。 2.2.5 了解教育评价的理论与技术，学会通过评价改进活动与促进幼儿发展。 2.2.6 了解与家庭、社区沟通的重要性，学会利用和开发周围的资源，创设有利于幼儿发展的环境。 2.2.7 掌握幼儿心理健康教育的基本知识，学会处理幼儿常见行为问题。 2.2.8 了解0～3岁保育教育的有关知识和婴儿保育教育的一般方法。 2.2.9 了解小学教育的有关知识和幼小衔接的一般方法。
	2.3 具有发展自我的知识与能力	2.3.1 了解教师专业素养的核心内容，明确自身专业发展的重点。 2.3.2 了解教师专业发展的阶段与途径，熟悉教师专业发展规划的一般方法，学会理解与分享优秀教师的成功经验。 2.3.3 了解教师专业发展的影响因素，学会利用以课程学习为主的各种机会，积累发展经验。

续表

目标领域	目标	基本要求
3 教育实践与体验	3.1 具有观摩教育实践的经历与体验	3.1.1 结合相关课程学习，观摩幼儿的生活和教育活动的组织与指导，了解幼儿园教育的规范与过程，感受不同的教育风格。 3.1.2 深入幼儿园和班级，参与幼儿活动，获得与幼儿直接交往的体验。 3.1.3 了解幼儿园保教工作的特点和幼儿园各部门工作的职责和要求，感受幼儿教育实践的丰富性和复杂性。
	3.2 具有参与教育实践的经历与体验	3.2.1 了解实习班级幼儿的实际情况，在指导下设计教育活动方案，组织一日活动，获得对教育过程的真实感受。 3.2.2 参与各种教研活动，获得与幼儿园教师直接对话或交流的机会。 3.2.3 与家庭和社区合作，提高沟通能力，获得共同促进幼儿发展的实践经历与体验。 3.2.4 参与不同类型的幼教机构活动和幼儿教育实践活动。
	3.3 具有研究教育实践的经历与体验	3.3.1 在日常学习和实践过程中积累所学所思所想，形成问题意识和一定的解决问题的能力。 3.3.2 了解研究教育实践的一般方法，经历和体验制订计划、开展活动、完成报告、分享结果的过程。 3.3.3 参与各种类型的科研活动，获得科学地研究幼儿的经历与体验。

2. 课程设置

学习领域	建议模块	学分要求		
		三年制专科	五年制专科	四年制本科
1. 儿童发展与学习 2. 幼儿教育基础 3. 幼儿活动与指导 4. 幼儿园与家庭、社会 5. 职业道德与专业发展	儿童发展；幼儿认知与学习；特殊儿童发展与学习等。 教育发展史略；教育哲学；课程与教学理论；学前教育原理等。 幼儿游戏与指导；教育活动的设计与实施；幼儿健康教育与活动指导；幼儿语言教育与活动指导；幼儿社会教育与活动指导；幼儿科学教育与活动指导；幼儿艺术教育与活动指导；0~3岁婴儿的保育与教育；幼儿园教育环境创设；幼儿园教育评价；教育诊断与幼儿心理健康指导等。 幼儿园组织与管理；幼儿园班级管理；家庭与社区教育；教育资源的开发与利用；幼儿教育政策法规等。 教师职业道德；教育研究方法；师幼互动方法与实践；教师专业发展；教师语言技能；音乐技能；舞蹈技能；美术技能；现代教育技术应用等。	最低必修学分40学分	最低必修学分50学分	最低必修学分44学分

续表

学习领域	建议模块	学分要求		
		三年制专科	五年制专科	四年制本科
6.教育实践	教育见习；教育实习等。	18周	18周	18周
教师教育课程最低总学分数（含选修课程）		60学分+18周	72学分+18周	64学分+18周

说明：
（1）1学分相当于学生在教师指导下进行课程学习18课时，并经考核合格。
（2）学习领域是每个学习者都必修的；建议模块供教师教育机构或学习者选择或组合，可以是必修也可以是选修；每个学习领域或模块的学分数由教师教育机构按相关规定自主确定。

（二）小学职前教师教育课程目标与课程设置

小学职前教师教育课程要引导未来教师理解小学生成长的特点与差异，学会创设富有支持性和挑战性的学习环境，满足他们的表现欲和求知欲；理解小学生的生活经验和现场资源的重要意义，学会设计和组织适宜的活动，指导和帮助他们自主、合作与探究学习，形成良好的学习习惯；理解交往对小学生发展的价值和独特性，学会组织各种集体和伙伴活动，让他们在有意义的学校生活中快乐成长。

1. 课程目标

目标领域	目标	基本要求
1 教育信念与责任	1.1 具有正确的学生观和相应的行为	1.1.1 理解小学阶段在人生发展中的独特地位和价值，认识生动活泼的小学生活对小学生发展的意义。 1.1.2 尊重学生学习和发展的权利，保护学生的学习兴趣和自信心。 1.1.3 尊重学生的个体差异，相信学生具有发展的潜力，乐于为学生创造发展的条件和机会。
	1.2 具有正确的教师观和相应的行为	1.2.1 理解教师是学生学习的促进者，相信教师工作的意义在于创造条件帮助学生快乐成长。 1.2.2 了解小学教师的职业特点和专业要求，自觉提高自身的科学和人文素养，形成终身学习的意愿。 1.2.3 了解教师的权利和责任，遵守教师职业道德。
	1.3 具有正确的教育观和相应的行为	1.3.1 理解教育对学生成长、教师专业发展和社会进步的重要意义，相信教育充满了创造的乐趣，愿意从事小学教育事业。 1.3.2 了解学校教育的历史、现状和发展趋势，认同素质教育理念，理解并参与教育改革。 1.3.3 形成正确的教育质量观，对与学校教育相关的现象进行专业思考与判断。

续表

目标领域	目标	基本要求
2 教育知识与能力	2.1 具有理解学生的知识与能力	2.1.1 了解儿童发展的主要理论和儿童研究的最新成果。 2.1.2 了解儿童身心发展的一般规律和影响因素，熟悉小学生年龄特征和个体发展的差异性。 2.1.3 了解小学生的认知发展、学习方式的特点及影响因素，熟悉小学生建构知识、获得技能的过程。 2.1.4 了解小学生品德和行为习惯形成的过程，了解小学生的交往特点，理解同伴交往对小学生发展的影响。 2.1.5 掌握观察、谈话、倾听、作品分析等方法，理解小学生学习和发展的需要。 2.1.6 了解我国教育的政策法规，熟悉关于儿童权利的内容以及维护儿童合法权益的途径。

2. 课程设置

学习领域	建议模块	学分要求 三年制专科	学分要求 五年制专科	学分要求 四年制本科
1. 儿童发展与学习 2. 小学教育基础 3. 小学学科教育与活动指导 4. 心理健康与道德教育 5. 职业道德与专业发展	儿童发展；小学生认知与学习等。 教育哲学；课程设计与评价；有效教学；学校教育发展；班级管理；学校组织与管理；教育政策法规等。 小学学科课程标准与教材研究；小学学科教学设计；小学跨学科教育；小学综合实践活动等。 小学生心理辅导；小学生品德发展与道德教育等。 教师职业道德；教育研究方法；教师专业发展；现代教育技术应用；教师语言；书写技能等。	最低必修学分20学分	最低必修学分26学分	最低必修学分24学分
6. 教育实践	教育见习；教育实习。	18 周	18 周	18 周
教师教育课程最低总学分数（含选修课程）		28学分+18周	35学分+18周	32学分+18周

说明：
（1）1学分相当于学生在教师指导下进行课程学习18课时，并经考核合格。
（2）学习领域是每个学习者都必修的；建议模块供教师教育机构或学习者选择或组合，可以是必修也可以是选修；每个学习领域或模块的学分数由教师教育机构按相关规定自主确定。

(三)中学职前教师教育课程目标与课程设置

中学职前教师教育课程要引导未来教师理解青春期的特点及其对中学生生活的影响,学习指导他们安全度过青春期;理解中学生的认知特点与学习方式,学会创建学习环境,鼓励独立思考,指导他们用多种方式探究学科知识;理解中学生的人格与文化特点,学会尊重他们的自我意识,指导他们规划自己的人生,在多样化的活动中发展社会实践能力。

1. 课程目标

目标领域	目标	基本要求
1 教育信念与责任	1.1 具有正确的学生观和相应的行为	1.1.1 理解中学阶段在人生发展中的独特地位和价值,认识积极主动的中学生活对中学生发展的意义。 1.1.2 尊重学生的学习和发展的权利,保护学生的学习自主性、独立性与选择性。 1.1.3 尊重学生的个体差异,相信学生具有发展的潜力,乐于为学生创造发展的条件和机会。
	1.2 具有正确的教师观和相应的行为	1.2.1 理解教师是学生学习的促进者,相信教师工作的意义在于创造条件帮助学生自主发展。 1.2.2 了解中学教师的职业特点和专业要求,自觉提高自身的科学与人文素养,形成终身学习的意愿。 1.2.3 了解教师的权利与责任,遵守教师职业道德。
	1.3 具有正确的教育观和相应的行为	1.3.1 理解教育对学生成长、教师自身发展和社会进步的重要意义,相信教育充满了创造的乐趣,愿意从事中学教育事业。 1.3.2 了解人类教育的历史、现状和发展趋势,认同素质教育理念,理解并参与教育改革。 1.3.3 形成正确的教育质量观,对与学校教育相关的现象进行专业思考与判断。
2 教育知识与能力	2.1 具有理解学生的知识与技能	2.1.1 了解儿童发展的主要理论和最新研究成果。 2.1.2 了解儿童身心发展的一般规律和影响因素,熟悉中学生年龄特征和个体发展的差异性。 2.1.3 了解中学生的认知发展、学习方式的特点及影响因素,熟悉中学生建构知识和获得技能的过程。 2.1.4 了解中学生品德和行为习惯形成的过程,了解中学生交往的特点,理解同伴交往对中学生发展的影响。 2.1.5 掌握观察、谈话、倾听、作品分析等方法,理解中学生学习和发展的需要。 2.1.6 了解我国教育的政策法规,熟悉关于儿童权利的内容以及维护儿童合法权益的途径。

续表

目标领域	目标	基本要求
	2.2 具有教育学生的知识和能力	2.2.1 了解中学教育的培养目标，熟悉任教学科的课程标准，学会依据课程标准制定教学目标或活动目标。 2.2.2 熟悉任教学科的教学内容和方法，学会联系并运用中学生生活经验和相关课程资源，设计教育活动，创设促进中学生学习的课堂环境。 2.2.3 了解课堂评价的理论与技术，学会通过评价改进教学与促进学生学习。 2.2.4 了解活动课程开发的知识，学会开发校本课程，设计与指导课外、校外活动。 2.2.5 了解班级管理的基本方法，学会引导中学生进行自我管理和形成集体观念。 2.2.6 了解中学生心理健康教育的基本知识，学会处理中学生特别是青春期常见的心理和行为问题。 2.2.7 掌握教师所必需的语言技能、沟通与合作技能、运用现代教育技术的技能。
	2.3 具有发展自我的知识与能力	2.3.1 了解教师专业素养的核心内容，明确自身专业发展的重点。 2.3.2 了解教师专业发展的阶段与途径，熟悉教师专业发展规划的一般方法，学会理解和分享优秀教师的成长经验。 2.3.3 了解教师专业发展的影响因素，学会利用以课程学习为主的各种机会积累发展的经验。
3 教育实践与体验	3.1 具有观摩教育实践的经历与体验	3.1.1 观摩中学课堂教学，了解中学课堂教学的规范与过程，感受不同的教学风格。 3.1.2 深入班级或其他学生组织，了解中学班级管理的内容和要求，获得与学生直接交往的体验。 3.1.3 深入中学，了解中学的组织结构与运作机制。
	3.2 具有参与教育实践的经历与体验	3.2.1 在有指导的情况下，根据学生的特点，设计与实施教学方案，获得对学科教学的真实感受和初步经验。 3.2.2 在有指导的情况下，参与指导学习、管理班级和组织活动，获得与家庭、社区联系的经历。 3.2.3 参与各种教研活动，获得与其他教师直接对话或交流的机会。
	3.3 具有研究教育实践的经历与体验	3.3.1 在日常学习和实践过程中积累所学所思所想，形成问题意识和一定的解决问题的能力。 3.3.2 了解研究教育实践的一般方法，经历和体验制订计划、开展活动、完成报告、分享结果的过程。 3.3.3 参与各种类型的科研活动，获得科学地研究学生的经历与体验。

附 录

2. 课程设置

学习领域	建议模块	学分要求 三年制专科	学分要求 四年制本科
1. 儿童发展与学习 2. 中学教育基础 3. 中学学科教育与活动指导 4. 心理健康与道德教育 5. 职业道德与专业发展	儿童发展；中学生认知与学习等。 教育哲学；课程设计与评价；有效教学；学校教育发展；班级管理等。 中学学科课程标准与教材研究；中学学科教学设计；中学综合实践活动等。 中学生心理辅导；中学生品德发展与道德教育等。 教师职业道德；教师专业发展；教育研究方法；教师语言；现代教育技术应用等。	最低必修学分 8学分	最低必修学分 10学分
6. 教育实践	教育见习；教育实习。	18周	18周
教师教育课程最低总学分数（含选修课程）		12学分+18周	14学分+18周

说明：
（1）1学分相当于学生在教师指导下进行课程学习18课时，并经考核合格。
（2）学习领域是每个学习者都必修的；建议模块供教师教育机构或学习者选择或组合，可以是必修也可以是选修；每个学习领域或模块的学分数由教师教育机构按相关规定自主确定。

（四）在职教师教育课程设置框架建议

在职教师教育课程分为学历教育课程与非学历教育课程。学历教育课程方案的制定要以本标准为依据，考虑教师教育机构自身的培养目标、学习者的性质和特点，并参照在职教师教育课程设置框架；非学历教育课程方案的制定要针对教师在不同发展阶段的特殊需求，参照在职教师教育课程设置框架，提供灵活多样、新颖实用、针对性强的课程，确保教师持续而有效的专业学习。

在职教师教育课程要满足教师专业发展的多样化需求，充分利用教师自身的经验与优势，进一步深化和发展职前教师教育的课程目标，引导教师加深专业理解、解决实际问题、提升自身经验，促进教师专业发展。

课程功能指向	主题/模块举例
加深专业理解	当代教育思潮、教师专业伦理、学科教育新进展、儿童研究新进展、学习科学新进展等；也可以选择哲学、人文、科技等研究领域的一些相关专题。
解决实际问题	学科教学专题研究、特殊儿童教育、青少年发展问题研究、学校课程领导、校（园）本课程开发、综合实践活动设计与指导、档案袋评价、学生综合素质评定、教学诊断、课堂评价、课堂观察、学业成就评价、信息技术与课程的整合、校（园）本教学研究制度建设等。
提升自身经验	教师专业发展专题研究、教育经验研究、反思性教学、教育行动研究、教育案例研究、教育叙事等。

三、实施建议

（一）各级教育行政部门要根据基础教育改革发展的需要，加强对教师教育课程的领导和管理，提供相应的政策支持和制度保障，充分调动各方面的积极性，做好教师教育课程标准实施工作。依据课程标准，加强教师教育质量的评估和监管，确保中小学和幼儿园教师培养质量。

（二）教师教育机构要依据课程标准，制定幼儿园、小学、中学教师教育课程方案，科学安排公共基础课程、学科专业课程和教师教育课程的结构比例。根据学习领域、建议模块以及学分要求，确立相应的课程结构，提出课程实施办法，制定配套的保障措施。建立课程自我评估制度，及时发现问题，总结经验，不断完善课程方案。

强化教育实践环节，完善教育实践课程管理，确保教育实践课程的时间和质量。大力推进课程改革，创新教师培养模式，探索建立高校、地方政府、中小学合作培养师范生的新机制。

（三）教师教育机构要研究在职教师学习的特殊性，提供有针对性的在职教师教育课程，满足不同学习者的发展需求。在职教师教育课程要反映相关研究领域的新进展，联系教育实际，尊重和吸纳学习者自身的实践经验，解决实际问题，增强在职教师教育课程的针对性和实效性。

附录九

小学教师专业标准(试行)

为促进小学教师专业发展,建设高素质小学教师队伍,根据《中华人民共和国教师法》和《中华人民共和国义务教育法》,特制定《小学教师专业标准(试行)》(以下简称《专业标准》)。

小学教师是履行小学教育教学工作职责的专业人员,需要经过严格的培养与培训,具有良好的职业道德,掌握系统的专业知识和专业技能。《专业标准》是国家对合格小学教师专业素质的基本要求,是小学教师实施教育教学行为的基本规范,是引领小学教师专业发展的基本准则,是小学教师培养、准入、培训、考核等工作的重要依据。

一、基本理念

(一)师德为先

热爱小学教育事业,具有职业理想,践行社会主义核心价值体系,履行教师职业道德规范,依法执教。关爱小学生,尊重小学生人格,富有爱心、责任心、耐心和细心;为人师表,教书育人,自尊自律,做小学生健康成长的指导者和引路人。

(二)学生为本

尊重小学生权益,以小学生为主体,充分调动和发挥小学生的主动性;遵循小学生身心发展特点和教育教学规律,提供适合的教育,促进小学生生动活泼学习、健康快乐成长。

(三)能力为重

把学科知识、教育理论与教育实践有机结合,突出教书育人实践能力;研究小学生,遵循小学生成长规律,提升教育教学专业化水平;坚持实践、反思、再实践、再反思,不断提高专业能力。

(四)终身学习

学习先进小学教育理论,了解国内外小学教育改革与发展的经验和做法;优化知识结构,提高文化素养;具有终身学习与持续发展的意识和能力,做终身学习的典范。

二、基本内容

维度	领域	基本要求
1. 专业理念与师德	1.1 职业理解与认识	1.1.1. 贯彻党和国家教育方针政策，遵守教育法律法规。 1.1.2. 理解小学教育工作的意义，热爱小学教育事业，具有职业理想和敬业精神。 1.1.3. 认同小学教师的专业性和独特性，注重自身专业发展。 1.1.4. 具有良好职业道德修养，为人师表。 1.1.5. 具有团队合作精神，积极开展协作与交流。
	1.2 对小学生的态度与行为	1.2.1. 关爱小学生，重视小学生身心健康，将保护小学生生命安全放在首位。 1.2.2. 尊重小学生独立人格，维护小学生合法权益，平等对待每一位小学生。不讽刺、挖苦、歧视小学生，不体罚或变相体罚小学生。 1.2.3. 信任小学生，尊重个体差异，主动了解和满足有益于小学生身心发展的不同需求。 1.2.4. 积极创造条件，让小学生拥有快乐的学校生活。
	1.3 教育教学的态度与行为	1.3.1. 树立育人为本、德育为先的理念，将小学生的知识学习、能力发展与品德养成相结合，重视小学生全面发展。 1.3.2. 尊重教育规律和小学生身心发展规律，为每一个小学生提供适合的教育。 1.3.3. 引导小学生体验学习乐趣，保护小学生的求知欲和好奇心，培养小学生的广泛兴趣、动手能力和探究精神。 1.3.4. 引导小学生学会学习，养成良好学习习惯。 1.3.5. 尊重和发挥好少先队组织的教育引导作用。
	1.4 个人修养与行为	1.4.1. 富有爱心、责任心、耐心和细心。 1.4.2. 乐观向上、热情开朗、有亲和力。 1.4.3. 善于自我调节情绪，保持平和心态。 1.4.4. 勤于学习，不断进取。 1.4.5. 衣着整洁得体，语言规范健康，举止文明礼貌。
2. 专业知识	2.1 小学生发展知识	2.1.1. 了解关于小学生生存、发展和保护的有关法律法规及政策规定。 2.1.2. 了解不同年龄及有特殊需要的小学生身心发展特点和规律，掌握保护和促进小学生身心健康发展的策略与方法。 2.1.3. 了解不同年龄小学生学习的特点，掌握小学生良好行为习惯养成的知识。 2.1.4. 了解幼小和小初衔接阶段小学生的心理特点，掌握帮助小学生顺利过渡的方法。 2.1.5. 了解对小学生进行青春期和性健康教育的知识和方法。 2.1.6. 了解小学生安全防护的知识，掌握针对小学生可能出现的各种侵犯与伤害行为的预防与应对方法。

附 录

续表

维度	领域	基本要求
	2.2 学科知识	2.2.1. 适应小学综合性教学的要求，了解多学科知识。 2.2.2. 掌握所教学科知识体系、基本思想与方法。 2.2.3. 了解所教学科与社会实践、少先队活动的联系，了解与其他学科的联系。
	2.3 教育教学知识	2.3.1. 掌握小学教育教学基本理论。 2.3.2. 掌握小学生品行养成的特点和规律。 2.3.3. 掌握不同年龄小学生的认知规律和教育心理学的基本原理和方法。 2.3.4. 掌握所教学科的课程标准和教学知识。
	2.4 通识性知识	2.4.1. 具有相应的自然科学和人文社会科学知识。 2.4.2. 了解中国教育基本情况。 2.4.3. 具有相应的艺术欣赏与表现知识。 2.4.4. 具有适应教育内容、教学手段和方法现代化的信息技术知识。
3. 专业能力	3.1 教育教学设计	3.1.1. 合理制定小学生个体与集体的教育教学计划。 3.1.2. 合理利用教学资源，科学编写教学方案。 3.1.3. 合理设计主题鲜明、丰富多彩的班级和少先队活动。
	3.2 组织与实施	3.2.1. 建立良好的师生关系，帮助小学生建立良好的同伴关系。 3.2.2. 创设适宜的教学情境，根据小学生的反应及时调整教学活动。 3.2.3. 调动小学生学习积极性，结合小学生已有的知识和经验激发学习兴趣。 3.2.4. 发挥小学生主体性，灵活运用启发式、探究式、讨论式、参与式等教学方式。 3.2.5. 发挥好少先队组织生活、集体活动、信息传播等教育功能。 3.2.6. 将现代教育技术手段整合应用到教学中。 3.2.7. 较好使用口头语言、肢体语言与书面语言，使用普通话教学，规范书写钢笔字、粉笔字、毛笔字。 3.2.8. 妥善应对突发事件。 3.2.9. 鉴别小学生行为和思想动向，用科学的方法防止和有效矫正不良行为。
	3.3 激励与评价	3.3.1. 对小学生日常表现进行观察与判断，发现和赏识每一位小学生的点滴进步。 3.3.2. 灵活使用多元评价方式，给予小学生恰当的评价和指导。 3.3.3. 引导小学生进行积极的自我评价。 3.3.4. 利用评价结果不断改进教育教学工作。
	3.4 沟通与合作	3.4.1. 使用符合小学生特点的语言进行教育教学工作。 3.4.2. 善于倾听，和蔼可亲，与小学生进行有效沟通。 3.4.3. 与同事合作交流，分享经验和资源，共同发展。 3.4.4. 与家长进行有效沟通合作，共同促进小学生发展。 3.4.5. 协助小学与社区建立合作互助的良好关系。

续表

维度	领域	基本要求
	3.5 反思与发展	3.5.1. 主动收集分析相关信息，不断进行反思，改进教育教学工作。 3.5.2. 针对教育教学工作中的现实需要与问题，进行探索和研究。 3.5.3. 制定专业发展规划，积极参加专业培训，不断提高自身专业素质。

三、实施建议

（一）各级教育行政部门要将《专业标准》作为小学教师队伍建设的基本依据。根据小学教育改革发展的需要，充分发挥《专业标准》引领和导向作用，深化教师教育改革，建立教师教育质量保障体系，不断提高小学教师培养培训质量。制定小学教师准入标准，严把小学教师入口关；制定小学教师聘任（聘用）、考核、退出等管理制度，保障教师合法权益，形成科学有效的小学教师队伍管理和督导机制。

（二）开展小学教师教育的院校要将《专业标准》作为小学教师培养培训的主要依据。重视小学教师职业特点，加强小学教育学科和专业建设。完善小学教师培养培训方案，科学设置教师教育课程，改革教育教学方式；重视小学教师职业道德教育，重视社会实践和教育实习；加强从事小学教师教育的师资队伍建设，建立科学的质量评价制度。

（三）小学要将《专业标准》作为教师管理的重要依据。制定小学教师专业发展规划，注重教师职业理想与职业道德教育，增强教师育人的责任感与使命感；开展校本研修，促进教师专业发展；完善教师岗位职责和考核评价制度，健全小学教师绩效管理机制。

（四）小学教师要将《专业标准》作为自身专业发展的基本依据。制定自我专业发展规划，爱岗敬业，增强专业发展自觉性；大胆开展教育教学实践，不断创新；积极进行自我评价，主动参加教师培训和自主研修，逐步提升专业发展水平。

参考文献

一、著作类

1. 戴维霍尔.大转折时代——生活与思维方式的大转折[M].熊祥译.北京:中信出版社,2014.
2. 高秀叶,吴卫红.教育经济学[M].北京:中国人民大学出版社,2013.
3. 谭志松,李素芹.乡镇教育与乡村社会发展研究——野三关教育现象[M].北京:中央民族大学出版社,2012.
4. 卢家相.教育科学研究方法[M].上海:上海教育出版社,2012.
5. 辛治洋,张志华.教育科学研究方法与案例[M].合肥:中国科技大学出版社,2012.
6. 王思斌.中国社会工作研究[M].北京:社会科学文献出版社,2012.
7. 张大均.教育心理学[M].北京:人民教育出版社,2011.
8. 夏征农.辞海[M].第6版.上海:上海辞书出版社,2011.
9. 邵光华,仲建维,郑东辉.基础教育优质均衡发展研究[M].杭州:浙江大学出版社,2011.
10. 范先佐.人口流动背景下的义务教育体制改革[M].北京:中国社会科学出版社,2011.
11. 林岩.班主任工作的策略与艺术[M].北京:教育科学出版社,2011.
12. 沈信民.学校激励管理论[M].重庆:重庆大学出版社,2011.
13. 于晓君,马晓萍,樊晓燕.校园安全防范指南:学校安全教育读本[M].北京:中国法制出版社,2011.
14. 瞿瑛.义务教育均衡发展政策问题研究:教育公平的视角[M].浙江:浙江大学出版社,2010.

15. 单中惠. 教师专业发展的国际比较 [M]. 北京：教育科学出版社，2010.

16. 任顺元. 学校特色与特色学校建设 [M]. 杭州：浙江大学出版社，2010.

17. [美] 丹尼尔·U. 莱文，瑞依娜 F. 莱文. 教育社会学 [M]. 郭峰，黄雯，郭菲译. 北京：中国人民大学出版社，2010.

18. 蔡岳建. 家庭教育引论 [M]. 安徽：安徽教育出版社，2010.

19. 辛治洋. 道德判断与道德教育 [M]. 安徽：安徽人民出版社，2010.

20. 王思斌. 社会工作实务（初级）[M]. 北京：中国社会出版社，2010.

21. 王道俊，郭文安. 教育学 [M]. 北京：人民教育出版社，2009.

22. 范先佐. 中国中西部地区农村中小学合理布局结构研究：基于对中西部地区 6 省区 38 个县市 177 个乡镇的调查分析 [M]. 北京：中国社会科学出版社，2009.

23. 邱孝感. 少先队辅导员 [M]. 福州：海峡文艺出版社，2009.

24. 陈亚莉. 校本管理与学校权责 [M]. 天津：天津教育出版社，2009.

25. 缪建东. 家庭教育学 [M]. 北京：高等教育出版社，2009.

26. 檀传宝. 问题与出路——若干德育问题的调查与专题研究 [M]. 浙江：浙江教育出版社，2009.

27. 冯成志，贾凤芹. 社会科学统计软件 SPSS 教程 [M]. 北京：清华大学出版社，2009.

28. 威尔逊. 道德教育新论 [M]. 浙江：浙江教育出版社，2009.

29. 李志凯. 中小学心理健康教育 [M]. 国防工业出版社，2009.

30. 靳希斌. 教师教育模式研究 [M]. 北京：北京师范大学出版社，2009.

31. 王淑云，孙友安. 教师职业道德与专业发展概况 [M]. 北京：首都师范大学出版社，2008.

32. 唐汉卫. 现代学校道德教育问题与思索 [M]. 山东：山东教育出版社，2008.

33. [英] 休谟. 道德研究原则 [M]. 北京：商务印书馆，2008.

34. 朱小蔓. 基础教育阶段现代学校制度的理论与实验研究 [M]. 北京：教育科学出版社，2008.

35. 仇忠海. 上海市七宝中学学校核心制度建设 [M]. 上海：上海社会科学院出版社，2008.

36. [美] 道格拉斯·C·诺斯. 制度、制度运行与经济绩效 [M]. 杭行译. 上海：上海三联书店，2008.

37. 吴志宏. 新编教育管理学[M]. 上海：华东师范大学出版社, 2008.

38. 责任与意识[M]. 兰州：甘肃少年儿童出版社, 2008.

39. 赵健. 学习共同体的建构[M]. 上海：上海教育出版社, 2008.

40. 陆士桢. 儿童青少年社会工作[M]. 北京：高等教育出版社, 2008.

41. 姚本先, 伍新春. 学生心理健康教育[M]. 北京：中国轻工业出版社, 2008.

42. 张向葵, 李力红. 青少年心理学[M]. 上海：东北师范大学出版社, 2007.

43. 郑杰. 课程管理手册[M]. 上海：上海科技教育出版社, 2007.

44. 俞国良, 戴斌荣. 基础心理学学[M]. 武汉：武汉大学出版社, 2007.

45. 孙晓云. 教育从尊重开始[M]. 江苏：江苏教育出版社, 2007.

46. 风笑天. 社会研究方法[M]. 北京：高等教育出版社, 2007.

47. 张新平. 教育管理实践个案研究：实地研究方式[M]. 上海：上海教育出版社, 2007.

48. 刘晓明. 小学班主任专业成长[M]. 长春：东北师范大学出版社, 2007.

49. 周宗奎. 青少年心理发展与学习[M]. 北京：高等教育出版社, 2007.

50. 柳海民. 现代教育原理[M]. 北京：人民教育出版社, 2007.

51. 于淑云, 黄友安. 教师职业道德、心理健康和专业发展[M]. 北京：首都师范大学出版社, 2007.

52. 黄正彪. 西部民族地区教育探索[M]. 贵阳：贵州人民出版社, 2006.

53. 周淑卿. 课程发展与教师专业[M]. 北京：九州出版社, 2006.

54. 马立. 全国中小学教师队伍现状、预测与对策研究[M]. 北京：人民教育出版社, 2006.

55. 周淑卿. 课程发展与教师专业[M]. 北京：九州出版社, 2006.

56. 王雁. 学校教育与学生健康[M]. 北京：教育科学出版社, 2006.

57. 徐纪亮. 杜威文选[M]. 北京：社会科学文献出版社, 2006.

58. 朱俊杰, 杨昌江. 民族教育与民族文化发展研究[M]. 长沙：湖南教育出版社, 2006.

59. 周金良. 教育学[M]. 上海：上海教育出版社, 2006.

60. 约翰·杜威. 学校与社会. 明日之教育[M]. 北京：人民教育出版社, 2006.

61. 金美福. 教师自主发展论：教学研同期互动的教职生涯研究 [M]. 北京：教育科学出版社，2005.

62. 王少非. 新课程背景下的教师专业发展 [M]. 上海：华东师范大学出版社，2005.

63. 马联芳. 60 个校长的智慧谈话 [M]. 上海：上海教育出版社，2005.

64. 原青林. 解释英才教育的秘密：英国公学研究 [M]. 哈尔滨：黑龙江人民出版社，2005.

65. 方建移，何伟强. 家庭教育与儿童社会性发展 [M]. 杭州：浙江教育出版社，2005.

66. 廖其发. 中国农村教育问题研究 [M]. 成都：四川教育出版社，2005.

67. 阎德明. 现代学校管理学 [M]. 北京：人民教育出版社，2005.

68. 宋希仁. 西方伦理思想史 [M]. 北京：北京大学出版社，2004.

69. 杨慧敏. 美国基础教育 [M]. 广州：广东教育出版社，2004.

70. 叶澜. 全球化、信息化背景下的中国基础教育改革研究报告集 [M]. 上海：华东师范大学出版社，2004.

71. [美] Thomas J. Zirpoli. 学生行为管理——教师应用指南 [M]. 4 版. 罗良译. 刘儒德审校. 北京：中国轻工业出版社，2004.

72. 彭聃龄. 普通心理学 [M]. 北京：北京师范大学出版集团，2004 年版.

73. [美] 霍华德·加德纳著. 多元智能（修订本）[M]. 沈致隆译. 北京：新华出版社，2004.

74. 教育部师范司. 教师专业发展的理论与实践修订版 [M]. 北京：人民教育出版社，2003.

75. [英] 鲍曼. 共同体 [M]. 欧阳景根译. 南京：江苏人民出版社，2003.

76. 关鸿羽. 教育就是培养习惯：养成教育 [M]. 北京：新世界出版社，2003.

77. [美] 马斯洛，A.H.（Maslow, Abraham H）. 马斯洛人本主义哲学 [M]. 成明编译. 北京：九州图书出版社，2003.

78. 吴遵民. 当代社区教育新视野——社区教育理论与实践的国际比较 [M]. 上海：上海教育出版社，2003.

79. 培根著. 培根论人生 [M]. 何新译. 西安：陕西师范大学出版社，2003.

80. 冯观富，王大延，陈东升，等. 儿童偏差行为的辅导与治疗 [M]. 北京：世界图书出版公司,2003.

81.[英]吉登斯.社会学[M].北京：北京大学出版社,2003.

82.[日]诧摩武俊.性格与人生[M].金歌,罗含丰译.上海：上海科学普及出版社,2003.

83.朱智贤.儿童心理学[M].北京：人民教育出版社,2003.

84.吴康宁.教育社会学[M].北京：人民教育出版社,2003.

85.赵忠心.中国家庭教育五千年[M].北京：中国法制出版社,2003.

86.郑杭生.社会学概论新修[M].3版.北京：中国人民大学出版社,2003.

87.萧宗六.学校管理学[M].北京：人民教育出版社,2002.

88.陆建华.中国社会问题报告[M].北京：石油工业出版社,2002.

89.白芸.质的研究指导[M].北京：教育科学化版社,2002.

90.冯纲.农村中小学教师素质培养的研究与实践[M].北京：北京出版社,2002.

91.李其龙,陈永明.教师教育课程的国际比较[M].北京：教育科学出版社,2002.

92.臧克平,王平校订.说文解字[M].新订.北京：中华书局,2000.

93.沙莲香.社会心理学[M].北京：中国人民大学出版社,2002.

94.张新平.教育组织范式论[M].南京：江苏教育出版社,2002.

95.吴志宏.学校管理理论与实践[M].北京：北京师范大学出版社,2002.

96.班杜拉.思想和行动的社会基础——社会认知论[M].上海：华东师范大学出版社,2001.

97.王海明.新伦理学[M].北京：商务印书馆,2001.

98.唐凯麟.伦理学[M].北京：高等教育出版社,2001.

99.吴德刚.西部教育[M].北京：党校出版社,2001.

100.杜育红.教育发展不平衡研究[M].北京：北京师范大学出版社,2001.

101.马忠虎.家校合作[M].北京：教育科学出版社,2001.

102.钟启泉,崔允漷,张华.为了中华民族的复兴为了每位学生的发展：《基础教育课程改革纲要（试行）》解读[M].上海：华东师范大学出版社,2000.

103.李秉德.教学论[M].北京：人民教育出版社,2000.

104.金东海.少数民族教育政策研究[M].兰州：甘肃教育出版社,2000.

105.[德]柯武刚,史漫飞.制度经济学:社会秩序与公共政策[M].韩朝华译.北京:商务印书馆,2000.

106.吴志宏.新编教育管理学[M].上海:华东师范大学出版社,2000.

107.中央编译局.列宁全集[M].第2卷.北京:人民出版社,1960.

108.马戎.中国农村教育问题研究[M].福州:福建教育出版社,2000.

109.刘云彬.学校生活社会学[M].南京:南京师范大学出版社,2000.

110.朱小蔓.小学素质教育实践:模式构建与理论反思[M].南京:南京师范大学出版社,1999.

111.陈永明.国际师范教育改革比较研究[M].北京:人民教育出版社,1999.

112.辞海编辑委员会.辞海[M].上海:上海辞书出版社,1999.

113.马戎,龙山.中国农村基础教育问题研究[M].福州:福建人民出版社,1999.

114.靳希斌.教育经济学[M].北京:人民教育出版社,1997.

115.樊纲.渐进改革的政治经济学分析[M].上海:上海远东出版社,1996.

116.联合国教科文组织总部中文科译.教育:财富蕴藏其中[M].北京:教育科学出版社,1996.

117.联合国教育文组织国际教育发展委员会.学会生存——教育世界的今天和明天[M].北京:教育科学出版社,1996.

118.施良方.课程理论——课程的基础、原理与问题[M].北京:教育科学出版社,1996.

119.林崇德.发展心理学[M].北京:人民教育出版社,1995.

120.马克思恩格斯选集[M].2卷.北京:人民出版社,1995.

121.马克思恩格斯选集[M].1卷.北京:人民出版社,1995.

122.[日]小原国芳.小原国芳教育论著选(上、下卷)[M].刘剑乔,由其民,吴光威译.北京:人民教育出版社,1993.

123.瞿葆奎.教育学文集英国教育改革[M].北京:人民教育出版社,1993.

124.朱新春.青少年生理与心理[M].上海:上海教育出版社,1993.

125.王耘,叶忠根,林崇德.小学生心理学[M].杭州:浙江教育出版社,1993.

126. 周南照．教育管理 [M]．北京：教育科学出版社，1992．

127.[苏] 苏霍姆林斯基．怎样培养真正的人 [M]．北京：教育科学出版社，1992．

128.[德] 福禄培尔．人的教育 [M]．北京：人民教育出版社，1991．

129.[德] 雅思贝尔斯．什么是教育 [M]．邹进译．北京：二联书店，1991．

130. 罗恒星，曾中辉，刘传贤．家庭教育 [M]．成都：成都科技大学出版社，1991．

131. 叶澜．新编教育学教程 [M]．上海：华东师范大学出版社，1991．

132. 王秋绒．教育专业社会化理论在教育实习设计上的蕴义 [M]．台北：师大书苑，1991．

133. 杰·阿基比鲁．教育哲学导论 [M]．董占顺等译．北京：春秋出版社，1989．

134.[美] 约翰·罗尔斯．正义论 [M]．何怀宏等译．北京：中国社会科学出版社，1988．

135. 费孝通．江村经济：中国农民的生活 [M]．南京：江苏人民出版社，1986．

136. 裴娣娜，胡厚福，申振信．谈小学生家庭教育 [M]．北京：北京师范大学出版社，1986．

137. 刘问岫等．中小学教学原理 [M]．北京：知识出版社，1984．

138. 皮亚杰．儿童的道德判断 [M]．傅统先译．济南：山东教育出版社，1984．

139. 中共中央马克思恩格斯列宁斯大林．马克思恩格斯全集（第42卷）[M]．中央编译局译．北京：人民出版社，1979．

140. 张焕庭．西方资产阶级教育论著选 [M]．北京：人民教育出版社，1979．

141. 辞海编辑委员会．辞海：词语分册（上，修订稿）[M]．上海：上海人民出版社，1977．

二、期刊类

1. 李婧玮．小学全科教师的内涵、特征及培养的必要性 [J]．教育导刊，2018（2）：75-80．

2. 吴胜秋，李婷．教师专业发展研究动态与展望 [J]．教育导刊，2018,0（6）：21-25．

3. 王肖星. 河南省农村小学全科型教师的培养策略[J]. 福建教育学院学报,2018,19（1）：85-87.

4. 李彬彬. 我国全科型小学教师培养依据的研究综述[J]. 教育观察,2017（8）：4-7.

5. 周德义,薛剑刚,曾小玲,周赞梅. 五年制全科型小学教师培养教育课程体系研究[J]. 湖南师范大学教育科学学报,2007,6（6）：91-96.

6. 邱芳婷. 农村小学全科教师的素质结构探析[J]. 当代教育与文化,2017,9（5）：61-65.

7. 王婵娟. 小学全科型教师培养的前瞻性分析[J]. 才智,2017（13）：52-53.

8. 王艳玲,李慧勤. 乡村教师流动及流失意愿的实证分析——基于云南省的调查[J]. 华东师范大学学报（教育科学版）,2017,35（3）：134-141.

9. 王艳辉. 河南省培养农村小学全科教师的必要性及路径探析[J]. 西北成人教育学院学报,2017,0（3）：51-55.

10. 李彬彬. 我国全科型小学教师培养依据的研究综述[J]. 科教文汇（下旬刊）：2017（8）：4-7.

11. 黄云峰. 小学全科教师及其培养探讨[J]. 教育与教学研究,2017,31（3）：76-80.

12. 孙欣欣. 小学全科教师专业实践能力构成及培养策略[J]. 湖南第一师范学院学报,2017,17（3）：13-15.

13. 张晓文,张旭. 从颁布到落地：32份《乡村教师支持计划》文本分析[J]. 现代教育管理,2017（2）：69-78.

14. 张志远,龚识俨. 云南边疆民族地区精准扶贫与解决区域性贫困问题研究[J]. 云南社会主义学院学报,2017,0（2）：60-69.

15. 董云,陶玉琴. 刍议定向培养乡村小学全科型教师准入路径的设定[J]. 黄山学院学报.2017,19（2）：101-104.

16. 韩苗苗. 如何使农村小学全科教师做到"下得去、留得住、教得好"[J]. 辽宁教育,2017（1X）：28-30.

17. 黄云峰. 小学全科教师内涵意蕴、价值意义及培养路径[J]. 中小学教师培训,2017,19（1）：75-78.

18. 袁丹. 基于能力标准的小学全科教师培养课程体系架构[J]. 课程·教材·教法,2016,0（4）：109-116.

19. 秦晶晶. 我国农村全科型小学教师培养方法初探[J]. 文教资料,2016（15）：138-139.

20. 王莉,郑国珍.论本科层次小学全科教师的培养[J].当代教育科学,2016,0(11):40-44.

21. 廖庆生.农村地区本科层次小学全科教师培养模式探究[J].湖南第一师范学院学报,2016,16(1):12-14.

22. 王莉.本科层次全科型小学教师培养:必要性及应对策略[J].教育理论与实践,2016,0(3):31-33.

23. 张田利.农村小学"全科型"教师培养诉求及对策[J].吉林教育·现代教育学刊,2016(16):36-37.

24. 江净帆.小学全科教师人才培养"GSP"能力标准构建研究[J].教师发展,2016(6):28-30.

25. 周宁之,周赞梅.全科型小学教师的"全科化"培养研究[J].湖南师范大学教育科学学报,2016,15(6):98-102.

26. 颜应应.新课程背景下全科型小学教师培养的思考[J].教育参考,2016(2):107-111.

27. 潘琰.以培养全科型教师为目标的高师院校实验教学改革的实践探索——以长春师范大学为例[J].时代教育,2015,0(23):33-34.

28. 于书娟.小学全科型卓越教师培养的主要国际经验[J].教育科学研究,2015(12):16.

29. 莫运佳.广西二年制农村小学全科教师定向培养若干问题的思考—基于问卷调查的视角[J].高等教育论坛,2015(11):32.

30. 王小芳,郭飞君,杨娇.高师院校全科教师培养的资源建设体系策略研究[J].赤峰学院学报(自然科学版),2015,31(9):228.

31. 李玉峰.澳大利亚迪肯大学小学教育专业课程设置对全科教师培养的启示[J].教育论坛,2015(9):39-42.

32. 陶青,卢俊勇.美国密歇根州立大学小学全科教师培养[J].比较教育研究,2015(10):42-47..

33. 李建辉.教育科研与中小学教师发展[J].教育研究,2015,36(07):150-158.

34. 成巧云,施涌.云南省义务教育教师队伍结构的城乡差距及对策[J].大理学院学报,2015(5):84-88.

35. 田振华.全科型小学教师的内涵、价值及培养路径[J].教育评论,2015(4):83-85.

36. 王金锐,冶成福.青海农牧区小学全科教师培养模式研究[J].青海师范大学学报(哲学社会科学版),2015,0(4):148-151.

37. 张艳芬.农村全科型小学教师培养模式构建研究[J].当代教研论

丛,2015（2）：92.

38. 赫志军. 中小学课堂教学评价的反思与建构 [J]. 教育研究, 2015（2）：110-116.

39. 王小芳. 高等师范院校小学全科教师专业素养培养研究 [J]. 现代教育科学·高等教育研究, 2015（3）：38-40.

40. 王晓东, 朱华, 张亮. 加强实验教学示范中心建设促进实验教学改革 [J]. 实验室研究与探索, 2015, 34（1）：150-153.

41. 肖其勇. 本科层次农村小学全科教师职前培养标准研究 [J]. 教育理论与实践, 2014（20）：30.

42. 梁琼琳. 农村小学教师现状及农村小学全科教师培养模式 [J]. 长沙铁道学院学报(社会科学版), 2014, 15（3）：234-235.

43. 徐丽婷, 吴蓉. 以教师专业发展的视角谈美国高校教育实习制度的基本特点——以MSU初等教育专业为例 [J]. 教育观察, 2014, 3（10）：13-15.

44. 吴爽.3+1模式下重庆农村小学全科教师培养体系探究 [J]. 科教导刊(上旬刊); 2014（8）：67.

45. 刘宝超. 培养本科层次全科型小学教师的现实难题与策略 [J]. 课程教学研究, 2014（8）：14-18..

46. 符淼. 重庆市农村小学全科教师教学实践能力培养策略 [J]. 重庆第二师范学院学报, 2014, 27（4）：96-98.

47. 陶青, 卢俊勇. 免费定向农村小学全科教师培养的必要性分析 [J]. 重庆师范大学学报, 2014, 26（6）：11-15.

48. 赵建华. 实验教学在大学本科教育中的演变及启示 [J]. 现代教育科学, 2014（3）：77-80.

49. 单新涛, 李志朋, 龚映丽. 从课程改革看全科型小学教师培养意义与挑战 [J]. 北京教育学院学报, 2014, 28（5）：10-13.

50. 李树臣. 基于当代新课程改革形势下的小学全科教师教育信念探讨 [J]. 中国校外成人教育, 2014（14）：50.

51. 符淼. 重庆市农村小学全科教师教学实践能力培养策略 [J]. 重庆第二师范学院学报, 2014, 27（4）：96-98.

52. 肖其勇. 农村小学全科教师培养特质与发展模式 [J]. 中国教育学刊, 2014（3）：88-92.

53. 张莲. 农村全科型小学教师培养模式探究 [J]. 教学与管理(小学版), 2014（2）：8-10.

54. 周成海. 凯兴斯泰纳教师教育思想研究 [J]. 外国教育研究, 2014, 41

（1）：104-110.

55. 潘琰，郭飞君，包文泉．培养全科型教师是义务教育均衡发展的基本条件[J]．长春师范学院学报（自然科学版），2014,33（1）：170-172.

56. 李克勤，袁耀宗．六年制本科农村小学教师定向培养实践教学体系构建[J]．湖南师范大学教育科学学报，2014,13（1）：98-100.

57. 高有才．全科型培养视角下小学教育本科专业课程设置的研究[J]．教育探索，2013（12）：19-21.

58. 王立．共同体之辨[J]．人文杂志，2013（9）：19-24.

59. 周春红，梁静．新媒体传播环境下全科教师的培养[J]．中国电化教育，2013（8）：91-94.

60. 周宏英．大力促进教育公平，积极探索优质教育[J]．科学时代，2013（12）：1.

61. 叶飞．城乡教师的资源发展：从"外源型"的均衡走向"内生型"的均衡[J]．教育理论与实践，2013,（2）：29-32.

62. 莫运佳．广西农村小学全科教师定向培养的策略研究[J]．广西师范学院学报，2013,34（3）：105-108.

63. 王远伟，杜育红．义务教育办学条件评价指标体系构建与应用研究[J]．教育发展研究，2013（2）：513-523.

64. 邓达．"全科—应用型"小学教育本科专业人才培养刍议[J]．成都师范学院学报，2013,29（1）：5-9.

65. 孙绵涛．我国城乡教育一体化体制改革与机制创新研究[J]．教育理论与实践，2011（22）：16-19.

66. 王庭照，许琦，李录志，等．我国师范生免费教育研究热点的领域构成与拓展趋势——基于CNKI学术期刊2007—2012年文献的共词可视化分析[J]．教育研究，2012（15）：102-109.

67. 吴鹏，秦冠英．就近入学原则与农村教育改革[J]．行政管理改革，2012（9）：25-30.

68. 宁东辉．全科型小学教师培养的必要性与规律分析[J]．中小学电报，2012（5）：12.

69. 张松祥．老中师综合培养模式对乡村全科小学教师培养的启示[J]．教育发展研究，2012（5）：53-60.

70. 谢慧盈等．"全科型"优秀小学本科教师培养思考[J]．海南师范大学学报（社会科学版），2012,25（5）：107-111.

71. 徐雁．构建新型小学教育专业本科实践教学体系——以培养全科型本科小学教师为例[J]．鞍山师范学院学报，2012（5）：76-78.

72. 王婷婷,朱建平.一个被忽视的现象[J].中国统计,2012（4）:46-47.

73. 王建梁,帅晓静,民主与法制下的加拿大中小学布局调整[J].教育理论与实践,2012,32（6）:27-30.

74. 刘玉兰,彭华民.儿童抗逆力：一项关于流动儿童社会工作实务的探讨[J].华东理工大学学报,2012（3）:1-9.

75. 刘宝超.培养本科层次的全科型小学教师的思考——基于广东现实的研究[J].学术瞭望,2012（3）:28-32.

76. 孔凡哲,张新慧,梁红梅,问诊学校发展的焦点：解决常态问题的行动研究[J].东北师大学报：哲学社会科学版,2012（3）:153-157.

77. 吴龙,余珊.关于五年一贯制模式培养农村小学教师的思考[J].上饶师范学院学报,2012,32（2）:84-86.

78. 王佳艺.全科型小学教师培养的必要性及其途径[J].湖南第一师范学院学报,2012,12（1）:33-36.

79. 冯亦竞.教师教育模式改革与探索：以南京师范大学教师教育改革为例[J].教育理论与实践,2012（1）:33-36.

80. 冯光伟.传统本科师范院校小学教师的培养[J].东北师大学报（哲学社会科学版）,2012（1）:171-176.

81. 邬志辉,史宁中.农村学校布局调整的十年走势与政策议题[J].教育研究,2011（7）:22-30.

82. 韩蕾,左光霞.发达国家本科层次小学教师培养经验及启示[J].教育与职业,2011,（26）:65.

83. 徐雁.全科型本科小学教师培养模式研究[J].湖南第一师范学院学报,2011,11（4）:8-10.

84. 王淑芬.国际视野中小学教师培养模式的演变与启示[J].江苏教育学院学报,2011,27（3）:32-36.

85. 刘宝超.培养本科层次的全科型小学教师—基于广东现实的研究[J].学术瞭望,2011（3）:28.

86. 孟爱玉.不同教养方式对农村"留守儿童"心理、道德成长的影响[J].郑州航空工业管理学院学报,2011（2）:111-112.

87. 黄春芳.让德育活动少一些形式,多一些实效[J].思想理论教育,2011（4）:84-86.

88. 唐闻佳.全科教师,我们能不能学[J].教育文汇,2011（2）:85.

89. 许艳丽."全科教师"符合小学教育规律[J].中国教育学刊,2015,0（39）:5.

90. 闫瑞祥. 论小学教师专业素养的养成结构 [J]. 教育与职业, 2010 (20): 41-42.

91. 王景, 张定强. 当前我国农村义务教育阶段寄宿制学校发展的问题研究 [J]. 教育科学, 2010,26 (3): 7-11.

92. 刘亚轩. 国外小学安全教育及其启示 [J]. 教学与管理: 小学版, 2010 (9): 55-58.

93. 周楠楠. 农村寄宿制学校的学生管理问题及对策 [J]. 现代教育科学, 2010 (2): 104-105.

94. 李瑛. 国外合格教师的资格认证及其启示 [J]. 教育科学研究, 2010 (2): 70-72.

95. 续润华. 提高我国农村中小学教师素质的断想 [J]. 教育理论与实践, 2009, (32): 36.

96. 卢琦. 关于全科型小学教师培养及农村小学教师现状的思考 [J]. 湖南第一师院学院, 2009,9 (6): 14-15.

97. 庞丽娟. 当前我国农村中小学布局调整的问题、原因与对策 [J]. 教育发展研究, 2009,1 (4): 90-96.

98. 李传红. 现代学校制度建设的路径选择 [J]. 教育探索, 2009 (5): 5-6.

99. 叶澜. 我对课堂教学本质的思考 [J]. 基础教育课程, 2009 (1): 86-90.

100. 张萍. 学校内部管理制度建设的思考与实践 [J]. 当代教育科学, 2008 (12): 111.

101. 郑富兴. 农村流动儿童道德成长的特点 [J]. 教育理论与实践, 2008 (26): 57-58.

102. 林萍华. 生活指导教师专业化建设的思考与实践 [J]. 中小学校长, 2008 (7): 48-49.

103. 金沙. 校长与学校制度建设之题 [J]. 江苏教育研究(理论版), 2008 (7): 20-23.

104. 伍小兵, 黄滨, 田贵荣. 校长如何用制度建设引领教师专业发展 [J]. 教学与管理, 2008 (16): 17-19.

105. 闫广芬, 苌庆辉. 美国学校社会工作体系架构及其启示 [J]. 外国教育研究, 2008,35 (4): 86-91.

106. 易晓明. 秩序感是儿童道德成长中的重要情感资源 [J]. 学前教育研究, 2008 (2): 14-16.

107. 孙百才, 常宝宁. 西部农村义务教育实施"两免一补"的政策效应分析[J].教育与经济,2008（3）:14-18.

108. 罗俊丽.科尔伯格道德教育理论及其对中国道德教育的启示[J]. 思想道德教育,2008（2）:75-78.

109. 何万国.小学教育专业（本科）课程体系构建研究[J].重庆文理学院报（自然科学版）,2007,26（5）:76-82.

110. 周德义,李纪武,邓士煌,等.关于全科型小学教师培养的思考[J].当代教育论坛:学科教育研究,2007（9）:55-59.

111. 丁若沙.公退民进:农村私立小学的兴起[J] 西安文理学院学报（社会科学版）,2007（4）:117-121.

112. 李海萍.综合实践活动课程中的教师专业发展与全科教师培养[J].教育理论与实,2007,27（4）:37-40.

113. 刘衍玲,臧原,张大均.家校合作研究述评[J].心理科学,2007,30（2）:400-402.

114. 曹列文.试论学校制度建设的归属[J].科教文卫,2007（1）:51-52.

115. 田国秀,曾静.关注抗逆力:社会工作理论与实务领域的新走向[J].中国青年政治学院学报,2007,26（1）:130-133.

116. 朱旭东,周钧.教师专业发展研究述评[J].中国教育学刊,2007（1）:68-73.

117. 张仕琼.农村留守儿童与父母在家儿童个性比较研究[J].四川教育学院学报,2006,22（S2）:177-179.

118. 庞丽娟,韩小雨.我国农村义务教育教师队伍建设:问题及其破解[J].教育研究,2006（9）:47-55.

119. 吴伟.学校制度建设的思考与实践[J].辽宁教育,2006（9）:15-16.

120. 高述涛.新时期的学校制度建设与科学管理[J].教学与管理,2006（24）:23-24.

121. 张婷,周谊.试论英国公学对学生非智力因素的培养[J].世界教育信息,2006（10B）:17-19.

122. 王攀峰.试论现代教学活动的基本特征[J].中国教育学刊,2006（6）:55-57.

123. 王阿莉.加强农村义务教育经费保障机制的审计监督[J].现代审计与经济,2006（5）:7.

124. 赵洁.程序公正与教育公平[J].学术界（双月刊）,2006（4）:161-164.

125. 谷生华,彭涛,谢峰.两部农村基础教育重组应一步到位——关于西部农村基础教育寄宿制学校建设的调查与思考[J].教育发展研究,2006（6）:32-35.

126. 吴云霞.主题性大单元教育与儿童道德成长[J].中国德育,2006（3）:62-64.

127. 邓达.个体道德叙事与儿童道德的成长[J].教育评论,2006(2):26-29.

128. 汪凌.法国中小学教师专业能力标准述评[J].全球教育展望,2006,35（2）:18-22.

129. 白芸.学校社会工作:青少年健康成长的重要保障[J].新德育.思想理论教育:综合版,2005（10）:68-71.

130. 徐建平.现代学校制度研究述评[J].上海教育科研,2005（7）:16-19.

131. 迟希新.留守儿童道德成长问题的心理社会分析[J].江西教育科研,2006（2）:29-32.

132. 姚永福.刍议教育机会公平的体制性问题[J].科学决策,2005（5）:37-39.

133. 梁朝辉,杨杰军,吴云娟.爱与责任,护佑低龄寄宿生健康起步——广西龙胜各族自治县低龄小学生寄宿制管理纪实[J].中国民族教育,2005（5）:18-21.

134. 沈辉香,戚务念.农村留守儿童的成长迫切需要父母的关心[J].当代教育论坛:宏观教育研究,2005（05X）:18-20.

135. 朱小蔓.道德学习与脑培养[J].沈阳师范大学学报(社会科学版),2005,29（2）:8-11.

136. 刘胜梅,.浅谈家庭道德教育和青少年道德行为习惯养成[J].重庆科技学院学报:社会科学版,2005（z1）:100-102.

137. 林样.寄宿制小学:农村教育资源优化配置的好形式[J].人民教育,2005（2）:11-13.

138. 范国睿.政府、社会、学校——基于校本管理理念的现代学校制度设计[J].教育发展研究,2005（1）:12.

139. 李家成.对"新基础教育"学校制度建设的文化透析[J].教育科学研究,2005（1）:45-49.

140. 陈如平.现代学校制度的基本特性[J].人民教育,2004（21）11-13.

141. 马怀德,劳凯声,褚宏启,等.现代学校制度建设七人谈[J].人民教育,2004（17）:7-10.

142. 原青林. 英国公学的寄宿制 [J]. 外国中小学教育,2004（6）: 421.

143. 王鉴. 西部民族地区教育均衡发展的新战略 [J]. 民族研究,2002（6）: 9-17.

144. 杨延宝. 当前农村小学布局调整存在的问题及思考 [J]. 教育改革,2004（3）: 3-4.

145. 于泽元. 教师专业发展视野中的高师课程改革 [J]. 高等教育研究, 2014（3）: 55-60.

146. 黄立营. 论隐性德育课程与高校德育课程体系构建 [J]. 北京: 华北电力大学学报(社会科学版),2004（3）: 77-80.

147. 吴华,宁冬华. 从现代企业制度到现代学校制度——对椒江"现代学校制度"实践的理性思考 [J]. 浙江大学学报(人文社会科学版),2004（1）: 30-37.

148. 李继星. 现代学校制度初论 [J]. 教育研究,2003（12）: 83-86.

149. 朱玉东. 反思与教师的专业发展 [J]. 教育科学研究,,2003(11): 26-28.

150. 方怀胜. 中小学生的学校适应及教师的指导 [J]. 北京教育学院学报(社会科学版),2003（3）: 46-49..

151. 黄美蓉. 学生自主管理中的几个不等式 [J]. 中小学管理,2003（6）: 49-50.

152. 源秋. 学校规章制度建设存在的问题与对策 [J]. 教学与管理, 2003（4）: 23-25.

153. 王蓉. 我国义务教育投入之公平性研究 [J]. 经济学,2003,2(2): 453-464.

154. 徐瑞. 学校规章制度的现实问题及发展走向 [J]. 教学与管理, 2002（7）: 20-22.

155. 杨雪梅. 小学生的师生关系状况及其与孤独感的关系研究 [[J]. 西南民族学院学报,2007（1）: 153-154..

156. 肖丽萍. 国内外教师专业发展研究述评 [J]. 中国教育学刊, 2002（5）: 57-60.

157. 田慧生,李继星,徐美贞,现代学校制度建设的价值取向 [J]. 人民教育,2006（2）: 19-21.

158. 孙凤,白丽辉. 小学生的心理应激与适应 [J]. 教育探索,2001（12）: 46.

159. 范方, 桑标. 亲子教育缺失与"留守儿童"人格、学绩及行为问题 [J]. 心理科学, 2005, 28（4）: 855–858.

160. 黄伟娣. 教师职业属性与高师教育专业化 [J]. 杭州师范学院学报（社会科学版）, 2001（2）: 106–110.

161. 黄志成. 全纳教育——21世纪全球教育研究新课题 [J]. 全球教育展望, 2001（1）: 51–54.

162. 杨东平. 对建国以来我国教育公平问题的回顾和反思 [J]. 北京理工大学学报（社会科学版）, 2000（4）: 68–71.

163. 唐玉光. 教师专业发展的研究 [J]. 外国教育资料, 1999（6）: 39–43.

164. 王小棉. 略论自我适应与适应环境 [J]. 心理科学, 2000, 23（1）: 117–118.

165. 朱国材. 创办农村寄宿制学校好处多 [J]. 中小学管理, 1998, 0（12）: 31.

166. 宋尚桂. 当代西方成人学习理论述评 [J]. 济南大学学报（社会科学版）, 1998, 0（3）: 37–41.

167. 邹泓. 同伴接纳、友谊与学校适应的研究 [J]. 心理发展与教育, 1997（3）: 57–61.

168. 戴育红. 小学生学习适应性的研究 [J]. 教育期刊, 1997（1）: 15–17.

169. 钟启泉. "知识教学"辨 [J]. 上海教育科研, 2007（4）: 4–8.

170. 江光荣. 适应和发展人生的两大基本任务 [J]. 华中师范大学学报（哲社版）, 1995（6）: 19–20.

三、硕博论文

1. 郭军英. 基于需求导向的农村小学全科教师培养问题研究 [D]. 烟台: 鲁东大学, 2018.

2. 刘婷婷. 云南省L县农村地区全科型小学教师现状的研究 [D]. 昆明: 云南师范大学, 2018.

3. 华晓妮. 全科型小学教师专业发展的调查与研究——以青岛市李沧区为例 [D]. 青岛: 青岛大学, 2017.

4. 李岩红. 法国小学全科教师培养制度及其对我国的启示 [D]. 烟台: 鲁东大学, 2017.

5. 咸富莲. 农村小学全科教学有效性研究[D]. 西安：陕西师范大学，2017.

6. 李凯恩. 精准扶贫视域下的云南省反贫困治理绩效研究[D]. 北京：中国社会科学院研究生院，2017.

7. 王小芳. 高师院校"全科型"教师培养机制构建研究[D]. 长春：长春师范大学，2016.

8. 杜海燕. 贵州省乡村小学全科教师职后培养的调查研究[D]. 贵阳：贵州师范大学，2016.

9. 苗雪刚. 美国全科型小学教师职前培养模式研究——以密歇根州立大学为例[D]. 石家庄：河北师范大学，2015.

10. 张咏梅. 重庆市农村小学全科教师"3+1"培养模式实施现状研究[D]. 重庆：重庆师范大学，2015.

11. 苗学刚. 美国全科型小学教师职前培养模式研究——以密歇根州立大学为例[D]. 石家庄：河北师范大学，2015.

12. 张然. 全科型小学教师的培养研究[D]. 河南：洛阳师范学院，2015.

13. 李俊颖. 农村全科型本科层次小学教师培养模式研究[D]. 重庆：重庆师范大学，2014.

14. 黄玉楠. 全科型教师培养研究：基于课程的视角[D]. 开封：河南大学，2014.

15. 李俊颖. 农村全科型本科层次小学教师培养模式研究[D]. 重庆：重庆师范大学，2014.

16. 兰田. 小学教育专业本科课程设置现状与反思：对照《教师教育课程标准》[D]. 长沙：湖南师范大学，2013.

17. 吴小庆. 我国多科型小学教师课程方案研究[D]. 金华：浙江师范大学，2012.

18. 徐荣. 人力资本产权：实现机制与经济效率[D]. 浙江：浙江大学，2011.

19. 王慧娟. 中美小学教师教育课程设置比较研究——以南京晓庄学院小学教育专业和哥伦比亚大学小学教育专业为例[D]. 哈尔滨：哈尔滨师范大学，2011.

20. 赵子娟. 我国农村教师队伍建设的制度设计研究——以吉林省卡伦镇为例[D]. 长春：东北师范大学，2011.

21. 刘凤英. 基于学习型组织理论的高校教师培训与开发体系研究[D]. 南京：南京理工大学，2010.

22. 卓海燕.中法教师教育课程设置比较研究[D].长沙：湖南师范大学,2010.

23. 陈重.中美两国小学教师教育课程设置比较研究——以美国密歇根州立大学教育学院与首都师范大学初等教育学院为例[D].北京：首都师范大学,2009.

24. 周莹.基于教师教育一体化视野的职前教师教育课程改革研究[D].上海：华东师范大学,2009.

25. 陈欢.初中分科教师转化为合科教师的过程分析及启示——一名普通初中科学教师的个案研究[D].长春：东北师范大学,2009.

26. 潘超炜.教师专业发展的阶段与激励研究[D].上海：上海师范大学,2009.

27. 陈重.中美两国小学教师教育课程设置比较研究——以美国密歇根州立大学教育学院与首都师范大学初等教育学院为例[D].北京：首都师范大学,2009.

28. 陈志刚.湖南省农村小学教师培养模式研究[D].长沙：湖南师范大学,2008.

29. 李强.美国教师专业发展学校中教育实习的研究及其启示[D].长春：东北师范大学,2008.

30. 周芬芬.效率与公平：农村中小学布局调整的目标冲突与协调[D].武汉：华中师范大学,2008.

31. 马丽枝.我国职前教师教育课程体系的建构及策略研究[D].长春：东北师范大学,2007.

32. 刘荣秀.走在幸福的边缘——农村教师职业幸福感状况的质性研究[D].长沙：湖南师范大学,2005.

33. 时伟.专业化视野下教师继续教育的理论与实践[D].上海：华东师范大学,2005.

34. 魏淑华.教师职业认同与教师专业发展[D].济宁：曲阜师范大学,2005.

35. 王延文.教师专业化的系统分析与对策研究[D].天津：天津大学,2004.

36. 李忠民.人力资本经[D].杭州：浙江大学,1999.

四、其他

1. 宋媛. 云南省扶贫开发报告[J]. 西部报告,2018.

2. 教育部. 教育部教师工作司关于中小学教师资格考试增加"心理健康教育"等学科的通知(教师〔2017〕41号)[Z]2017(7).

3. 黄云波. 云南省脱贫攻坚的形势与政策[Z]. 内刊资料:2017-05-14.

4. 中华人民共和国国务院办公厅. 乡村教师支持计划(2015—2020)[A].2015-6-8.

5. 国务院办公厅. 关于印发乡村教师支持计划(2015—2020年)的通知(国办发〔2015〕43号)[EB/OL].2015-06-01.

6. 何文洁. 准中小学教师如何走向"卓越"[N]. 现代教育报,2015-01-05(2).

7. 张然. 全科型小学教师的培养研究[J]. 河南:洛阳师范学院,2015.

8. 李奇勇. 小学教育呼唤全科教师[N]. 中国教师报,2014-03-12.

9.2014年教育部印发的《关于实施教师卓越培养计划的意见》(2014).

10. 教育部. 教育部关于实施卓越教师培养计划的意见(教师〔2014〕5号)[Z].2014,(8).

11. 李奇勇. 小学教育呼唤全科教师[N]. 中国教师报,2014,(5):1-2.

12. 龚雪. 我省大规模培训全科教师[N]. 湖北日报,2013(7).

13.2012年《关于大力推进农村义务教育教师队伍建设的意见》[EB/OL][2012-12-14].

14. 教育部. 中华人民共和国教育部. 关于大力推进农村义务教育教师队伍建设的意见[EB/OL].2012-11-08.

15. 教育部,国家发改委,财政部,关于深化教师教育改革的意见(教师〔2012〕13号)[EB/OL].2012-09-06.

16. 云南统计年鉴2011.

17. 中华人民共和国教育部. 小学教师专业标准(试行)[EB/OL].2011-12-12.

18. 吴正宪,陈凤伟,张秋爽. 关于日本秋田市小学数学教育考察的报告.[EB/OL].(2008-10-31).

19.2001年教育部印发的《基础教育课程改革纲要(试行)》教基〔2001〕17号.

20. 湖南省教育委员会. 关于颁发《湖南省培养大学专科程度小学教师教学计划(修改稿)》的通知[Z].1997. 湖南省教育委员会. 关于印发《湖南省普通师范专科层次初等教育专业课程方案(试行)》的通知[Z].2000.

21. 云南网. http://www.yunnan.cn/

22. 自然概貌. 云南省人民政府. http://www.yn.gov.cn/

23. 气候. 云南省人民政府. http://www.yn.gov.cn/

24. 云南省统计局. 云南农村贫困人口基本状况、原因与对策分析[EB/OL]. 中华人民共和国国家统计局.

结　语

长久以来,一些发达国家已在基础教育阶段采取了"包班制"的授课方式,所谓的"包班制"即一名教师教授整个班级的所有课程,这种授课模式不仅提高了授课效率,还有利于教师顺利地进行个别教学。当然,包班制的教学模式对教师自身提出了更高的要求,教师不仅要具备某门学科的专业知识,还要具备多种学科的综合知识和较高的职业素养。

目前,我国也纷纷效仿国外的"包班制"教学模式,在基础教育阶段采用一位教师担任多门学科教学任务的形式,因为基础教育发展状况的好与坏,在很大程度上决定了该地区儿童综合素质发展的状况。基础教育是所有教育阶段的基础,只有基础教育健康发展,才能够为高等教育提供更好的服务。在很大程度上基础教育阶段的健康、高效发展与基础教育阶段教师队伍的质量有着密不可分的关系。作为基础教育过程中的主导者和启蒙者——教师,成为了我国培养教师队伍的重点对象。因此,我国西部地区,如云南省,迫切需要能够担任多门学科教学任务的具有较高综合素质的教师队伍,以此来缓解基础教育的一系列不良问题。

云南省的基础教育,尤其是小学教育阶段还存在着较多的不足是不争的事实,在上述叙述中也已具体提及,针对这些问题,只有建设好教师队伍,才能够更好地服务于云南省基础教育领域,才有利于云南省基础教育的均衡发展。为了均衡全省小学教育的发展,云南省从未放弃探索一条培养优秀全科型小学教师的途径。根据云南省教师队伍的现状,各州市正在寻找一条高效培养小学教师的道路。随着世界经济的迅速发展和我国国际地位的提高,全科型小学教师的培养已经成为世界范围内基础教育发展中教师队伍建设的有效路径之一。世界各地全科型小学教师的培养模式逐渐被我国各个省市地区借鉴,并取得了一定的成果。虽然,我国对于全科型小学教师的研究起步较晚。但是,不可否认全科型小学教师的产生,确实能够对云南省基础教育的发展起到重要的、不可替代的作用。

鉴于此,研究组成员对云南省全科型小学教师培养模式展开了探索

结 语

工作,在实地调查和深入分析的基础上,编著了研究成果,在撰写过程中,研究组成员非常注重概括和整理学术界关于全科型小学教师培养模式的最新研究成果,充分体现当前全科型小学教师培养模式的最新态势。始终试图体现出理论与实践相结合;重视学科的前沿性和教师的参与性等特征。

基于上述的逻辑体系,我们组织了一批长期专门从事基础教育和教师教育领域研究的学者,在参考借鉴前人研究成果的基础上,对本书的体例和内容进行了认真的构建、论证、编写和修订,最终使其得以问世。在研究过程中李孝川老师负责整体设计、组织指导、分工研讨和实地调研,以及总体协调研究的进程,保证研究工作如期有序地推进;并在此基础上提出了本书稿撰写的基本框架、写作思路和基本观点,供研究人员研讨和参考;书稿完成后,由其通稿并最终定稿。具体参加撰写的主要人员分工如下:李孝川负责确立本书总体框架;第一章绪论由李孝川等撰写;第二章云南省L县全科型小学教师发展现状及问题,由刘婷婷、李孝川等负责撰写;第三章云南省全科型小学教师培养模式存在问题的原因,由马银标、李孝川等负责撰写;第四章云南省全科型小学教师培养模式构建的策略,由李孝川、马银标等负责撰写。

在书稿撰写过程中,研究人员针对目前云南省全科型小学教师培养模式的现状、所面临的困境和问题,以及成因进行了科学深入地阐释,并有针对性地提出了解决措施,其目的在于引起社会各界对云南省全科型小学教师培养模式的关注和重视,同时为地方教育行政部门提供咨询和决策依据。同时,值得注意的是,培养适合云南省基础教育发展状况的优秀的全科型小学教师,需要政府、高校、地方教育行政部门的共同努力才能真正实现,才能使云南省的基础教育高效、均衡发展。

尽管研究工作已结束,但研究结论的科学性、理论性、实践性和实效性还需要在后续的研究工作中不断补充和完善,希望研究组成员不懈努力完成的书稿确实能为云南省全科型小学教师培养状况的改变发挥应有的功能。

在此,感谢为本书付出辛苦努力的编撰者们,特别感谢为此书付出辛苦工作的出版社的编辑老师们!同时,对本书引用过所有资料的作者们表示深深的敬意和由衷的感谢!我们的起步,是站在给予了我们帮助和指导的诸多前辈的肩膀上的。受编撰者能力所限,加之时间仓促,本书一定存在不妥或不足之处,敬请各位同行专家和读者不吝赐教。

关于全科型小学教师培养的探讨,任重而道远,本书仅仅是抛砖引玉。也借此书,表达编撰者们对基础教育和教师教育领域的关注,对工作在一线的大量教职员工表示崇高的敬意!

研究组

2020 年 8 月